New Horizons in Juvenile & Criminal Justice and Victim Services

司法福祉・実践と展望

実践と展望

―少年司法、刑事司法、医療観察、被害者支援―

伊藤冨士江 編著

edited by Fujie Ito

ぎょうせい

はしがき

　司法福祉について新しい分野と言われていた時代はとうに過ぎ、司法福祉が書名に入る本はすでに10冊以上刊行されている。私が多くの執筆者の協力を得て『司法福祉入門』（上智大学出版　発売ぎょうせい）を刊行したのが2010年、以降の少年司法や刑事司法における制度・施策の変遷には目まぐるしいものがある。何度か増補版を出してきたが、きちんとアップデートしなければと思いながら年月が経ってしまった。昨年ある会合で、参加者から「『司法福祉入門』読んでいます」と声をかけられた。私にとって愛着のある1冊であり有難く思ったが、最近の情報が入っていないことに、編者としての責任を強く感じた。

　このたび大幅に更新した『司法福祉・実践と展望』をお届けする。本書の構想が固まったのが2021年1月、まず手掛けたのが執筆者の人選であった。実務経験が豊富で、各領域の全体像に精通し、何より分かりやすく解説していただける方を探した。前書の執筆者から推薦いただいたり、様々な論文等に当たる中でめぐり合ったりした14名の方に執筆をお願いできた。司法行政・法務行政に携わる実務家（元実務家）や研究者、民間支援団体で働くソーシャルワーカーなど、バラエティーに富んだ執筆陣となっている。

　執筆時期は新型コロナウイルス感染症拡大の時期と重なった。Web会議システムや電話を通して、本書刊行の意図を伝え、コミュニケーションを頻繁に取りながら作業を進めていった。執筆者の方々には、ステイホームの時間が長くなっていることを前提に多くの「注文」をし、ご苦労をおかけしたことと思う。限られた期間で大変密度の濃い執筆作業をしていただいた。

　トピックについても、当初の予想を超えて、興味深く読者の関心を喚起するものが集まった。執筆を依頼した中にはその分野の第一人者や、私が師と仰ぐ方も含まれている。各章で取り上げきれなかった、カレントトピックスも多く入っており、本書全体をさらに読み応えのあるものにしていると思う。

　各章・各トピックをご執筆いただいた皆様に深くお礼申し上げます。

2021年度から社会福祉士・精神保健福祉士養成の新カリキュラムがスタートし、「更生保護制度」に替わって「刑事司法と福祉」と題する科目が入り、学習時間も倍になった。新カリキュラムのねらいにあるように「地域共生社会の実現」に向けて、社会福祉・精神保健を専攻する学生たちが少年・刑事司法について体系的に学ぶようになったのは好ましい。ただ、制度や手続の知識を得ることに主眼を置くのではなく、加害者更生や被害者支援における制度・施策の意味、社会情勢を踏まえてどのような制度等が必要なのか、そして人を支援するには何が求められるかを、多角的に考察できるようになってほしい。

　本書は、現場の臨場感ある支援事例を多数載せ、現場の様子をイメージしながら制度等の理解ができるよう工夫している。考察を深めるための素材も提供しており、類書にはみられない特徴といえよう。

　私自身は、犯罪被害者に対する支援について、ソーシャルワークの視点から20年近く研究を続ける一方で、加害者の更生に関わる仕事にも携わっている。保護司として地域の活動を続け、現在は法務省保護局で重責を担うようになった。真摯に法務行政に当たっている職員の姿に直に接し、学ぶことが多い。本書のために助言をいただき、また法務省法務図書館にもお世話になった。こうした環境に感謝するとともに、今後も司法と福祉の連携について注力していきたいと考えている。

　最後になったが、堂坂美帆さんをはじめ出版社ぎょうせいの担当の方々には、大変お世話になった。迅速で丁寧な編集作業をしていただき、ありがとうございました。

2021年8月

編者として　伊藤　冨士江

※　初版第2刷増刷に際して、司法福祉分野における制度改正を踏まえ、前付け8頁目に【初版増刷にあたって】を記載した。

目　次

はしがき

図表Ⅰ　少年事件の主な流れ（本書概要）
図表Ⅱ　刑事事件の主な流れ（本書概要）

序　章

1　司法福祉とは ･･･ 2

2　刑事司法と福祉の連携の流れ ･････････････････････････ 3

3　司法福祉が目指すもの ･･･････････････････････････････ 4

第1章　少年司法と支援現場

第1節　家庭裁判所の機能と現場 ･･･････････････････････ 8

1　家庭裁判所とは ･･･････････････････････････････････････ 8

2　少年審判 ･･･ 10

3　調査―"非行"を解明し、非行のあった"少年自身"をアセスメントする･･ 13

4　「司法福祉」の現場で非行のある少年に向き合うとは ･････････ 26

● TOPIC　変遷する少年法を通して考える「少年保護」とは？　28

● TOPIC　少年法はどう変わったの？　30

● TOPIC　家庭裁判所調査官の仕事の魅力とは？　32

第2節　少年矯正の機能と現場 ･･･････････････････････････34

Ⅰ　少年鑑別所･･･34

1　少年鑑別所とは ･･･････････････････････････････････････34

2　鑑別の実際 ･･･35

3　観護処遇の実際 ･･･････････････････････････････････････42

4　地域援助の実際 ･･･････････････････････････････････････45

　　5　少年鑑別所における今後の取組み ･･････････････････････････ 49

　　6　少年鑑別所で働くこと ････････････････････････････････････ 51

　Ⅱ　少年院 ･･ 53

　　1　少年院とは ･･ 53

　　2　収容状況と在院者の特徴 ･･････････････････････････････････ 54

　　3　少年院での生活 ･･ 55

　　4　少年院の基本的制度 ････････････････････････････････････ 58

　　5　矯正教育 ･･ 63

　　6　社会復帰支援 ･･･ 66

　　7　少年院における今後の展開 ･･･････････････････････････････ 67

　　8　「育て直し」から見える少年院処遇のやりがい ･･･････････････ 68

　　　● TOPIC　少年法改正で少年院の処遇も変わる？　69

第3節　児童福祉領域における非行少年への対応と現場 ･･･････････ 71

　　1　児童相談所とは ･･ 71

　　2　児童相談所の対応の流れ ････････････････････････････････ 74

　　3　児童自立支援施設とは ･･････････････････････････････････ 78

　　4　児童自立支援施設における対応の流れ ･･･････････････････ 80

　　5　児童福祉領域における非行少年処遇の課題 ･･･････････････ 84

第2章　刑事司法と刑事施設の現場

第1節　検察庁の機能と現場 ･････････････････････････････････ 88

　　1　刑事司法から福祉・医療への発信 ･････････････････････････ 88

　　2　「検察の理念」 ･･･ 88

　　3　検察庁の組織・職員・機構と刑事政策部門の開設 ･･････････ 89

　　4　刑事司法手続の流れ ････････････････････････････････････ 90

　　5　検察庁における犯罪被害者支援の現場 ･･･････････････････ 94

6　検察庁における児童三機関連携の現場 ・・・・・・・・・・・・・・・・・・・・・・・・・98

7　検察における罪に問われた障がい者、高齢者への支援の現場 ・・・・・103

第2節　成人矯正の機能と現場 ・・・・・・・・・・・・・・・・・・・・・・・・・・・・・ 108

1　刑事施設の処遇 ・・ 108

2　PFI刑務所の新たな取組み・・・・・・・・・・・・・・・・・・・・・・・・・・・・・・ 109

3　再犯防止施策の現状 ・・・・・・・・・・・・・・・・・・・・・・・・・・・・・・・・・・・ 123

4　今後の成人矯正の在り方 ・・・・・・・・・・・・・・・・・・・・・・・・・・・・・・・ 125

● TOPIC　「教誨師」とは？　128

● TOPIC　女性における摂食障害と万引きの関係は？　130

● TOPIC　なぜトラウマインフォームドケアが必要か？　132

第3章　更生保護制度の機能・課題と現場

第1節　更生保護の制度・機能・課題・・・・・・・・・・・・・・・・・・・・・・・・ 136

1　更生保護の組織と担い手 ・・・・・・・・・・・・・・・・・・・・・・・・・・・・・・・ 136

2　更生保護制度 ・・ 140

3　更生保護における犯罪被害者等施策 ・・・・・・・・・・・・・・・・・・・・・・ 149

4　近時における保護観察に関連する諸施策の展開 ・・・・・・・・・・・・・・ 150

5　今後の展望 ・・ 157

● TOPIC　恩赦って必要ですか？──学生たちと教授との対話　160

第2節　更生保護の現状─事例をもとに ・・・・・・・・・・・・・・・・・・・ 164

1　更生保護の諸制度及び保護観察官の役割 ・・・・・・・・・・・・・・・・・・・ 164

2　更生保護の実践事例 ・・・・・・・・・・・・・・・・・・・・・・・・・・・・・・・・・・ 166

3　刑事司法ソーシャルワーカーとして ・・・・・・・・・・・・・・・・・・・・・・・ 172

● TOPIC　薬物依存は病気？　それとも刑罰の対象？　174

● TOPIC　刑務所や少年院から出た人などにはどのような就労支援が必要
だろうか？　176

第4章 医療観察制度の機能・課題と現場

第1節 医療観察の制度・機能・課題 ··· 180

1 医療観察制度導入の背景 ··· 180
2 医療観察制度の概要 ··· 182
3 医療観察制度の主な流れ―審判を中心に ····················· 185
4 医療観察制度の主な流れ―処遇を中心に ····················· 188
5 医療観察制度の対象者の権利 ······································· 195
6 医療観察制度の課題 ··· 195
7 今後の展望 ·· 198
　● TOPIC 医療観察制度の「功罪」は？――精神保健福祉士の視点から 200

第2節 医療観察の現状―事例をもとに ···························· 202

1 医療観察制度の諸制度及び社会復帰調整官の役割 ············· 202
2 医療観察の実践事例 ··· 204
3 司法精神保健福祉領域のソーシャルワーカーとして ··········· 215

第5章 犯罪被害者に対する支援

第1節 犯罪被害者がおかれる状況と支援策 ···················· 218

1 犯罪被害がもたらす心身への影響と問題 ······················· 218
2 犯罪被害者のための制度と支援策―発展経緯と現在の法制度 ····· 220
3 支援活動の現状 ·· 224

第2節 被害者支援の現場 ··· 227

1 支援活動の実際―被害者支援都民センターにおける支援から ····· 227
2 事　例 ·· 231

3 被害者支援の現場から思うこと ・・・・・・・・・・・・・・・・・・・・・・・・・・・・ 238

● TOPIC 「性暴力被害」の実際とは？──最近の研究成果から 242

第3節　地方公共団体における被害者支援 ・・・・・・・・・・・・・・・・・・・・ 244

1 被害者支援における地方公共団体の責務 ・・・・・・・・・・・・・・・・・・・・・ 244

2 地方公共団体における被害者支援の現状 ・・・・・・・・・・・・・・・・・・・・・ 248

3 「被害者支援条例」制定の意義 ・・・・・・・・・・・・・・・・・・・・・・・・・・・・・ 249

4 今後、地方公共団体に求められること ・・・・・・・・・・・・・・・・・・・・・・・ 254

● TOPIC 被害者支援を訴え続けて30年余、今思うこと 256

第6章　地域における社会復帰支援と被害者支援の取組み

第1節　再犯防止推進の現状と社会復帰支援の現場 ・・・・・・・・・・・・ 260

1 再犯防止推進の取組み ・・・・・・・・・・・・・・・・・・・・・・・・・・・・・・・・・・・ 260

2 社会復帰支援の現場 ・・・・・・・・・・・・・・・・・・・・・・・・・・・・・・・・・・・・ 261

3 社会復帰支援の課題と展望 ・・・・・・・・・・・・・・・・・・・・・・・・・・・・・・・ 272

第2節　被害者支援における多機関連携の現状と展望 ・・・・・・・・・・・ 274

1 犯罪被害者の権利の法制化に向けた歩みと残された課題 ・・・・・・・・ 274

2 京都における子どもシェルターと性暴力被害者のワンストップセンター
・・ 275

3 愛知県における医療者による被害者支援の取組み ・・・・・・・・・・・・・ 276

4 神奈川県弁護士会の被害者支援スキームと子ども支援センターの取組み
・・・ 276

5 再び京都にて─被害者特化条例、司法面接研修、再被害防止へ ・・・ 277

● TOPIC 「修復的司法」は誰のためのものか？ 280

● TOPIC 修復的対話トーキングサークルの経験から──被害者を癒し、
その権利を保護するために 282

終　章

　　1　加害者の更生支援と被害者支援 ················· 286

　　2　司法福祉とこれからの社会 ·················· 288

執筆者一覧 ················· 290

トピック執筆者一覧 ················· 292

索　引 ················· 293

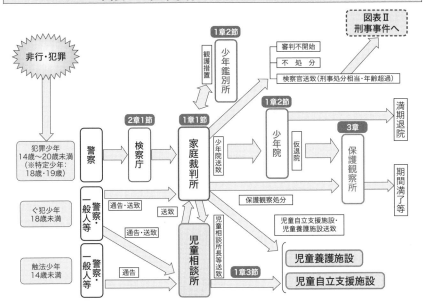

図表Ⅰ　少年事件の主な流れ（本書概要）

非行・犯罪

犯罪少年
14歳〜20歳未満
（※特定少年：
18歳・19歳）

ぐ犯少年
18歳未満

触法少年
14歳未満

警察 → 〔2章1節〕検察庁 → 〔1章1節〕家庭裁判所

一般人等・警察（通告・送致）
一般人等・警察（通告・送致）（送致）
警察・一般人等（通告）

児童相談所（送致）

〔1章2節〕少年鑑別所（観護措置）

審判不開始
不処分
検察官送致（刑事処分相当・年齢超過）→ **図表Ⅱ 刑事事件へ**

〔1章2節〕少年院（少年院送致／仮退院）
〔3章〕保護観察所（保護観察処分）

満期退院
期間満了等

児童相談所長等送致
児童自立支援施設・児童養護施設送致

〔1章3節〕
児童養護施設
児童自立支援施設

図表Ⅱ　刑事事件の主な流れ（本書概要）

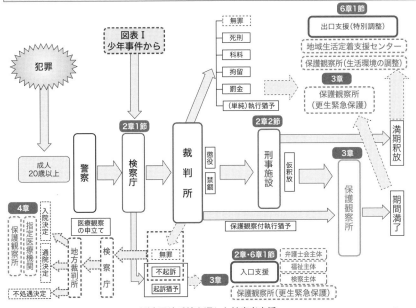

犯罪

図表Ⅰ 少年事件から

成人
20歳以上

警察 → 〔2章1節〕検察庁 → 裁判所

無罪
死刑
科料
拘留
罰金
（単純）執行猶予

〔6章1節〕出口支援（特別調整）
地域生活定着支援センター
保護観察所（生活環境の調整）
〔3章〕保護観察所（更生緊急保護）

懲役／禁錮 → 〔2章2節〕刑事施設（仮釈放）→ 〔3章〕保護観察所

満期釈放
期間満了

保護観察付執行猶予

〔4章〕
保護観察所
指定医療機関
入院決定
通院決定
不処遇決定

医療観察の申立て
地方裁判所
検察庁

無罪
不起訴
起訴猶予

〔3章〕
〔2章・6章1節〕入口支援
弁護士会主体
福祉主体
検察主体
保護観察所（更生緊急保護）

―――― 刑事司法手続を通した被害者支援 ――――>
〔5章・6章2節〕

※　令和7（2025）年6月1日より懲役と禁錮が一本化され「拘禁刑」となる（改正刑法の施行）。

【初版増刷にあたって】

　令和3（2021）年10月に本書（初版第1刷）を刊行してから、司法福祉分野において大幅な制度改正が行われたので、主なものを以下に記す。

●少年法の改正について

　令和4（2022）年4月1日から「少年法等の一部を改正する法律」施行（令和3年5月21日成立）。特定少年（18歳、19歳）の保護処分として、①6月の保護観察（遵守事項違反の場合の収容なし）、②2年の保護観察（遵守事項違反の場合に1年以下の範囲内で収容可）、③少年院送致（収容期間は3年以下）の3つの保護処分が設けられた。詳細は次のURLを参照。

・法務省「少年法が変わります！」
　https://www.moj.go.jp/keiji1/keiji14_00015.html
　（2024年3月20日アクセス）

●刑法等の一部を改正する法律

　令和4（2022）年6月13日「刑法等の一部を改正する法律」が成立し、同月17日に公布され、令和7（2025）年6月1日より懲役と禁錮が一本化され「拘禁刑」が導入されることになった。同改正により、「更生保護法」、「刑事収容施設及び被収容者等の処遇に関する法律（以下「刑事収容施設法」）」、「少年院法」等についても所要の改正が行われた。

●犯罪被害者等施策について

　更生保護法等の一部改正により、令和5（2023）年12月から「犯罪被害者等の思いに応える更生保護の実現」に向けて、保護観察の一般遵守事項の類型に、被害を回復すべき責任を自覚するための指導に関する事実についての保護観察官又は保護司への申告義務が追加されるなど新たな仕組みが導入された。また、刑事収容施設法、少年院法の一部改正により、同年同月から刑事施設及び少年院において、申出のあった被害者や御遺族の方からその心情等を聴取し、矯正処遇・矯正教育に生かすほか、受刑者等に伝達する「刑の執行段階等における被害者等の心情等の聴取・伝達制度」が新たに導入された。詳細は次のURLを参照。

・法務省「法務省における犯罪被害者等施策」
　https://www.moj.go.jp/hisho/saihanboushi/hisho04_00100.html
　（2024年3月20日アクセス）

序章

伊藤　冨士江

1　司法福祉とは

「司法」と「福祉」と聞いて、かけ離れた分野をイメージする人が多いのではないだろうか。水と油の関係を思い浮かべる人もいるかもしれない。司法は裁判所を中核として客観的事実に基づき、過去を断ずる機能をもち、権力的強制力がある。それに対し、福祉は主観的ニーズに基づき、将来を見据えて支援し、対象者の自己決定を重視する。また、福祉では制度の狭間にある問題に着目しその解決に取り組むが、司法では定められた法制度の適用に主眼を置く。柔軟に対応するのが得意な福祉に対し、決まった枠内で動くのが司法といってもいいだろう。

しかし、根本的なところをみると、司法の使命は権利の実現であり、福祉においても権利の擁護は一義的な価値として位置付けられる。

「司法福祉」は、1960年代以降、少年司法において福祉・教育的機能を見直す動きの中で生まれた学問及び実践領域である。家庭裁判所調査官だった山口幸男が、家庭裁判所での実務経験や研究会の議論をもとに、「規範的な解決」と「実体的な解決・緩和」を目指す分野として提起した。非行問題について司法的な決着（規範的な解決）のみでは不十分であり、少年が非行を克服する力をつけること（実体的な解決・緩和）を実現することを提唱したのである。

のちに山口は、「今日の社会問題を前にして国民の権利を実質的に実現するような、より高い次元での司法的実践＝司法福祉を求めるもの」と定義している。平成12（2000）年には日本司法福祉学会が設立され、司法、福祉双方の分野における新たな法制度の導入や改正に伴い、司法福祉は非行問題のみならず障害者や高齢者が抱える問題、児童虐待、権利擁護の課題などその対象領域を拡大してきている。

図表に示すように、司法福祉とは①司法と福祉の要素から成り立つものではなく、②司法の中の福祉的支援を意味するものでもない。③司法と福祉がそれぞれの独自性に立脚しながら、よりよい実践を求めて協働していくことを指す。

特に、司法福祉は臨床的実践性を重視するところに特色がある。

図表 「司法福祉」の在り方

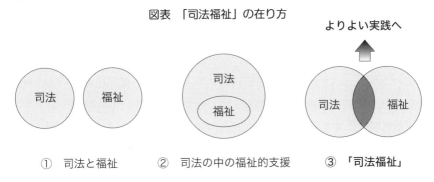

① 司法と福祉 　② 司法の中の福祉的支援 　③ 「司法福祉」

2 刑事司法と福祉の連携の流れ

　司法福祉の動向とともに、近年刑事司法と福祉が交錯する領域が広がってきている。その背景には平成12（2000）年以降の刑事司法における様々な法制度の改正・創設、「再犯防止」を重要な政策課題とする流れがある。犯罪者・非行少年の社会復帰を担う更生保護においては、以前から福祉との連携は重視されていたが、その連携が制度や仕組みとして整備され福祉専門職が携わるようになってきている。

　連携が顕著なものとして、医療観察制度、地域生活定着支援センター及び「出口支援」「入口支援」を挙げることができる。

　平成17（2005）年に始まった医療観察制度は、重大な他害行為を行った精神障害者に対する治療・社会復帰の制度である（4章参照）。適切な医療の継続的提供とともに地域処遇を重視し、司法と医療・保健・福祉の多機関連携をシステム化した点、本人の希望を中心にした処遇を行う点など、福祉的要素が強い。刑事政策として位置付けられるが、精神保健・福祉との連携があってこそ成り立つ制度といえる。

　地域生活定着支援センターは、高齢もしくは障害があり支援が必要な刑務所等の出所者に対して、保護観察所と連携し福祉サービスに繋ぎフォローアップや相談支援を行う機関である（3章参照）。平成21（2009）年に発足、現在全国に整備され、多くの福祉専門職が対象者に精力的に関わっている。刑務所等から出所した時点、つまり刑事司法手続の出口で行われるこうした「出口支援」

とともに、令和3（2021）年度からは被疑者・被告人の段階から適切な福祉サービスに繋げる「入口支援」事業が加えられた（**6章1節参照**）。いずれも、窃盗などで刑務所入所を繰り返す者の中に様々なハンディを抱え、社会的に孤立している者が多いことがクローズアップされ、始まった取組みである。

また、平成16（2004）年以降刑務所や少年院、更生保護施設に精神保健福祉士や社会福祉士が配置されるようになった。検察庁にも社会福祉アドバイザーとして社会福祉士が配置されるところが増え、対象者を福祉制度やサービスに繋ぐための助言や支援を行っている。福祉サイドからの問題提起と、司法領域からのアプローチによって連携が一挙に進んだといえる。

刑事司法におけるもう一方の当事者である犯罪被害者の状況も指摘しておきたい。長年司法手続で「蚊帳の外」に置かれていた被害者の問題に光が当たるようになり、平成16（2004）年には「犯罪被害者等基本法」が制定された。同法に基づく「犯罪被害者等基本計画」（令和3（2021）年4月から第4次基本計画が施行）によって被害者の権利擁護と支援は急速に整備されてきている。精神的・経済的支援が充実したことで、近年は中長期にわたる生活支援や多機関連携による支援体制の構築が推進されている。被害者支援においても福祉専門職の活躍が期待されているところである（**5章参照**）。

３　司法福祉が目指すもの

「司法」という言葉が入る学問領域には司法精神医学、司法犯罪心理学などがあるが、司法との関係においてどちらが優位か（司法か精神医学か）といった点が議論になることはない。しかし、司法福祉においては、福祉が「刑事司法の下請け」にならないよう自覚的である必要性が指摘される。社会福祉が価値や倫理に重きを置き、対象者の主体的参加を前提に働きかける分野だからであろう。

本来、社会福祉の目的は、対象者を中心に置きその社会生活上の困難を緩和するために支援することにある。管理や監視的な関わりが強くなる再犯防止という目的は一義的なものにはなり得ず、あくまで結果として生じるものとして捉えることが適切である。

例えばアメリカでは、法的命令等によって強制的に支援プロセスに入る「自

発的に援助を求めないクライエント（Involuntary Clients）」に関する研究は進んでおり、いかに支援への動機付けを高め安心できる生活を築いていくか、支援者側の知識やスキルが蓄積されている。刑事司法システム内で働くソーシャルワーカーは、その権力の行使に当たっては、より意味のある継続的な変化を、対象者にもたらすための関係性を築くことに主眼が置かれる。

　社会福祉（ソーシャルワーク）の起源を辿ると、ケースワークを体系化したリッチモンドは、その特色を①クライエントの主体性を尊重し、「参加」を基本にして進められる「民主的過程」であること、②人を「社会的諸関係の総計」からなるものとして捉え、③その「社会的諸関係の総計」を調整することによってクライエントのパーソナリティの発達をはかっていくところにある等としている（小松ら 1979）。援助・支援活動の基本として、100年以上も前にこのような点が明確化されていたことは意義深い。司法福祉の研究・実践領域はますます広がってきているが、福祉の独自性として、こうした社会的諸関係（社会環境）における人間理解に基づく原点を大事にすべきであろう。

〈引用・参考文献〉
・服部朗（2006）『少年法における司法福祉の展開』成文堂
・小松源助・山崎美貴子・田代国次郎ほか（1979）『リッチモンド　ソーシャル・ケースワーク『社会的診断論』を中心に』有斐閣
・Steven P. Segal（2013）Authoritative Settings and Involuntary Clients in Encyclopedia of Social Work（oxfordre.com）（https://doi.org/10.1093/acrefore/9780199975839.013.26、2021年6月20日アクセス）
・山口幸男（1991）『司法福祉論』ミネルヴァ書房
・山口幸男（2006）「学際研究開発と実践研究—ひとつの経験—」『近畿大学法学』53巻3・4号、1－27頁

第1章

少年司法と支援現場

第1節

家庭裁判所の機能と現場

坂野　剛崇

万引き、自転車盗、暴行、傷害、強盗、強制性交、特殊詐欺、殺人……。

犯罪をした者は、ニュースやドラマでも見られるように刑事事件として裁判を受け、判決が言い渡される。しかし、これは、大人（成人）の場合である。20歳未満の者（少年）がこれらの罪を犯した場合、それとは異なる手続で審理される。この手続を担っているのが家庭裁判所である。本節では、非行のある少年が家庭裁判所でどのように審理されていくのかを追いながら、家庭裁判所の機能とそこにおける実践について概説していく。

1　家庭裁判所とは

「家庭に光を、少年に愛を」

昭和24（1949）年1月1日、家庭裁判所が誕生した際のキャッチフレーズである。第二次世界大戦敗戦直後、家庭に関しては、戸主中心の「家」制度が廃止され、新憲法で保障された「個人の尊厳」と「両性の平等」の理念の実現が目指された。しかし、日本は社会全体として様々な問題を露呈させ、混乱の中にあった。家庭、子どもに関する問題も同様で、国民の健康的な生活のためには、これらの問題の緩和・解決が不可欠であった。家庭裁判所は、それらを担う機関として、離婚や相続などの家族成員間の紛争、非行のある少年（20歳未満）の事件といった家庭の問題を専門的に取り扱う裁判所として創設された。

裁判所で個人間（私人間）に紛争が生じた場合、それを裁判所で解決する手段として民事訴訟がある。民事訴訟では、個人の間の法的な紛争、主として財産権に関する紛争について、裁判官が対立する当事者双方の言い分を聞いたり証拠を調べたりした上で、判決によって解決を図る。これを家族成員同士の争い（家庭内の紛争）に適用するとどうなるだろうか。夫婦、親子等、親族の争いには、プライバシーに関わる内容が少なくなく、裁判になった場合、プライバシーにかかる問題が法廷という公開の場にさらされることになる。また、家

庭内の紛争は、単なる契約の問題とは異なり、背後に感情的な対立が認められることが多く、問題が法的に決着したとしても感情的なわだかまりが残されたままになることも懸念される。むしろ、感情的な対立が紛争のおおもとにある場合もある。このため、家庭内の紛争は、法律を踏まえながらも実相に即した解決が望まれる。

これを実現するために、家庭裁判所では、離婚や相続といった家庭内の紛争を「家事事件」として取り扱う。特に最近では、児童虐待や夫婦の離婚をめぐる親権・養育費・面会交流、国際的な子の奪取に関する民事上の問題など、子どもの権利・利益の保護に関して果たす役割が大きくなっており、家庭内の紛争の緩和・解決に向けた活動が重要になっている。

また、刑事事件に関して裁判所は、どのような事実が存在し、起訴された被告人が罪を犯したか（刑罰を科すことができるか）、罪を犯したとしてどのような刑罰を科すのが妥当かなどを判断する。科す刑罰については、起こした罪の結果の重さや計画性、動機、凶器の有無、危険性など「事件の悪質さ」に関する事情、反省の態度や、被害者への弁償の状況、家族や雇い主による指導監督の有無といった「事件以外の事情」も考慮して決めることになる。すなわち、犯した罪に対する罰を決めることになるのである。

では、罪を犯したのが少年（ここでは、少年法でいう"少年"で、20歳未満の者を指す）の場合も同じ扱いでいいか。

少年は、未熟であり、教育によって改善する可能性（可塑性）が大人と比べるとまだまだ大きい存在である。そのため、少年には、公開の裁判の場で罪を犯したことを非難し、罰するのではなく、少年自身がじっくりと自分の問題と向き合える環境を整え、少年の非行に至る要因（非行性）を取り除き、再び非行に及ぶことがないよう（再犯抑止）、教育的な働きかけを行った上で処分—必要な指導・教育の内容と方法を決めるのが適切なことが多い。これを実現するために、少年が罪を犯した場合には、少年法によって、「少年事件」として、大人（20歳以上）とは、別の手続（少年審判手続）によって取り扱われることになっている。

ここまで述べてきたように家庭裁判所の大きな役割は、家庭や親族間で起きた様々な問題の根本的な解決、非行に及んだ少年の健全育成とそのための環境

調整である。これらの役割を果たすために個々の事例に即応した適正妥当な措置を講じ、将来にわたって紛争や犯罪のない健康で文化的な生活を送れるように解決を図る。家庭裁判所は、司法の手続を通して、個人が社会の主体者として生活の安定や幸福な状態の実現を図ることを理念とし「家庭に平和を、少年に愛を」（現在の家庭裁判所のキャッチフレーズ）届ける機関なのである。

なお、本節では、家庭裁判所の2つの機能のうち、少年事件について概説していく。

説明に当たって、家庭裁判所が受理した少年事件について、一人の少年の事例を取り上げ、調査、審判、試験観察（後述）における家庭裁判所の具体的な実務について解説していく。なお、この事例は、筆者が家庭裁判所調査官として家庭裁判所の実務に携わっていた時に担当した複数のケースを組み合わせて作成した架空事例である。

2　少年審判

少年審判とは、罪を犯した少年などに過ちを自覚させ、更生させることを目的として、本当に非行を犯したかどうかを確認した上、非行の内容や個々の少年の抱える問題性に応じた適切な処分を選択するための手続のことである。具体的な手続の流れは、**図表1-1**のとおりである。

図表1-1　少年審判の手続

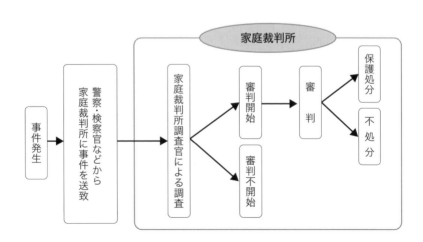

　事件が発生すると、警察は、容疑者とされた少年について取調べや質問等により、どのような事件があったのかなかったのかを明らかする。

　事件があったと嫌疑が認められた場合、警察は検察官に事件を送致し、検察官は取調べをした後、処分に係る意見を付して、事件を家庭裁判所に送致する。

　事件が送致された家庭裁判所は、家庭裁判所調査官による調査を行い、裁判官は、警察・検察庁から送られてきた資料や家庭裁判所調査官の調査結果を参考にして、審判において本当に少年に事件があったかを確認した上、事件の内容や少年の抱える課題に応じた適切な処分を決定する。

1）少年審判の機能

　この少年審判には、「司法的機能」と「福祉的機能」がある。司法的機能とは、実際に事件を起こしたのかどうかに関して正確な認定を行うことと個々の手続において少年の人権を保障すること（司法保障的機能：非行の存否の確定及び適正手続の保障）、さらには、社会の福祉と安全の維持を図ること（社会防衛的機能：社会の安全の維持）である。また、福祉的機能とは、非行のあった少年の再非行を防止し、社会復帰をさせるという目標のために、調査や教育的措置（保護的措置）を含め、少年審判手続全般（全過程）において少年に保護の観点から関わることである。

　これらの機能は、密接に関わっているもの、いわば少年審判という車の両輪であり、少年審判にはこれらの「調和」のある運用が期待されている。

2）少年審判の対象

⑴　非行少年

　少年審判の対象となるのは、「非行のある少年」である。ここでいう少年は、性別を問わず20歳未満の者を指し、特に女性を指す場合には「女子少年」と呼ぶことがある。

　この「非行のある少年」には、「犯罪少年」「触法少年」「ぐ犯少年」の3種類がある。また、令和3（2021）年の少年法改正で、18歳、19歳の少年が「特定少年」と位置付けられ、18歳未満とも20歳以上とも異なる取扱いが規定された（トピック「少年法はどう変わったの？」参照）。

① 犯罪少年

「罪を犯した少年」のことである。罪を犯した少年とは、14歳以上20歳未満で、窃盗、傷害、恐喝、強盗、詐欺、強制性交、強制わいせつ、殺人など刑法や、薬物の所持・使用・売買、自動車運転過失致死傷など、他の法律等によって禁じられ刑罰が科される事実・行為のあった者である。

② 触法少年

14歳未満で、刑罰法令に触れる事実・行為のあった者である。犯罪があったと認定するためには、その行為時に責任能力が必要とされる。責任能力について刑法は、14歳未満の者は、発達の途上にあり、精神的に未熟であるという理由でこれを認めず、「14歳に満たない者の行為は、罰しない」としている。そのため、少年法でも14歳以上とそれ未満を区別している。

③ ぐ犯少年

ぐ犯の「ぐ」は、「虞（おそれ）」という漢字を当てる。すなわち、今はまだ犯罪、触法の事実、行為は、認められないが、以下に記したイ〜ニの事由（ぐ犯事由）のいずれかがあり、性格や環境に照らして、将来、犯罪・触法行為をする虞（ぐ犯性）がある少年のことである。

　イ　保護者の正当な監督に服しない性癖のあること。

　ロ　正当の理由がなく家庭に寄り附かないこと。

　ハ　犯罪性のある人若しくは不道徳な人と交際し、又はいかがわしい場所に出入すること。

　ニ　自己又は他人の徳性を害する行為をする性癖のあること。

(2) 非行事実と要保護性

刑事事件の場合、裁判で審理の対象となるのは、被告人が犯したとされる罪（犯罪事実）であり、それによって刑罰が決められる。少年事件の場合は、どうだろうか。少年事件の場合には、罪の内容である「非行事実」とともに「要保護性」が審理の対象となる。要保護性とは、当該少年に対する保護の必要の要否のことであり、保護の必要性やその程度に影響する少年のパーソナリティ、環境の状態のことである。それらは、次の3つの側面から検討される。

　①　再び非行に及ぶおそれ（累非行性）

　②　保護処分による非行性の除去の見込み（矯正可能性）

③　保護処分の有効性と適切性（保護相当性）

なお、非行は、要保護性が具現化されたものの一つであり、非行事実と要保護性は密接に関連している。そのため、要保護性の検討・判断のためには、非行の動機・経緯等、非行に至った機制の解明が必要となる。

◆事件：ぐ犯で通告された陽菜（仮名）

　陽菜（仮名：女性・中学２年生・14歳）は、深夜、繁華街の路上で寝ていたところを警察官に保護された。陽菜は、家出中で１か月あまり自宅に帰っておらず、友人や街中で知り合った人のマンションに泊めてもらい、友だちと万引きなどで食料や衣類を得て生活していた。さらには「パパ活」と称して売春行為をして寝る場所と生活費を確保していた。補導された時、左腕には幾筋もの傷があり、それらは陽菜自身がカッターでつけたものであった。

【解　説】

　陽菜の行状は、家出、売春行為、自傷行為であり、ぐ犯事由、ロ、ハ、ニに当たり、陽菜は、このまま放置しておけば、将来、売春行為を起こすおそれがあるとして、家庭裁判所に「ぐ犯」で通告された。家庭裁判所では、観護措置決定がなされ、少年鑑別所に収容された。

3　調査―"非行"を解明し、非行のあった"少年自身"をアセスメントする

　「非行のある少年」が家庭裁判所に送致・通告されると裁判官は、事件に関して警察・検察から送られてきた書類（事件記録）を審査する。審査の結果、証拠上非行事実が認められると判断された場合、家庭裁判所による調査が行われる。

　調査は、要保護性をはじめとした処分を決定するための情報収集が目的である。少年審判は、基本的には、保護処分やその他の教育的手段によって非行性を除去するものとされている（教育主義（保護主義））。また、少年の非行の原因や、資質、環境上の問題は様々であり、その処遇は個々の少年の個別性を踏まえる必要があるとされている（個別処遇（処遇の個別化））。これらの実現のために、少年審判は、刑事裁判とは異なる構造を持つ。

刑事裁判では、検察官が訴追し、刑罰を請求し、被告人・弁護人はそれを争い、防御し、裁判所は、第三者的立場で公権的な判断を下すという構造を持つ。これに対して少年審判は、家庭裁判所が自ら少年に関する広範な情報を収集し、審問を行う（職権主義）。そして、保護者、付添人（弁護士）など少年審判手続に加わる関係者は全て、家庭裁判所に協力するという立場に立っている。

　調査は、こうした少年審判の基本原理を支える方策として機能している。そして、この調査は、家庭裁判所から受命された家庭裁判所調査官によって行われる。

1）家庭裁判所調査官

　調査を担当する「家庭裁判所調査官」は、家庭裁判所における組織内専門職である。主な職務は、心理学、教育学、社会福祉学等の行動科学に関する専門知識等を活用し、少年事件の調査を行うことである。具体的には、個々の事件について、主に以下の3点を行う。

　①　少年審判及び処遇に必要な情報を収集する。
　②　収集した情報に基づいて、個々の事例についてアセスメントを行う。
　③　アセスメント結果を踏まえ、裁判官に対して処遇に関する意見を述べる。

　すなわち家庭裁判所が、例えば保護観察か、少年院での矯正教育かといった介入・支援に関わる処遇内容を決めるために、必要な情報を収集し、それに基づいて事例の見立て（Clinical Case Formulationの策定）を行うのである。その際、家庭裁判所調査官が収集する情報は、いつ、どこで、誰が、どのように、何をしたという客観的な事実に留まるものではない。それらとセットになっているその時々の心情や思考、認知といった当事者の主観（心理的な事実）も含んでいる。

　なお、家庭裁判所調査官は、家庭裁判所調査官補として採用され、採用後、約2年間の研修を受け、研修修了によって家庭裁判所調査官に任官され実務に就く。また、任官後も経験年数等に応じた体系的な研修、喫緊の課題を取り上げた研修、更に高度な知識や専門的技法の修得を目的とした種々研修で研鑽を積み、経験とともに専門性の維持・向上を図りながら、実務に当たっていく。

　（トピック「家庭裁判所調査官の仕事の魅力とは？」参照）

2) 調査の実際

調査で家庭裁判所調査官は、次のことを行う。

(1) 事前準備

家庭裁判所で審理する少年事件は、警察・検察の捜査を経ている。そのため、捜査で送致されることとなった事実に関する資料（法律記録：本人や被害者が供述した内容、事件の現場の写真といった証拠写真など）が家庭裁判所に送られてくる。家庭裁判所調査官は、事件を担当するに当たり、それらの資料を精読する。そして、捜査機関による非行の経緯、態様、動機、生活状況、家族状況、生活史等の情報から、事件や少年、家族をはじめとする少年を取り巻く環境の状況のイメージを整理し、非行の機制に関する仮説（調査仮説）を立てる。そして、その仮説の検証のために、誰からどんな情報を収集すればいいのかという調査計画を検討する。

◆調査① （記録の精査）：ぐ犯で通告された陽菜

警察から送られてきた記録を読むと、陽菜は親から虐待を受けてきていることが明らかになった。虐待の相手は母の再婚相手（義父）である。義父は陽菜が小学4年生の頃から同居するようになった。母の再婚により日々の食事に困ることはなくなり、母も夜の仕事を辞め、夜一人で過ごすことはなくなった。義父とも初めはうまくいっていた。しかし、陽菜が小学6年生の時、母と義父の間に子が生まれた直後から義父による虐待が始まった。義父は陽菜に対して揚げ足を取るように何かにつけては怒鳴りつけ、しつけと称して暴力をふるうこともあった。母は義父を制していたが、やめさせることができずにいた。中学に入学して間もない頃、陽菜は、寝ている時に義父から体を触られた。その後も何度か続き、次第にエスカレートしていった。陽菜は怖くて声も出せず、我慢するだけだった。母にも一切話せずにいた。陽菜は、夏休みの終わり頃、友だちの家に行くと言って家を出、そのまま帰らなくなっていた。

【解　説】

陽菜は、義父から邪魔者として扱われ、思春期を迎えると性の対象として見られるようになっていた。陽菜は、そんな被害の続く生活を断ち切るために家を出たのであった。

警察の調査で陽菜は、「家では父母妹の3人だけで仲良くしており、それ

を見ると壊してやりたくなる」との否定的な感情をあらわにした発言をしている。陽菜は、どんな家庭でどんな思いをしながら暮らしてきたのか？　よくなかったことは十分分かるが、改めて確認する必要があると思われた。また、警察で話した内容や語り口からは、「依存が強いが、虚勢を張る」といった少年像が想像された。調査では、依存性を直接表出してくるか、それとも何でもないように明るく振る舞うのだろうかなどと考えた。

(2)　調　査

　事前準備で立てた調査計画に基づいて必要な情報を収集する。実際には、情報の収集と調査仮説は、往復しながらともに更新していく。

　調査で収集する主な情報は、列挙すると次のとおりである。

① 　非行事実（動機、経緯を含む）　　② 　被害（者）
③ 　生活史　　　　　　　　　　　　　④ 　学業・職業関係
⑤ 　性格・心身の状況　　　　　　　　⑥ 　家　庭
⑦ 　交友関係・地域環境

　非行は、他の福祉による支援が必要な対象者が抱えるのと同様に、様々なシステムの問題が関連し合って表出した複合的問題といえる。そのため、指導や教育、介入・支援の方法を探るため、まずは、その問題—非行—が生じた直接・間接的な要因を明らかにする。

　家庭裁判所調査官は、少年本人や保護者から様々な情報を収集する。また、学校、児童相談所、保護観察所、少年鑑別所など少年が過去に関わりがあった、あるいは、現在関わりがある機関等からも収集する。

　この情報の収集に当たっては、直接面談して聴取する面接はもちろん、書面や電話による照会も行う。面接は、主に家庭裁判所で行うが、少年が少年鑑別所等に収容されている場合には、少年の収容先に出張して行う。少年の生活環境の実情や雰囲気を把握するために少年の自宅や在学している学校を訪問することもある。また、付添人（主に弁護士）とも面接を行うこともある。さらに、面接だけでは明らかになりにくいことがある場合には、パーソナリティや家族関係などに関する心理検査を実施する。

　家庭裁判所調査官は、こうして情報を収集した上で、指導や教育、介入・支

援の指針や方法（処遇意見）を検討するために、当該事件が引き起こされたのはどのような要因がどのように関連して非行に至ったのか、その構造やプロセスを解明する。また、その解明を通して、少年を非行へと導いた要因（促進要因）と、逆に歯止めとして機能していた要因（抑止要因）を探索する。

　また、前述したように、少年法には社会の福祉と安全の維持を図る社会防衛的機能もある。そのため、調査では再非行の可能性の指標となる非行の促進・抑止要因についての今後の変化—増大・減少の可能性の見極めも大切になる。

◆調査②（少年の面接）：ぐ犯で通告された陽菜

　1回目の調査で陽菜は、家出後、この1か月の生活状況を詳細に話した。売春行為のこと、一度だけではあるが、一緒にいた男性と違法と思われる薬物を使ったこと、騙されて金を巻き上げられたことなど、いろんな話が出てきた。14歳の少女が体験するようなことではない内容ばかりで、こちらが心を痛めるくらいであった。しかし、話をする当の本人は、あっけらかんとした様子であった。

　家庭—父母についても話題にしたが、陽菜は「お母さんも疲れていると思うから……」と言い、急に閉ざされた感じになった。不全感が募ったが、仕切り直して臨んだ方が良さそうと感じ、最初の面接を終えた。

【解　説】

　面接で家庭裁判所調査官は、少年が起こした犯罪の内容（非行事実）、ぐ犯事件の場合は、ぐ犯の内容（事由）を確認していく。また、その背景にある家庭など様々な事情について確認し、非行の経緯や状況についての理解を深めていく。

◆調査③（少年の面接）：ぐ犯で通告された陽菜

　2回目の面接。陽菜は相変わらず元気がいい、というよりテンションが高い。一方的に話を進め、反省をまとめ箇条書きにした内容を述べた。また、家出中の生活については「あまり思い出せない」と言う。防衛的な構えを感じたが、さらに話を聴いていくと、母との喧嘩のことや幼い頃の記憶、ストレスへの発散の仕方などが語られた。幼少時の家庭のことが話題になったところで現在の家族の状況にも話を広げ、ジェノグラム（家系図、家族関係を図示したもの）を書きながら

聴き取った。その後、話を生活史に戻し、話題は、いじめられた体験、不良交友などに及んだ。ただ、中学入学後の状況に話題が及ぶと抵抗を示した。口を閉ざしがちになっている態度を指摘すると陽菜は、「もう過去のことあんまり思い出したくないですよ……」という。その訳を訊ねると「前にこだわっているみたいで、話すの恥ずかしいんです、なにげに、あはははは」と渇いた感じで笑った。「恥ずかしい」と繰り返してみたところ、「恥ずかしい。……後悔するわけじゃないですか、それ言うたびに。悔しさが戻ってくる。たまんないです、その悔しさが、うん、悔しい」と語った。

　少しの沈黙が流れた後、陽菜は、「ここ（少年鑑別所）、楽しくてしょうがないですよー」と述べた。それに戸惑いつつ「不思議だねえー、何かニコニコしていうことじゃないようなこともニコニコして言うねー」と話の内容とその態度のギャップを指摘した。すると「うふふふっ、昔からいつもニコニコしてるんですよ、何があっても。辛いことあっても笑ってるし」と述べた。ただその目には涙があった。

【解　説】

　調査は、家庭裁判所が適切な処分を決めるために、非行として表出した問題、その背景にある問題等を探る目的で行う。そのために少年に面接をして客観的・主観的事実を確認する。

　一方、少年は自らのこれまでについて語る。それは、少年にとって自分の事件や生活を見つめ直すこととなる。また、面接者である家庭裁判所調査官を鏡として自分の姿が照らし出されることでもある。

◆調査④（母の面接）：ぐ犯で通告された陽菜

　保護者の調査面接には、母が一人で訪れた。朴訥とした印象の人で、一問一答のようなやりとりが続いた。母は、夫（陽菜にとっては義父）が陽菜に厳しく当たっているのは承知していたが、何もできないできたと反省の弁を述べた。義父の虐待行為についても気付くところがあったが、義父を信じたい気持ちもあり、目を背けてきたという。調査官は、子への思い、義父とのことなど、丁寧に聴き取った。最後、母は今回のことで、義父と離婚することを決めていることを話した。また、「陽菜とは関係修復が難しいと思うし、正直、監護の自信もない。けれど、自分が何とかしなければと思っている」と覚悟も示した。

【解　説】

　少年非行において家族関係、親の監護の問題は大きい。親は、少年の非行の原因の一つである。しかし、親には親の事情もあり、責め立てるだけでは解決に向かいにくい。親の苦悩や迷い、親自身のいろんな思いを受け止めながらサポートしていくことが親をエンパワメントすることとなり、親のもう一つの役割「監護者」を果たしてもらうことに繋がる。

(3)　調査結果の報告・審判への出席

　調査によって家庭裁判所調査官が収集した種々の情報、そして、行動科学に関する専門的知見を踏まえて解明した非行の構造とプロセスを報告する。さらにその報告には、それに基づいた今後の処遇に関する家庭裁判所調査官の意見、指導・教育等、処遇に関する具体的指針も含む。そしてそれらを「少年調査票」という書類にまとめて裁判官に提出する。報告は、当該少年の審判に先立って行われ、裁判官の審理の資料となる。また、少年が少年院送致や保護観察といった保護処分に付された場合には、少年調査票は少年院や保護観察所などの処遇機関に送付され、処遇の参考資料となる。

3)　審判─処分を決める

　裁判官は、少年審判（刑事事件でいう裁判）において、少年の処分を決め、言い渡す。審判においては、刑事裁判と同様、嫌疑をかけられている非行事実について「合理的疑いを超える」確信による非行事実の存否（平たく言えば、この少年による非行は、本当にあったのかなかったのか）について検討される。非行事実が認定された場合、裁判官は、家庭裁判所調査官の調査課結果など要保護性に関する資料を参考に処分を決定する。

　ただし、少年審判は、前述した司法的機能だけでなく、裁判官が少年に非行についての社会的責任を自覚させ、今後緩和・解決すべき問題点を指摘しながら再非行防止を図るといった教育的機能を果たすことも期待されている。

　少年審判には、担当の家庭裁判所調査官も出席する。審判で家庭裁判所調査官は、裁判官の許可を得て、少年や保護者等に質問を行って補充的に確認したり、裁判官に処遇等に関する意見を述べたりする。さらに、少年や保護者など

の審判出席者が考えや気持ちをうまく表出できない場合や、裁判官の質問の意味を十分に理解できていない場合などには、十分な表明ができるよう少年や保護者などに質問をするなどして、少年をはじめとする審判出席者をサポートすることもある。

なお、少年事件の審判は、原則として一人の裁判官によって行われる（単独制）。ただし、非行事実や要保護性の判断が難しい事件については、多角的視点からの検討や知識経験の活用によって判断の的確性を確保するために、複数の裁判官（3人）からなる合議体で行われる（裁定合議制）。

また、通常、少年事件の審判手続は、裁判官をはじめとする家庭裁判所の担当者のほか、少年、保護者、付添人のみが出席して行われる。しかし、14歳以上の少年が、殺人や強盗致死など死刑又は無期もしくは長期3年を超える懲役もしくは禁固に当たる罪をしたとされる場合には、その事実を認定するために検察官の関与が必要な場合がある。このような場合には、検察官が審判に出席することになる。

さらに、一定の重大事件で裁判官の許可があった場合、被害者等が傍聴したり意見を述べたりすることがある。

4) 非行少年に対する処分

ここまで述べてきたように、家庭裁判所は事件を受理すると、家庭裁判所調査官による調査が行われ、その結果を資料として裁判官による審判（審判期日における審理）が行われる。そして、処分が決められる。その処分には、次の種類がある。

(1) 保護処分

① 保護観察（3章1節参照）

保護観察官や保護司の指導・監督を受けながら社会内で更生できると判断された場合に付される処分である。決められた約束事（遵守事項）を守りながら家庭などで生活し、保護観察官や保護司から生活や交友関係などについて指導を受ける。

② 少年院送致（本章2節参照）

再非行のおそれが高く、社会内での更生が難しい場合に少年院で矯正教育を

受ける処分である。少年院では、将来再非行に至ることのないよう、反省を深めさせるとともに謝罪の気持ちを持つように促し、併せて少年に規則正しい生活習慣が身に付くよう教科教育、職業指導など、全般的な指導が行われる。

③　児童自立支援施設等送致（本章３節参照）

比較的低年齢の少年について、開放的な施設での生活指導が相当と判断された場合に付される処分である。児童福祉施設である児童自立支援施設は、主に、不良行為をした、又は不良行為をするおそれのある少年などを入所させて必要な指導を行い、その自立を支援することを目的としている。

④　知事又は児童相談所長送致（本章３節参照）

少年を児童福祉機関の指導に委ねるのが相当と認められた場合、知事又は児童相談所長に送致する処分である。この処分に付された少年には、児童相談所で児童福祉司による指導などが行われることになる。

⑤　検察官送致

犯行時14歳以上の少年について、非行歴、心身の成熟度、性格、事件の内容などから、保護処分より刑事裁判による処罰が相当と判断された場合の処分である。検察官送致決定となった場合、事件は検察庁に送致され、検察官は、原則として少年を地方裁判所又は簡易裁判所に起訴することとされており、少年は、成人と同様の刑事裁判を受ける。事件によっては、裁判員裁判の対象となることもある。

なお、少年が故意の犯罪行為により被害者を死亡させ、犯行時に16歳以上であった場合には、原則として事件を検察官に送致しなければならないとされている（いわゆる原則検察官送致）。

(2)　不処分、審判不開始

調査や審判の結果、(1)の保護処分をしなくとも少年に再非行のおそれがないと認められた場合には、審判において少年に処分をしないこと（不処分）としたり、軽微な事件であって審判を開始せずに調査のみを行って事件を終局（審判不開始）としたりすることもある。

不処分や審判不開始に付された事件では、家庭裁判所は事件の内容や現状を確認（アセスメント）して判断しているだけと考えられがちである。しかし、家庭裁判所は、不処分や審判不開始に付す場合、裁判官や家庭裁判所調査官が

少年や保護者に訓戒や指導、種々の教育的な働きかけを行い、少年及び保護者がそれをどのように受け止めたかということも考慮している。

◆審判①：ぐ犯で通告された陽菜

審判には陽菜と母が出席した。陽菜は、笑顔で臨もうとしているが、さすがに緊張で引きつった感じであった。それでも裁判官の質問にはハキハキと答え、そのうち緊張がほぐれたようで、次第に陽菜らしさを取り戻し、少年鑑別所で考えたことを話した。特に陽菜の口から「ヤケになってたけど、やめる。これからは自分を大切にしていきたい」という言葉があったのが印象的であった。

家族関係に改善の糸口が見えつつあること、陽菜の反省を認められること、ただ、実際に反省を生かした生活を送れるかという不安が小さくないとして、中間処分である「試験観察」に付された。

【審 判】

審判では、事実（非行事実、ぐ犯事由）が確認され、認定される。それとともに、少年、保護者とも事件後、審判までに考えたこと、事件について振り返ったことや今後への思いなども確認される。それは、裁判官に評価されると同時に、少年や保護者に"言霊"となってもらう場でもある。

5）試験観察

前項で、非行少年に対する処分について概説してきたが、少年の中には、適当な期間、生活状況や行動等を観察した上で処分を決めることが相当な場合がある。一例を挙げると、少年や保護者に反省や内省、生活改善の意欲が認められるが、実際にそれに基づいて健全な生活を送れるようになるかどうかを見極めて、保護観察に付すか少年院送致に付すかという決定をするというような場合である。こうした場合、家庭裁判所は、最終的な処分をいったん留保し、中間処分である「試験観察」に付すという決定をする。

試験観察で家庭裁判所は、少年に更生のための助言や指導、教育的な働きかけを行いながら、より的確な要保護性に関する資料を収集する。そして、それに基づいて、再非行の危険性など予後に見通しを確実につけた上で最終的な処分を決めていく。

この「試験観察」には、「在宅試験観察」「補導委託」という２つの類型がある。

「在宅試験観察」とは、試験観察に付された少年は保護者等の監督の下で生活し、その状況を家庭裁判所調査官が観察するものである。担当の家庭裁判所調査官は、少年や保護者と１、２週に１回の頻度で定期的に面接を行い、生活状況について確認したり指導したりする。面接では、課題とした「日記」に基づいて生活指導を行ったり、カウンセリングや心理療法の技法やスキルを取り入れて働きかけたりすることもある。また、後述する保護的・教育的措置のプログラムを活用することもある。

「補導委託」とは、民間の篤志家（補導委託先）の協力によって、少年を家庭的な生活環境に置いたり生活環境を変えたりして、規則正しい生活習慣を身に付けさせることによって少年の更生を図ろうとするものである。補導委託先には、建築業、製造業、農業、飲食店、理美容店などを営み、少年の更生に理解ある個人や児童福祉施設、更生保護施設などがある。補導委託に付された少年は、一般に委託されている期間、補導委託先で、その責任者である補導受託者や家族と生活を共にする。少年には、補導委託先での生活や仕事等を通して、社会人としての生活習慣や責任感を身に付けることが期待されている。

◆試験観察：ぐ犯で通告された陽菜

試験観察で陽菜は、毎週母と家庭裁判所を訪れ、調査官の面接を受けた。学校について、最初登校を渋ったが、陽菜自身の心配をよそにクラスメイトは自然に受け入れてくれたという。一方、家庭については、母の細かな注意がうるさいと不平を述べることが多かった。試験観察が始まった当初、家庭裁判所へ通う往復の電車も母と離れて座っていたらしい。しかし、母を独占できる時間があることにうれしさを感じていたようでもあり、往復の時間は親子の貴重な時間となっていった。

試験観察中、陽菜は、家庭裁判所の勧めで乳児院でのボランティア活動に参加した。乳児の世話をする中で親が子に抱く気持ちが分かった気がしたという。一方母は「保護者の会」に参加した。母は、同世代の女性と子育てなど、いろんなことを話ができてよかったと和らいだ表情で語った。

誤解を恐れずに言えば、試験観察は、拍子抜けするくらい順調に経過した。

　試験観察は、少年、親にとってまさに「試験」であり、事件を通して考えたことを行動に移せるかが試され、緊張を強いられる生活を送る。ただ、その間、家庭裁判所は、静かに観察するだけはない。試験観察の実施方法や教育的措置など様々に工夫を凝らし、少年と保護者に「試薬」を与えて、それへの反応を見るという関与的な観察を行う。そこには、少年・保護者に対する家庭裁判所の期待と専門性に基づく種々の介入がある。

6) 保護的・教育的措置

　前述したように、家庭裁判所の処分の決定に当たっては、客観的・主観的事実の調査結果に基づくだけでない。家庭裁判所が少年・保護者に働きかけを行い、それをどう受け止めたか、内省や反省、自分が起こした非行への認識、自分の問題点等への理解を深め、問題解決能力を高めることができたかといった変化などを踏まえて処分を決定している。

　この働きかけのことを「保護的措置」あるいは「教育的措置」という。以下に示すように保護的措置、教育的措置のプログラムには様々あり、これらは主に家庭裁判所調査官をはじめとする家庭裁判所の職員によって実施されている。

(1) 体験学習型

① 社会奉仕活動

　社会の一員であることの再認識、健全な社会参加の促進、被害者に直接謝罪できない場合のしょく罪、弱者への共感性の向上を目的としたものである。公園などの「清掃活動」、高齢者福祉施設での介護補助といった「対人援助活動」や「車いす清掃」等がある。

② グループワーク型

　親子で行う作業を通じてこれまでの親子関係を見つめ直させ、関係改善のきっかけ作りや様々なワークを通じて自信や達成感の向上を狙いとしている「親子合宿」、非行のある子どもを持つ保護者へのグループアプローチ（サポートグループ活動）により、保護者としての責任の自覚や監護意欲等の向上など

を図る「保護者の会」がある。

③　セミナー型

　万引き被害の実態の理解と、被害者の視点からの検討の促進を狙いとする「万引き被害を考える教室」がある。また、性的欲求のコントロール等の学習、違法薬物はもちろん、飲酒、喫煙の害に関する学習を狙いとした医師や看護師による「保健指導」がある。その他、無免許運転、自動車・自転車事故をした少年に対する交通法規の学習、運転者としての自覚の向上を図る「交通講習」もある。

④　就労・学習支援型

　無職の少年を就労に繋げることを目的にしたボランティアによる就労支援（「履歴書作成指導」「採用面接指導」等）がある。また、中学や高校に在学している少年に学校適応を促進する目的で行う、学生ボランティアによる「学習支援」もある。

7）調査活動の実際

　ここまで述べてきた少年事件の手続は、観護措置（少年鑑別所への収容）の有無によって2つに分類される。実務では、観護措置がなかったものを「在宅事件」、あったものを「身柄事件」と呼んでいる。「在宅事件」の場合、少年は、警察の捜査後、保護者等に引き取られて社会生活を送り、少年審判手続の際には家庭裁判所に出向くということになる。他方、「身柄事件」の場合には、少年の身柄の保全と心身の鑑別の必要性から観護措置が執られ、少年は、審判までの期間、少年鑑別所に収容されるということになる。観護措置の期間は、原則として2週間で、特に継続の必要があるときは、原則1回に限り更新できるとされている。すなわち、4週間を超えることはできない。ただし、事実認定に関する手続が必要な場合は、さらに2回を限度とした更新（特別更新）ができ、合計8週間の収容が可能となる。

　実際の調査活動もこの手続によって違いが生じる。例えば、「在宅事件」の場合の多くは、少年・保護者との面接調査は、場所は家庭裁判所で、回数は1〜数回となる。他方、身柄事件の場合は、少年の面接調査の場所は少年鑑別所で、回数は3〜4回となる。また、保護者との面接は、家庭裁判所で1〜2回となる。

◆審判②：ぐ犯で通告された陽菜

　試験観察も４か月が過ぎようとしている頃、最終審判が開かれた。陽菜は、この数か月間の生活を振り返るとともに、母をはじめとする周囲の人への感謝の言葉を述べた。また、「今後は高校進学を目指す」と決意を表明した。母も陽菜の変化を評価するとともに、今後の監護を約束した。

　終局の審判において「保護観察」決定が言い渡され、陽菜は、虚勢とは異なる元気さで母と家庭裁判所を巣立っていった。

【陽菜を担当して】

　陽菜にとって、ぐ犯をめぐる一連の体験はけっして望むものでない。しかし、置かれた苦悩的な状況、SOSを訴える精一杯の方法であったといえる。陽菜が非行という形で訴えてきたものをどのように受け止めるのか、そして、今後も現れるであろう陽菜のような子どもたちに、何をするのか、できるのか、陽菜と母の背中を見ながら自問した。

4　「司法福祉」の現場で非行のある少年に向き合うとは

　少年事件の基盤である「少年法」には、その目的として、少年の健全育成が掲げられている。また、一般に呼ばれる「少年事件」は、正確には「少年保護事件」と称され、非行少年は保護の対象であることが謳われている。実際、少年たちは、非行・犯罪を「した」というよりも、「せざるを得なかった」状況にあったといった方が適切という側面を持ち、保護が必要な場合が少なくない。非行をした少年には、非行は自らの意思によるものとして、その責任を求める声が上がる。しかし、少年たちの更生には、少年自身に責任を求めるだけではなく、少年たちをそのようなところに追い込んだ環境、すなわち、社会・大人たち側の要因の改善も必要になる。

　司法福祉の実務に携わる者に対して、ここから示唆されることの一つは、非行少年のアセスメントや介入のためには、システム論的な視点が不可欠ということ、ケースワーカーとしての資質と機能が求められるということである。少年審判手続を担う家庭裁判所は「司法福祉」の領域の実践の場であり、社会福

祉の知見と技能が必要とされる。

　非行のある少年の非行性を減らし、健全な社会生活を送れるようにする活動は、加害者を減らすと同時に、新たな被害（者）を減らすことである。また、それは犯罪・非行のない社会の安全・安心の構築に繋がるものであり、非行少年の"処遇"の意義、そこで実践に取り組む人たちの働きは欠かせない。

　非行少年に対する施策をめぐっては、被害者がいることを軽視しているという批判がある。被害者の救済・支援が十分でない中で、加害者の更生"支援"が重視されるのは納得できないという声も聞こえてくる。家庭裁判所においても、加害者─被害者といった対立する当事者が存在する中での支援という構造的な難しさがあるのは確かである。しかし、そうした中でもやるべきこと、やらなくてはならないものがある。実践者としては、この整理しきれない思いを抱えつつ、それでもなお実務と向き合っていくこととなる。

〈参考文献〉

・安倍嘉人・西岡清一郎監修（2013）『子どものための法律と実務─裁判・行政・社会の協働と子どもの未来』日本加除出版
・日本犯罪心理学会編（2016）『犯罪心理学事典』丸善出版
・小野理恵子・西川裕巳（2017）「家庭裁判所調査官の業務について」法制審議会少年法・刑事法（少年年齢・犯罪者処遇関係）部会第4回会議配布資料（http://www.moj.go.jp/content/001228068.pdf、2021年7月12日アクセス）
・裁判所職員総合研修所監修（2018）『少年法入門（七訂第二補訂版）』司法協会
・坂野剛崇（2012）「家庭裁判所調査官の調査の特質について─家事事件・少年事件における専門的機能の担い手として」『家庭裁判月報』64巻3号1－70頁
・清水聡（2018）『家庭裁判所物語』日本評論社
・武内謙治（2015）『少年法講義』日本評論社
・丹治純子・岩永知子・梅下節瑠（2017）「試験観察における家庭裁判所調査官の活動の実際─大阪家庭裁判所における、少年と社会の有機的なつながりを目指した組織的な取組─」『家庭の法と裁判』11号、16－24頁

TOPIC

変遷する少年法を通して考える「少年保護」とは？

坂野　剛崇（大阪経済大学教授）

　戦後、戦災で保護者を亡くした浮浪児が街にあふれ、生きるために盗みなどを繰り返すことが少なくなかった。少年法は、これらの子どもたちを保護し、健全育成と環境の改善を図ることを目的（1条）に昭和24(1949)年に施行された。少年の保護に関する手続を行政機関ではなく、司法機関が行うとしたのは、保護処分が自由を拘束する強制処分を含んでいることから、新憲法に謳われている基本的人権の保障を担保する意味が反映されたものであった。

　この少年法は、これまで7回の改正が行われ、現在に至っている。

　最初の改正（平成12(2000)年）では、①検察官送致可能年齢の引下げ、原則検察官送致制度といった少年事件の処分等の在り方の見直し、②裁定合議制の導入を始めとする少年審判の事実認定手続の適正化、③被害者からの意見聴取をはじめとする被害者への配慮の充実が盛り込まれた。これらは、この時期に発生した少年による事件—草加事件（昭和60(1985)年、強制性交、殺人）、綾瀬事件（昭和63(1988)年、強盗殺人）、山形マット死事件（平成5(1993)年、傷害致死）、調布駅前事件（平成5(1993)年、傷害）など非行事実の認定が争点となった事件を背景に、家庭裁判所の事実認定手続の一層の適正化に関する議論を踏まえたものであった。この改正により、改正少年法の円滑で適切な運用がされるよう、原則検察官送致の対象となる事件等の重大事件や、被害者調査や被害者の意見聴取がある事件については、複数の家庭裁判所調査官の共同による調査がされるようになった。

　また、平成16(2004)年には、被疑者に対する国選弁護人制度の整備等を行う「刑事訴訟法等の一部を改正する法律」が成立したのに伴い、少年事件についても国選弁護人に関する規定が改められた。

　平成17(2005)年には、「監獄法」が改正され、新たに「刑事施設及び受刑者の施設等に関する法律」が成立したのに伴い、少年法の条文中の「監獄」及び「拘置監」が「刑事施設」に改められた。

　さらに、平成19(2007)年には、長崎事件（平成15(2003)年、誘拐、殺人）、佐世保事件（平成16(2004)年、殺人）、高田馬場事件（平成16(2004)年、殺人未遂）といった触法少年による重大事件が起きたことを背景に、①触法少年に係る事件の調査に関する規定の整備、②14歳未満の少年の少年院送致の承認、③保護観察中の者に対する新たな措置の創設、④国選弁護人制度の創設の4つを柱とする改正が行われた。

　特に②については、家庭裁判所にとって、触法少年に対する処遇選択の幅が広がったことを意味し、適切な処遇を見据えたより的確な調査が必要とされるようになった。また、③については、保護観察の特別遵守事項の整理・充実に適切に応える調査が求められるようになった。

　翌年、平成20(2008)年も改正が行われた。これは、平成16(2004)年「犯罪被害者等基本法」が成立し、それを受けて翌年に策定・閣議決定された「犯罪被害者等基本計画」に基づく犯罪被害者等の権利利益の保護を受けたものである。これにより、少年審判においても前述の一層の保護を図るための改正が行われ、①被害者等の少年審判の傍聴、②被害者等に対する審判状況の説明、③被害者等への記録の閲覧及び謄写の範囲の拡大、④被害者等の申出による意見聴取の対象の拡大、⑤それまで家庭裁判所としていた、未成年者飲酒禁止法など成人による未成年者の福祉にかかる刑事事件の管轄の地方裁判所又は簡易裁判所への変更に関して整備された。

　これにより、家庭裁判所は、少年の健全育成と被害者等の利益保護の両方に配慮した少年審判の運用が一層求められ、調査も、少年事件には加害少年とともに被害者等が存在するという「司法福祉」の実情をそれまで以上に見据えた実践が求められるようになった。

　さらに、平成26(2014)年には、①少年の事件に関する刑事処分規定の見直し（対象事件の範囲、長期及び短期の上限と幅の見直し、短期に関する特例の設定）、②少年の刑事事件の無期刑の緩和刑に関する規定の見直し（有期刑上限の引上げ、仮釈放までの期間の見直し）、③家庭裁判所の裁量による国選付添人制度及び検察官関与制度の対象事件の範囲拡大を図る改正が行われた。

　直近の令和3(2021)年の改正では、少年法適用年齢の18歳未満への引下げが議論され、その結果少年法の適用年齢の引下げはされなかったものの、18歳、19歳を「特定少年」と位置付け、18歳未満、20歳以上とは異なる扱いが定められた。

　少年法の改正をめぐっては、非行のある少年、少年事件に対する社会の認識がその都度反映されるといえる。実務において、社会復帰する少年たちを迎え入れることになる社会の認識を無視することはできない。目の前の少年の保護と被害者や社会感情は、常に対立的であるとは限らないが、調和的な両立には難しい面があることも間違いない。厳罰化を求める社会の声もある中で、少年の権利保護、健全育成、社会の安全について絶えざる自問を抱えながら実務にあたっているのが家庭裁判所の姿といえよう。

TOPIC

少年法はどう変わったの？

坂野　剛崇（大阪経済大学教授）

　令和3(2021)年5月21日、改正少年法が成立し、令和4(2022)年4月1日施行となった。昭和24(1949)年1月1日、家庭裁判所の発足と同時に施行された少年法は、その後6回の改正を経て今回が7回目の改正となる。

　今回の改正は、18歳及び19歳の者が、選挙権及び憲法改正の国民投票権を付与されたこと、令和4(2022)年4月1日から民法上成年として位置付けられることに伴うものである。今回の改正に関する審議の中では、少年法の適用年齢を引き下げ、18歳、19歳の者を成人と扱うことも検討された。しかし、これらの者は、未だ十分に成熟しておらず、成長発達の途上にあり、失敗しながらもこれを乗り越えて成長発達し得る資質（可塑性）があるということから、18歳未満とも20歳以上とも異なる取扱いが相当であるとされた。

　そこで今回の改正では、18歳及び19歳の者を従来どおり少年法の対象とするものの、「特定少年」と位置付けた上で法整備が行われた。

　改正の主な内容は次の4点である。

　⑴　特定少年が死刑又は無期若しくは短期1年以上の懲役若しくは禁固に当たる罪の事件を起こした場合、調査の結果、罪質及び犯情に照らして刑事処分を相当と認めるときは、検察官に送致しなければならない。

　⑵　特定少年を保護処分に付す場合は、犯情の軽重を考慮して相当な限度を超えない範囲内において、決定をもって、①6か月の保護観察、②2年の保護観察、③3年以下の範囲内で定めた期間での少年院送致、とする。

　⑶　ぐ犯（少年法3条1項）については、特定少年には適用しない。

　⑷　少年法で少年の氏名、年齢、職業、住居、容貌等、本人が推知される記事や写真を新聞その他の出版物に掲載することが禁止されているが、特定少年については、起訴された後、禁止の対象としない。

　⑴は、特定少年の場合の原則検察官送致の対象事件の拡大である。平成12(2000)年の法改正で原則検察官送致の対象は、犯行時16歳以上の少年による「故意の犯罪行為により人を死亡させた事件」であったものが、今回の改正では、特定少年の場合、強盗罪、強制性交等罪、強制わいせつ致傷罪などの事件が加わる。また、14歳以上の少年を検察官に送致できるのは、懲役刑又は禁錮刑以上に当たる罪に限られていたが、特定少年の場合は、罰金刑以下で処罰される過失傷害罪や侮辱罪など軽微な罪も対象となる。

　⑵は、特定少年を保護処分で処遇する場合、保護処分の内容は、前述した3

種類のいずれかに限定されるということである。また、条文には「犯情の軽重」、すなわち、事件の犯行の動機や態様、計画性、被害の程度など「行為責任」を考慮して処分を決定する旨が明文化された。

　(3)は、家出や暴力団などとの交際、売春行為など、将来、罪を犯すおそれのある行為がある少年も少年法の保護の対象とされているが、特定少年の場合は、この保護の対象から除外されるということである。

　(4)は、特定少年は、家庭裁判所で検察官送致に付され、その後起訴された後は、実名等、本人が特定され得る報道が可能になるということである。

　この他にも勾留の制限、不定期刑、刑の執行、前科による資格制限の不適用など、少年法による特例が特定少年には適用されなくなる。

　また、今回の改正に伴って少年院や保護観察所といった執行機関では、18歳、19歳の者には、特定少年であるということを踏まえた処遇−教育や指導が実施されることになる。これまでも再犯抑止、立ち直り支援として、将来の幅広い進路選択を可能にするための学びの機会の確保、時代のニーズに対応した職業指導、円滑な社会復帰を見据えた活動などが行われてきている。今後は、特定少年が民法上等の成年であり、責任ある主体として積極的に社会参加すべき存在であることを踏まえ、非行の反省と成年であることの自覚と責任を喚起する教育、主権者・消費者教育等の社会参加に必要な知識の付与といった教育がなされていくことになる。

　今回の改正については、「成年としての責任の自覚を促進する」「犯罪抑止に繋がる」「被害者感情を汲む」と評価する意見がある。他方、「厳罰化である」「少年保護を後退させる」「立ち直りを阻害する」という批判もある。非行は、被害者に悲しみをもたらし、社会の安全・安心を損なう。また、少年本人にも、自らに招く不幸は小さくない。司法福祉に携わる者で非行のない社会、少年の更生を願わない者はいない。少年法は、こうした思いを体現する法律である。

　今回の改正、そして、少年法制のあるべき姿、あなたはどう考えますか。

TOPIC

家庭裁判所調査官の仕事の魅力とは？

松尾　有希（甲府家庭裁判所 家庭裁判所調査官）

　家庭裁判所調査官として働き始めて数年が経つが、毎日悩みながら仕事をしている。少年事件では、他者の人生を左右する責任の重さに悩み、担当した少年が再非行をして逮捕されたと聞けば、がっかりし、被害の大きさに胸が潰れるような思いをすることもある。それでも続けてこられたのは、なぜなのだろうか。それは、少年の「変化」を期待できるからではないかと考えている。今の私が感じている少年係調査官の魅力を伝えられたらと思う。

●少年事件での調査官の役割

　調査官の役割は、なぜ少年が非行に至ったのか、二度と非行に向かわないためにどのような処遇が必要なのかを調査するというものである。調査では、少年や保護者との面接を基本として、家庭訪問を行ったり、学校等の関係機関と連絡を取ったりすることもある。

　調査というと、アセスメントの意味合いが強いように感じられるかもしれないが、再非行を防ぐための教育的な働きかけも行っている。各家庭裁判所で、交通ルールに関する講習や、万引き被害を受けたことのあるお店の方を講師とした講習等の各種講習、医師・看護師による保健指導等の様々なメニューを用意している。ケースに応じてこうした働きかけを行い、それによる変化も踏まえて、処遇が判断される。

●面接での「変化」

　少年や保護者からは、事件の動機や経緯、生活歴、交友関係、家庭環境等を聴いていく。うまく語れない少年もおり、面接が進まず困ってしまうことも多い。ただ、語れない要因は様々あり、そもそも自分のことを他者（それも、処分に影響力を持った相手）に話すこと自体、簡単なことではない。それを踏まえて、事件のことをじっくりと一緒に振り返ると、少年なりの言葉で語ってくれることもある。反対に、やたら多弁で反省の言葉を繰り返す少年もいる。心からの反省とはどんなものなのだろうかと悩むことも多いが、話し合ううちに、事件に向き合う勇気がなかったと振り返る少年もいた。また、時々、非行をした我が子に拒否的に振る舞う保護者もいるが、少年の幼少期を語るうちに涙し、少年を支える決意を新たにしてくれたこともあった。

　たとえ事件名が同じでも、非行の背景は少年によって異なり、再非行を防ぐためには、少年それぞれの強みや弱み、資源を手掛かりとした手当が重要だと感じさせられる。時には、少年が持っていた力の大きさに驚かされることもあ

る。少年や保護者が気づきを得る手助けをし、変わりたいと願う瞬間を目の当たりにすることができるのは、調査官の醍醐味ではないかと思う。

●試験観察での「変化」

　試験観察とは、終局処分を一旦留保し、調査官が少年の生活状況や行動等を観察する期間を設ける中間的な決定である。試験観察の経過を踏まえて終局処分が決定されることになる。調査官は、比較的長期間、少年に関わることができる。私の担当した在宅試験観察のケースを紹介したい（趣旨を損なわない範囲で改変しており、実際のケースとは異なる）。

　中学3年生のある少年は、長く不登校で、暇を持て余し、仲間に誘われるままに窃盗を繰り返した。最初の審判で試験観察決定を受けた後、少年は中学を卒業し、就職した。試験観察では、定期的に少年・保護者面接をし、日記を付けさせ、終盤には万引き被害を考える講習の受講を促した。日記の記載はいつも一行程度だったので、面接で具体的な出来事を聴き取って、日々の努力や失敗、感情の動きを尋ねたり、事件当時の生活を振り返らせたりしたが、少年は「普通」等の答えばかりで反応が薄く、私（調査官）は手応えのなさを感じていた。しかし、私や保護者の心配をよそに、少年は淡々と仕事に通い、日記を持って面接に訪れた。いつしか日記は結構な枚数になり、いつもは無表情の少年が照れ臭そうに、誇らしげにしていた。学校や勉強は諦めてしまっていた少年が、変わりたいと願い、仕事や日記は諦めずに続けようと努力していたことに気づかされた。試験観察後の最後の審判において、少年は、金銭を稼ぐ大変さを知ったこと、講習を受けて被害の大きさを考えたこと、今の生活を守るためにも二度と非行はしたくないと思ったことを、たどたどしくも少年らしい言葉で話した。言葉に表れなくとも、少年の心の内では様々な動きがあるということや、少年が日々体験して感じていることに寄り添いながら働きかける大切さを実感したケースであった。

●一瞬の出会いから

　調査官は花の種をまくような仕事だと聞いたことがある。調査官が少年たちと関わる期間は、彼ら・彼女らの人生のほんの一瞬であり、花が咲くところまで見届けることは難しい。一方、人生の重大な局面を迎えているときだからこそ、少年や保護者に何らかの気づきを得てほしいし、その後の処遇に繋がるようにしたいと思っている。いつか花が咲くことを信じていられるのは、水をやってくれる関係者の存在を知っているからであり、何より、今まで出会った少年たちが小さな芽吹きを見せてくれたからだと思う。他者も自分も傷つけずに、根を張り茎を伸ばし、いつか花をつけてほしい。そう願いながら、日々少年たちに向き合っている。

第2節
少年矯正の機能と現場

Ⅰ　少年鑑別所

山口　雅敏

　少年鑑別所や少年院は、一般の方にとってなじみが薄く、近寄りがたいイメージがあり、そもそも両者の区別自体も曖昧だと思われる。実際に少年非行を扱った映画やテレビドラマ、漫画等を見ても、両者を混同したような描かれ方をされることが多い。少年鑑別所と少年院は、いずれも少年矯正を担う法務省所管の施設であるが、その設置目的をはじめ、収容されている者の法的な身分、収容期間、中で実施されている内容等、数多くの部分で異なっている。

　また、かつて少年鑑別所と少年院は、昭和24（1949）年に施行された旧少年院法で規定されていた。しかし、平成22（2010）年の「少年矯正を考える有識者会議提言」の一つである「適正かつ有効な処遇を支えるための法的基盤整備の推進」を受け、平成26（2014）年に少年鑑別所法と少年院法が別個に制定され、翌平成27（2015）年から施行されている。少年鑑別所法と少年院法のいずれも、①再非行の防止に向けた処遇の充実、②適正な処遇の実施、③社会に開かれた施設運営の推進という観点から、各種規定が整備されている。

　本節では、この新しい法律の下での少年鑑別所と少年院の業務や取組み等について解説する。

1　少年鑑別所とは

1）業　務

　少年鑑別所は法務省所管の施設で、次の3つの業務を行っている（各業務の詳細は後述）。

- (1)　鑑　　別：家庭裁判所等の求めに応じ、鑑別対象者の鑑別を行う。
- (2)　観護処遇：観護措置が執られて少年鑑別所に収容される者等に対し、必要な観護処遇を行う。

(3) **地域援助**：地域社会における非行及び犯罪の防止に関する援助を行う。

2) 設置状況

全国各地の家庭裁判所に対応する形で、全国に52か所設置されている。

3) 職　員

　少年鑑別所に勤務する職員は、主に鑑別業務を担当する法務技官（心理）（以下「心理技官」）、主に観護処遇業務を担当する法務教官、保健・医療等を担当する医師等から構成されている。

2　鑑別の実際

1) 鑑別とは

　少年鑑別所法上の鑑別の定義は、「医学、心理学、教育学、社会学その他の専門的知識及び技術に基づき、鑑別対象者について、その非行又は犯罪に影響を及ぼした資質上及び環境上問題となる事情を明らかにした上、その事情の改善に寄与するため、その者の処遇に資する適切な指針を示す」ことである（16条1項）。もっと噛み砕けば、「鑑別の対象者が、なぜ非行や犯罪に及んだのか、その原因を解明し、立ち直りに向けた指針を示す」ことである。

　鑑別は、**図表1−2**のとおり、その対象者や依頼元機関によって、審判鑑別、処遇鑑別、指定鑑別の3つに分類される。

図表1−2　鑑別の種類

種類		対象者	依頼元機関
審判鑑別	収容審判鑑別	観護措置で少年鑑別所収容中の者	家庭裁判所
	在宅審判鑑別	上記以外の者	
処遇鑑別		保護処分の執行を受ける者、20歳未満の受刑者	地方更生保護委員会、保護観察所、児童自立支援施設、児童養護施設、少年院、刑事施設
	収容処遇鑑別	少年院在院者※少年鑑別所に収容し実施	少年院
指定鑑別		少年院送致決定者、戻し収容決定者	—

以下では、鑑別の中で最も代表的な、少年鑑別所に収容して行う審判鑑別について解説し、その関連で在宅審判鑑別や指定鑑別にも言及する。処遇鑑別については本節「5　少年鑑別所における今後の取組み」で取り上げる。

2）収容審判鑑別の流れ

　家庭裁判所による調査・審判は、その対象者が観護措置を執られ少年鑑別所に収容中に行われる場合と、社会生活を維持した中で行われる場合があり、それぞれに対応して収容審判鑑別と在宅審判鑑別がある。収容審判鑑別の流れは図表1－3のとおりである。観護措置は、4週間以内が一般的だが、最長8週間に延長されることもある。在宅審判鑑別は、対象者が通常の社会生活を送る中での実施のため、収容審判鑑別時のような、きめ細かな行動観察は難しく、また面接や心理検査等を短期集中的に実施しにくい場合がある。

　以下では、収容審判鑑別の個々の内容を解説するが、その際に、鑑別対象者という呼び方を男女問わず「少年」に統一する。

図表1－3　収容審判鑑別の流れ

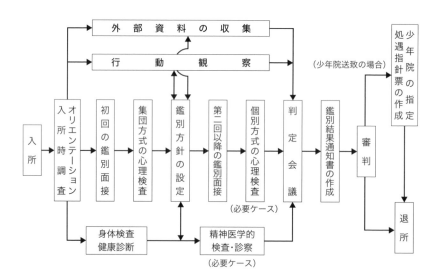

⑴　オリエンテーション・入所時調査

　少年鑑別所に入所する少年は、入所直後は、不安や緊張が高まっている。オリエンテーションにより、所内生活や鑑別を受ける意味を丁寧に分かりやすく説明することが、鑑別を受ける動機付けや心情の安定を図る上で重要である。

　入所時調査では、現在の心境、健康状態、最近の生活状況等について聞き取るほか、家庭裁判所や警察からの心身の状況等に関する情報収集を行い、鑑別、観護処遇で留意すべき事項は、所内で速やかに共有を図る。

⑵　初回の鑑別面接

　初回の鑑別面接は、鑑別を担当する心理技官（以下「鑑別担当者」）により、少年の鑑別方針の設定に必要な情報収集を目的に行われる。そこでは本件非行の内容、家族関係、交友関係、就学や就労の状況、非行歴や保護処分歴等について概括的に聞き取る。

⑶　集団方式の心理検査

　集団方式の心理検査は、少年の知的能力や性格特性等の大まかな把握と、鑑別方針の設定を目的に、市販の集団式知能検査と数種類の法務省式心理検査を組み合わせて、複数の少年に一斉に実施する。法務省式心理検査とは、非行少年や受刑者の心理特性の的確な把握を目的に、法務省が独自に開発したものである。人格特性を把握する人格目録や、社会的態度や価値観を把握する態度検査等がある。

⑷　鑑別方針の設定

　鑑別の組織的、計画的な実施を目的に、初回の鑑別面接、集団方式の心理検査の結果等を踏まえ鑑別方針を設定する。具体的には、第2回以降の鑑別面接での調査事項、実施する個別方式の心理検査、精神医学的診察の要否、行動観察で重視する観点等を明らかにする。

⑸　第2回以降の鑑別面接

　少年の非行に繋がる資質面、環境面の問題やそれらの相互関係の解明、適切な処遇方針の策定を目的に、第2回以降の鑑別面接が行われる。その際に鑑別担当者は、少年の非行の背景等に係る仮説を予め立て、その修正や絞り込みを少年との対話の中で繰り返していく。これは、限られた観護措置中に鑑別を効果的に実施し、少年に気付きや洞察を促す観点からも重要である。また、心理

検査の結果や行動観察における情報等も仮説検証の材料となる。

石毛（2004）は、鑑別における仮説検証を、「自然科学や実験心理学のそれとは異なり、心理学、社会学、犯罪学、教育学、医学等の非行にかかわる人間行動科学の知見を踏まえて、問題を理解するのに有効な枠組みや焦点を見当付け、非行性を改善するための方策を見立てるという、根拠に基づいた実践（evidence-based activity）」だとしている。

(6) 個別方式の心理検査

個別方式の心理検査は、少年の特性や問題性に応じて選択して実施される。例えば、知的能力や発達上、認知上の特性を精査する上で、ウェクスラー式やK-ABC等の個別式知能検査は重要であり、より内面を深く理解する上で、ロールシャッハテストやTAT等の投影法検査が用いられることが多い。

(7) 行動観察

行動観察の重要な着眼点として、①知的能力、②対人行動を中心とした行動傾向、③情緒や意欲、④社会的態度や価値観、⑤生活習慣等が挙げられる。具体的な観察方法は、収容中の通常の生活場面の行動観察と、意図的に一定の条件を設定した場面の行動観察に大別される。通常の生活場面の行動観察では、入所時の言動、職員とのやりとり、運動等の集団場面での様子等に着目する。一方、意図的な場面設定の下での行動観察では、課題作文、貼り絵、絵画、日記等を実施し、その内容や取組みの様子等に着目する。

(8) 外部資料の収集

面接や少年鑑別所保有の資料だけでは、適切な鑑別の実施が困難な場合、国や地方公共団体の機関や、学校、病院、NPO法人等から必要な事項の報告を求めることができる。例えば、何らかの疾病や障害を有する少年について、通院していた医師に病状等を文書で照会することがある。また、生育上の具体的なエピソードについて保護者に文書で照会したり、面会に訪れた保護者等から情報を直接得たりすることもある。

(9) 健康診断・精神医学的診察

健康診断は入所後速やかに行われ、一般的健康状態や疾病・障害の有無を明らかにする。また、非行内容の特異性や、入所後の行動傾向等を踏まえ、発達上の課題も含めた精神状況の精査の必要性等に応じて、精神科医の診察を実施

し、精神障害の有無、症状や程度、必要とされる医療措置等を明らかにする。

⑽　家庭裁判所調査官との事例検討

　家庭裁判所調査官は、社会調査として観護措置中に少年鑑別所に赴き、担当する少年に面接を行うほか、少年の家族や学校、職場といった、社会内で少年を取り巻く関係者等への幅広い調査を行う。先ほどの収容審判鑑別の流れ（**図表１－３**）には示していないが、事例検討とは、鑑別担当者と家庭裁判所調査官とが、鑑別において得られた情報と、社会調査において得られた情報を互いに持ち寄り、少年の非行の傾向や問題点等について、意見の交換や検討を行うもので、少年をより多面的に理解することに寄与している。

⑾　判定会議

　判定会議は、少年の処遇選択に係る的確な鑑別判定を行う目的で、少年鑑別所長が開催する。鑑別担当者と行動観察担当の法務教官のほか、少年鑑別所長、関係職員等が出席し、少年の資質や環境、これらの相互関係における問題点、非行性の深度に対応した保護の必要性について、様々な観点から検討がなされ、**図表１－４**の区分に基づく少年鑑別所としての鑑別判定を決定する。この判定会議は、鑑別精度や鑑別判定の妥当性を担保する上でも重要な手続である。

図表１－４　鑑別判定の区分

第１次区分	第２次区分
保護不要	
在宅保護	保護観察 その他
収容保護	第１種少年院 第２種少年院 第３種少年院 児童自立支援施設 児童養護施設
保護不適	検察官送致 その他
保　　留	

⑿　鑑別結果通知書の作成

　判定会議の結果を踏まえて鑑別結果通知書を作成し、審判の数日前に家庭裁判所宛てに提出する。鑑別結果通知書は、表紙（判定、判定理由）のほか、精神状況（知能、性格等、精神障害）、身体状況（一般的健康状態、疾病又は障

害、その他の特記事項）、行動観察、総合所見（問題点とその分析、処遇指針、社会的予後）の各欄で構成されている。

　鑑別結果通知書は、一義的には家庭裁判所の審判に資する目的で作成されるが、その後の保護観察の指導や少年院の矯正教育でも参考にされるため、心理学等の専門用語の多用を避け、読みやすさや分かりやすさに配慮している。

⑬　少年院の指定・処遇指針票の作成

　審判の結果、少年院送致又は戻し収容（少年院を仮退院中の者が、仮退院を取り消されて再び少年院に収容されること）の決定があった少年に対して、指定鑑別として、少年との面接や行動観察等を実施し、その結果に基づいて送致する少年院を指定する。そして、送致する少年院に向けて、処遇上の具体的留意事項を記載した処遇指針票を作成する。

3) 法務省式ケースアセスメントツールの運用

　法務省式ケースアセスメントツール（Ministry of Justice Case Assessment tool、以下「MJCA」）は、「再非行の可能性」及び「教育上の必要性」を定量的に把握する目的で開発され、平成25（2013）年から導入された。全国の少年鑑別所入所者約6000人について、約2年間の観察期間における少年鑑別所への再入所の有無を調査し、統計的分析により再非行に関連する要因を特定した。諸外国の同種のツールと比較しても、遜色ない高い信頼性と妥当性が確認されている（西岡 2013）。MJCAは、**図表1－5**のとおり、生育環境や過去の問題行動等に関する「静的領域」と、意欲や態度、認知等に関する「動的領域」から構成されている。両者の違いは、教育等で後から変化させられるかどうかである。各項目は、鑑別担当者が鑑別面接、行動観察、外部資料等を踏まえて評定し、その評定結果は、下位領域ごとに数値化、グラフ化され、再非行に関連する問題性の程度が視覚的に把握できる。また、再非行の可能性及び教育上の必要性が、静的領域、動的領域、総合区分ごとに4段階で表示される。

　MJCAの導入により、実証データに基づく再非行の要因を念頭に置いた少年の理解や非行の分析が促進されるなど、MJCAは鑑別の適切な実施を支援するツールとして有効活用されている。

図表1－5　MJCAの構成

領域	下位領域（項目数）	評定項目例
静的領域	生育環境(5)	家族に家庭内暴力をする者がいた。
	学校適応(3)	学業不振があった。
	問題行動歴(6)	小学生時に喫煙又は飲酒があった。
	非行・保護歴(6)	財産非行がある。
	本件態様(4)	本件は同種事案の再非行である。
動的領域	保護者との関係性(7)	保護者に反発している。
	社会適応力(9)	学校生活又は就労生活に対する意欲が乏しい。
	自己統制力(5)	感情統制が悪い。
	逸脱親和性(7)	法律を軽視している。

4）鑑別を受ける意義

　鑑別では、自分の生い立ちや家族、友人との関係、非行場面やその前後の状況などについて鑑別担当者と対話が重ねられる。少年に共通する特徴として、考えるよりも行動が先立ち、不快なことや都合の悪いことから目をそらしがちな傾向が認められるが、鑑別面接や職員とのやりとりを通じて、真剣に自分自身と向き合い、自分の言葉で考えたり表現したりする中で、少しずつ、非行を起こした当時、どのような気持ちでいたか、どのような課題に直面していたか、そして非行を通じて家族等の身近な人に気付いてほしかったことは何だったのか、その意味等に思い至る。その上で、自分も周囲の人も傷つけずにどう生きるべきか、今後について具体的に考えるようになっていく。

　鑑別は一義的には、少年の非行の原因を明らかにし、再非行防止と立ち直りに向けた指針を、家庭裁判所等の関係機関に提示する目的で実施される。しかし、鑑別を受ける少年自身にも有意義なものとなり、立ち直りに向けた新たなスタート地点に立てるよう、共に問い、考える伴走者としての役割も果たしている。

◆架空事例１：鑑別で、自分自身とじっくり向き合うことを促した事例

―――――― Case 1

　男子少年Ａは、16歳（高校１年中退）である。地元の不良仲間と共に、同年代の被害者に対して恐喝に及び、観護措置決定により、少年鑑別所に入所した。

　Ａは、鑑別担当者との面接には素直に愛想良く応じている。スムーズな受け答えから、相応の理解力がうかがわれた。家族関係の話題になると「家族とは誰ともうま

くいっている。何でも話せて不満はない」と述べるが、それを裏付ける具体的なエピソードは十分に語られなかった。また、法務省式心理検査等では、家族への親和傾向が強く示される一方で、周囲に自分を殊更に良く見せようとする傾向や、自分に都合の悪いことや不快なことから目をそらそうとする傾向が示され、本当に家族に親和しているかどうかは、他の情報も踏まえて慎重な検討が必要と考えられた。

　入所して1週間目に両親が面会に訪れた。両親はAと対面するや、「何てことをしたんだ」などと一方的に叱責を始め、Aはうつむいたまま「ごめんなさい」と小声で謝罪していた。その後も重苦しい雰囲気が続き、会話は途切れがちであったと、面会に立会した法務教官から報告された。

　これを受けて鑑別担当者が、Aが面接で語る家族との関係と、面会時の様子との間にギャップが感じられることや、心理検査の特徴的な結果についてAに伝えると、少しの沈黙の後、Aから次のようなことが語られた。

　「幼い頃から勉強も運動も得意な兄と何かと比較されて育ち、自分も両親に認めてもらおうと努力をしたが、一向に目立った成果を上げられなかった。高校受験に失敗すると、いよいよ家には自分の居場所がないと感じて自分から家族と距離を置くようになった。仕方なく入学した高校にもなじめず結局中退すると、自分を受け入れてくれる地元の不良仲間と一緒にいることが増えた。不良仲間といれば楽しくて、気が大きくなった。今回の恐喝も、遊ぶ金ほしさから、不良仲間と一緒に起こした。家族との仲が悪いと知られると、少年院に送られて本当に家族から見捨てられるのではないかと不安になり、本当のことが言えなかった」。

　鑑別担当者は、Aが抱える家族への複雑な思いを汲み取りつつ、自分を良く見せようとしたり、偽ったりせず、これまでの自分自身や家族、友人との関係、今回起こした非行について、じっくりと向き合うことが、立ち直りにとって何よりも大切なのではないかと投げかけた。Aはそれに対して大きくうなずいていた。

3　観護処遇の実際

1）観護処遇とは

　観護処遇の観護とは、「観察し保護すること」を意味する。少年鑑別所法上の整理では、前述した鑑別を除く在所者に対する取扱いの全てを指し、その内容・領域は広範囲にわたる。以下では観護処遇における主要なものを取り上げ、その際に、在所者の呼び方について男女を問わず「少年」に統一する。

2）観護処遇の主要な内容・領域

⑴　動作時限

　動作時限とは、いわば一日のスケジュールであり、**図表１－６**は、観護措置中の動作時限の例である。動作時限の設定は、少年鑑別所の適正な運営に資するほか、少年の適切な睡眠や食事の時間の確保・保障に繋がる。さらには、規則正しい健康的な生活を送ることで、落ち着いた気持ちで面接や心理検査、家庭裁判所調査官の調査等に臨めるようになるという意義もある。

図表１－６　動作時限の例

時間	内　　容
7:00	起床
7:30	朝食　点呼
9:00	運動
10:00	面接　心理検査
12:00	昼食
13:00	学習支援　講話
14:30	面会
15:30	入浴
17:00	夕食　点呼
18:00	日記記入　自由時間
21:00	就寝

⑵　面会・手紙の発受

　観護措置中の少年の場合、一般的に保護者や付添人のほか、在籍する学校教諭や職場の雇主等が、復学や復職の打合せ等を必要とする際には、面会が可能である。また、手紙のやりとりは、原則としてその相手方の範囲に制限はないが、その内容が不適切な場合等によっては、やりとりを差し止める等の措置を執ることがある。今まで当たり前に接していた家族や友人等と物理的に切り離される中、面会や手紙という手段を通じて、自分を思ってくれる人々の存在の大きさや大切さに改めて気付かされることは多い。

⑶　規律・秩序の維持

　鑑別、観護処遇の適切な実施を確保し、少年の健全な育成を図る上で、少年鑑別所内の適正な規律・秩序の維持が求められる。しかしそのための措置（手

錠の使用や保護室への収容等）は、少年の権利や自由を制約するため、個々の措置の要件等は、少年鑑別所法で明確に定められている。また、遵守事項という、少年が少年鑑別所内で遵守すべき事項も定められている。少年鑑別所には少年院のような懲戒規定はないが、遵守事項に違反した場合には、個別指導でその非を諭し、少年の自覚を促している。

(4) 健全な育成のための支援

少年の健全な育成を考慮した処遇は、心身の発達途上にある少年の健全な育成を図るという観点から重要な意義がある。

① 生活態度に関する助言・指導

具体的には、少年の心情安定を図ること、相談に応じて助言を行うこと、健全な社会生活を送る上で必要な挨拶、言葉遣い、身だしなみ等の基本的生活習慣を指導している。

② 学習等の機会の提供等

具体的には、学習図書や教材の整備に努め、学習を希望する少年に対してその機会を付与できる環境を整備するとともに、義務教育が未了の少年を中心として、外部講師や職員による教科の学習に関する助言や指導を行うなどの配慮がなされている。また、一般的教養や社会常識の習得、情操の涵養に資する活動として、図書、テレビ、ラジオ、視聴覚教材、講話等の閲覧、視聴等を実施している。

一連の働きかけは、飽くまで少年の自主性を尊重し、強制にわたってはならず、また、少年に非行事実があることを前提に、その問題点の改善を図ろうとするものとならないよう注意を払っている。

3) 観護処遇による効果

少年鑑別所は、教育を行う機関ではないが、観護措置中の鑑別や観護処遇を通じて、結果的に様々な気付きを得て、変化、成長を遂げる少年は少なくない。吉村（2006）は、これを少年鑑別所の持つ「場の力」と呼び、こうした作用の要因として、規則正しい健康的な生活や一人静かに自分自身と向き合う時間を挙げている。また、國吉（2010）は、少年鑑別所では、一連の観護処遇を通じて生活の枠組みを明確化し、処遇の統一化を図る一方、個々の少年の特性に応

じた働きかけが工夫されているとし、「場の力」を少年鑑別所職員の細やかな心配りにより実現する少年鑑別所独特の風土と捉え直している。

◆架空事例２：観護処遇で、助言・指導を根気強く行った事例

Case2

　男子少年Ｂは、14歳（中学３年生）である。地元の年長の不良者から命じられて原動機付自転車の窃取に及び、観護措置決定により、少年鑑別所に入所した。

　Ｂは、入所当初から体調不良を訴えたり、「（少年鑑別所は）自由がなく辛い」「少年院には絶対に行きたくない」といった不満や不安を口にしたりするなど、少年鑑別所に入所したという現実をなかなか受け入れられずにいた。また、言葉遣いは乱暴で、整理整頓ができず居室内は散らかり放題であるなど、しつけ不足の面がうかがわれた。

　Ｂの担当となった法務教官は、時に手本を示しながら、生活上の助言・指導を一つひとつ根気強く丁寧に行った。Ｂは不満げな表情を見せつつも、関わってもらえることはうれしいようで、指導には素直に耳を傾け、Ｂなりに改善しようとする様子が見られた。

　入所して10日目に母親が面会に訪れると、「毎日面会に来てほしい」などと甘えたような態度を見せていた。その翌日には在籍する中学校の担任教諭の面会があり、「みんな待っているから、早く学校に戻って来い」と激励され、非常に喜んでいた。

　その後、生活上の指導を受ける場面は徐々に減っていき、外部講師による学習指導に興味を示し、自ら受講を申し出た。受講後に感想を尋ねると、「新しい英単語をたくさん覚えた」とうれしそうに語り、居室に戻ってから覚えた英単語を繰り返しノートに書いていた。

　審判を翌日に控えた日の日記には、「少年鑑別所を出たら、悪い先輩や仲間とは絶対に手を切り、高校に行けるよう勉強を頑張りたい」との決意と、面倒をみてくれた職員に対する感謝が綴られていた。

4　地域援助の実際

1）地域援助とは

　地域援助とは、平成27（2015）年の少年鑑別所法の施行に伴う少年鑑別所の新たな業務である。具体的には「法務少年支援センター」として、少年鑑別所が有する専門的知識や技術を幅広く活用し、一般の方々や関係機関・団体か

らの依頼に応じ、地域社会における非行及び犯罪の防止に向けた様々な活動を行っている。「法務少年支援センター」の別称を掲げるのは、地域の方にとってなじみが薄い少年鑑別所を相談先とする際の抵抗感を和らげるほか、少年保護手続による機能（鑑別、観護処遇）との区別を対外的に示すといったことがある。

2) 地域援助の対象

地域援助では、少年のほか成人も援助の対象であり、特定の年齢制限は設けていない。また、援助が必要な本人のみならず、その本人にどう関わっていくかという悩みを持つその家族や学校教諭等も援助の対象となっている。

3) 地域援助の種類

地域援助は、個人援助と呼ぶ「少年、保護者その他の者」からの相談に対する援助と、機関等援助と呼ぶ「非行及び犯罪の防止に関する機関又は団体」の求めに対する援助の2つがある。個人援助における「その他の者」として、現に少年非行の防止に関わっている方のほか、非行や犯罪の防止に関心のある地域住民等が挙げられる。機関等援助における「非行及び犯罪の防止に関する機関又は団体」は、警察、検察庁、裁判所等の司法関係機関、学校、教育委員会等の教育関係機関、児童相談所、地域生活定着支援センター、児童自立支援施設、保健所等の福祉・保健関係機関、病院、診療所等の医療関係機関、地方更生保護委員会、保護観察所、保護司会等の更生保護関係機関、刑事施設、少年院等の矯正施設等と非常に幅広い。

4) 地域援助の内容

(1) 一般の方からの相談

非行や犯罪行為、親子関係、職場や学校でのトラブル、交友関係の悩み等について、本人やその家族等からの相談に対応する。

(2) 各種検査

性格検査や適性検査等、相談内容に応じて実施し、依頼があれば、その結果を本人や家族、依頼元機関等に説明する。

(3) 研修会、講演会等への講師派遣

学校をはじめとする各種機関・団体等が主催する研修会や講演会等で、非行や子育ての問題についての説明、青少年に対する教育・指導方法に関する助言や提案を行う。法教育授業では、児童や生徒に向けて少年事件の手続の流れや非行・犯罪（薬物乱用、暴力、万引等）の防止等を分かりやすく説明する。

(4) ケース会議への参加

学校をはじめ各種機関・団体等が主催する問題行動等のある方の支援に関するケース会議に参加し、見立てや効果的な働きかけに関する助言・提案を行う。

5) 地域援助の特徴

(1) 他の相談機関との差異

地域には児童相談所をはじめ、近接領域の相談機関が複数存在しており、これらの機関と連携を図りつつ、少年鑑別所の地域援助ならではの特色や専門性を踏まえた活動が求められる。他機関とは異なる特色や専門性として、次のような点が挙げられる。

① 非行や犯罪、問題行動に係る機制の解明のほか、これらの防止に向けた豊富な知見や心理的アセスメントの技術を有していること。

② 心理技官と法務教官の協働により、心理的アセスメントと教育的働きかけの両方に対応できること。

③ 相談機関によっては、対象者の年齢制限があるが、地域援助では、少年から成人まで幅広く対応していること。

(2) 鑑別、観護処遇との関係

地域援助は、鑑別、観護処遇を通じて培った知識や技術を、地域社会の非行や犯罪の防止に向けて還元するという側面が大きい。しかし、その依頼内容をはじめ、対象者、関係する機関、援助に係る方法、期間等は多様であり、地域性も認められる。各少年鑑別所では、個々の依頼に最も適した方法を検討しながら実践を重ねており、そこで得られた知見は、鑑別、観護処遇の充実強化にも寄与している。鑑別、観護処遇、地域援助の3つの業務を有機的に関連付けることで、少年鑑別所の専門性の包括的な底上げが期待される。

6）地域援助の充実強化に向けた取組み

　地域社会には、非行や子どもの問題行動への対応等に関する高いニーズがあり、地域援助の依頼は年々増加し、その内容も多様化する中、少年鑑別所では、様々な取組みを講じている。具体的には、地域非行防止調整官という新官職を援助依頼が多い少年鑑別所に配置し、地域のニーズの把握や関係機関との連絡調整に当たらせている。また、職員の対応力の向上を目的とした研修の実施や手引きの配布のほか、効果的な援助のため、暴力や性的な問題行動といった、相談内容別のワークブックを作成した。さらに、全国共通の相談ダイヤルや各庁のホームページを開設するなどして、アクセスのしやすさにも配慮している。

◆架空事例３：地域援助で、暴力の問題を抱える生徒に対応した事例

Case3

【経緯】　ある中学校で全校生徒を対象にした法教育授業を行った際に、個別の生徒の相談にも応じる旨を同校の教諭に伝えたところ、後日次のような依頼があった。

【依頼内容】　中学１年生（12歳）の男子生徒Ｃが、ささいなことでイライラしては、同級生への暴力や教諭への反抗的な言動を繰り返している。Ｃに暴力の問題性を理解させるとともに、Ｃの特性を踏まえた効果的な指導の方法について知りたい。

【援助方針】　最初にＣの学校内での生活状況を教諭から聞き取り、その内容を踏まえて所内で援助方針検討会議が開かれた。援助の方針として、① 心理技官による個別式知能検査を実施し、Ｃの知的能力や認知特性を明らかにすること、② 法務教官による「暴力防止ワークブック」（法務省矯正局作成）を実施し、Ｃに暴力の問題性等について考えさせること、③ ①及び②を踏まえた効果的な指導の指針を教諭に示すこととした。

【個別式知能検査の実施】　全体的な知能水準は「平均の下」の段階であり、目で見た情報の処理は比較的得意な一方で、言葉による理解力や表現力、耳で聞いた情報を一時的に記憶する力の弱さ等が示された。同級生や教諭とのトラブルの背景には、こうした認知特性も影響している可能性が考えられた。

【ワークブックの実施】　「暴力防止ワークブック」を３回に分けて実施した。暴力を振るった時の状況や気持ち、暴力はなぜいけないのか、暴力を抑えるための方法等、Ｃの理解を確認しながら、暴力について様々な観点から考えさせた。

【フィードバック】　一連の課題にしっかりと取り組んだことについてＣの頑張り

をねぎらった後、個別式知能検査の結果について、Cの強みと弱みは何か、今後の生活で弱みを強みでどうやってカバーしていくかという観点で、Cと同席したCの保護者に分かりやすく伝えた。また、イライラしたときの具体的な対処方法を、ワークブックの内容を振り返る中で再確認した。最後に個別式知能検査の結果と日常生活で気を付けることをイラスト付きでまとめたペーパーをCに配布した。

　教諭に対しても、個別式知能検査の結果やワークブックへの取組状況、Cの特性を踏まえた効果的な働き掛けの方法等について口頭で説明したほか、同様の内容を文書でも別途通知した。

【援助後の状況】　電話で教諭にその後の様子を確認したところ、Cの粗暴な言動は完全になくなってはいないが、以前には見られなかった自分を抑えようとする様子も見られるとのことであった。また、教諭は、Cの特性が明確になったことで、Cの表面的な言動に振り回されず、教諭の間で情報共有を図りながら冷静に接することができるようになったと述べていた。

5　少年鑑別所における今後の取組み

1）鑑別における継続的、機関横断的なアセスメントの推進

　鑑別は、その対象者の再非行の防止と立ち直りに向けた指針を示す、いわば羅針盤としての役目を果たしている。ただし、当初の審判鑑別で示された羅針盤が絶対的なものではなく、審判鑑別後に受ける様々な処遇や働きかけを通じて、対象者は変化や成長を遂げていく。そこで、処遇機関による処遇の適当な段階で、少年鑑別所による処遇鑑別を実施するという継続的、機関横断的な関与により、対象者の改善度合いや残された課題等が明確化され、処遇機関に対して現在の対象者にとって効果的な処遇方針を、新たな羅針盤として示すことが可能となる。また、処遇鑑別を受ける対象者自身も、鑑別担当者との対話の中で、自らの変化や成長、残された課題等を改めて認識する機会となる。

　対象者との面接を中心とした精密な処遇鑑別は、少年院在院者に対する実施が大半を占めるが、それ以外の保護処分の執行を受ける保護観察中の少年や児童自立支援施設等の入所児童、20歳未満の受刑者に対しても、依頼に基づいて、これら処遇機関のニーズに的確に対応した処遇鑑別を積極的に実施していく必要がある。また、法務省矯正局では現在、少年院を出院間際の少年に対し

て、審判鑑別時に少年鑑別所で実施したMJCAを再度実施し、その得点の変化と少年院出院後の再非行・再犯との関係等について検証を進めている。少年院の処遇による変化と再非行・再犯の可能性に係る実証的な知見が得られることで、MJCAを活用した、より精度の高い処遇鑑別の実施が期待できる。

　なお、地域援助の枠組みでも、審判で試験観察（保護処分の決定に必要があるとき、終局決定を留保して家庭裁判所調査官に相当期間観察を行わせること）となった少年やその保護者への助言等による関与や、保護観察中の少年への継続的な心理的支援が行われている。審判鑑別と地域援助を組み合わせることでも、特定の対象者への継続的、機関横断的な関与が可能であり、これについても、再非行の防止や立ち直りの観点から積極的な運用が望まれる。

2) 観護処遇における健全な育成のための支援の充実強化

　家庭裁判所の審判を経て社会に戻っていく少年鑑別所入所者の中には、中学卒業や高校中退という学歴や無職状態という今後の進路に課題を抱えている者も多い。再非行の防止や立ち直りにとって、就学や就労といった明確な進路の確保は有効である。観護措置中にできることは限られており、飽くまでも少年の希望に基づくが、今現在も各少年鑑別所では、健全な育成のための支援の一環として、修学支援のための冊子の配布や高等学校卒業程度認定試験に関する学習参考書の整備、ハローワークと連携した職業講話の実施等に努めている。今後も少年のニーズや特性を踏まえた有益な情報や多様な機会を提供する場になるよう、さらなる充実強化が望まれる。

　なお、地域援助を推進する中で、教育や福祉の現場をはじめ、子どもや若者を取り巻く地域社会の実情に直接触れる機会が増えている。これは、少年鑑別所に入所した少年の健全な育成において、必要かつ有効な働きかけが何かを考える上での、貴重な示唆を与えてくれている。

3) 地域援助における実効ある多機関連携の構築

　地域援助の中には、医療や福祉、教育等の分野にまたがる複雑な問題を抱えているケースについての依頼もある。そうした依頼には、関係機関と積極的に連携を図り、それぞれの専門性を持ち寄って関与することが効果的である。

「子ども・若者支援地域協議会」や「要保護児童対策地域協議会」等、法令に基づいて地方公共団体に設置されている協議会のほか、青少年の健全育成を目的とした地域独自の会合等にも少年鑑別所として積極的に参画し、多機関連携を構築する意義は大きい。令和元（2019）年度からは、各少年鑑別所が地域の関係機関に参加を呼びかけ、「地域援助推進協議会」と称する協議会を主催している。今後も地域の非行問題や効果的な多機関連携の在り方等について、実りある協議を継続し、地域の非行、犯罪の防止に寄与していくことが期待される。

また、児童虐待が深刻な社会問題となっている昨今、平成30（2018）年に策定された「児童虐待防止対策の強化に向けた緊急総合対策」（児童虐待防止対策に関する関係閣僚会議）では、少年鑑別所は、地域援助において関係機関と連携し、児童虐待事案等の発見に努めるほか、子どもの非行や問題行動等に悩む保護者に対して、心理教育プログラムの実施等により、虐待の未然防止を図るための体制強化を図ることとされた。さらに、令和2（2020）年に取りまとめられた「法務省児童虐待防止対策強化プラン」では、全国の法務少年支援センターは、法務省の児童虐待担当窓口の一つとして、児童相談所や市町村等の求めに応じ、そのノウハウを提供することとなっている。地域援助において虐待を専門に取り扱ってはいないが、相談に応じる過程で虐待の実態が明らかになる場合も多い。児童虐待の防止という社会からの強い要請に応えられるよう、少年鑑別所においても必要な知識や技術の習得、情報収集に努め、地域関係機関との連携強化を図っていく必要がある。

6　少年鑑別所で働くこと

これまで少年鑑別所の業務や取組み等について解説した。収容審判鑑別をはじめとする一連の鑑別は、依頼元機関のニーズに基づいて実施され、その結果は、鑑別対象者の処遇選択やその後の実際の処遇にも影響を及ぼすものである。精度の高い鑑別を実施するためには、高度な専門性や豊富な経験が求められ、大きな責任も伴うが、それは同時に職員のやりがいに繋がっている。

また、前述のように、短い観護措置中であっても、結果として様々な気付きを得て、変化、成長を遂げる少年は少なくない。そうした立ち直りに向けた新

たなスタートに立つ瞬間に、日々立ち会えることは、職員にとって大きな励みになっている。

　さらに、少年鑑別所法下で新たに開始された地域援助は、鑑別、観護処遇で培った知識や技術を地域社会に向けて還元する場である一方、様々な形での援助の実践の積み重ねや関係機関との連携から、鑑別、観護処遇の充実強化に向けたヒントが得られる場にもなっている。今後のさらなる地域援助の推進が、職員の専門性の向上や視野の拡大に寄与し、少年鑑別所全体の活性化をもたらすと考えられる。

〈引用・参考文献〉

・石毛博（2004）「収容鑑別の実際」犬塚石夫・松本良枝・進藤眸編『矯正心理学—犯罪・非行からの回復を目指す心理学〔下・実践編〕』63 – 86頁、東京法令出版
・國吉真弥（2010）「少年鑑別所における収容鑑別及び観護処遇の実際」『家庭裁判所月報』62巻10号、1 – 51頁
・西岡潔子（2013）「法務省式ケースアセスメントツール（MJCA）の開発について」『刑政』124巻10号、58 – 69頁
・吉村雅世（2006）「随想　場の力」『罪と罰』44巻1号、59 – 61頁

Ⅱ 少 年 院

鶴旨　紀彦

　ここからは、現在少年院においてどのような矯正教育が行われているか、平成27（2015）年施行の少年院法の規定に沿って解説する。

　少年院に入院する少年たちは、要保護性が特に高いといえるが、少年院では、きめ細かい教育を工夫しながら実施している。筆者は、少年院で勤務する法務教官として、不安や不満を抱えた表情で少年院に入ってくる少年たちが、少年院から出ていく時には、驚くほど自信に満ちた明るい表情で、支えてくれた家族や職員への感謝の言葉を述べながら出院していく姿をたくさん見てきた。そのような変化を少年にもたらす少年院の処遇とは、どのようなものなのか、具体例も参考に、生活している少年の姿を想像しながら読んでいただきたい。

1　少年院とは

1）業　務

　少年院は、法務省所管の施設で、主に次の3つの業務を行っている。

⑴　収　容

　家庭裁判所によって少年院送致の保護処分の決定を受けた者又は少年院において懲役又は禁錮の刑の執行を受ける者（以下「在院者」）を収容する。

⑵　矯正教育

　在院者の犯罪的傾向を矯正し、健全な心身を培わせ、社会生活に適応するのに必要な知識及び能力を習得させるために矯正教育を行う。

⑶　社会復帰支援

　少年院からの円滑な社会復帰を図るため、出院後に自立した生活を営む上での困難を有する在院者に対して、状況に応じた社会復帰支援を行う。

2）設置状況

　令和3（2021）年4月現在、全国に47庁（分院6庁含む）設置されている。

　少年院に勤務する職員は、法務教官（公安職）及び保健・医療等を担当する医師等から構成されており、一部の少年院には、法務技官（心理）、社会福祉士、就労支援スタッフ、精神保健福祉士等も配置されている。

2　収容状況と在院者の特徴

　少年院入院者（各年に少年院送致決定により新たに入院した者をいう）は、平成12（2000）年をピークに減少傾向にあり、令和元（2019）年は1727人（男：1549人、女：133人）である。

　年齢層別では、年少少年（12歳以下、13歳〜15歳）184名（10.7％）、中間少年（16歳・17歳）622名（36.0％）、年長少年（18歳・19歳、20歳以上）921名（53.3％）であり、年長少年が少年院入院者の半数を占めている。

　非行名別では、窃盗が476名（27.6％）で最も多く、次いで傷害325名（18.8％）、詐欺187名（10.8％）、道路交通法違反100名（5.8％）と続く。また、女子少年に注目すると、窃盗が29名（21.8％）で最も多いことは少年院入院者全体と同様であるが、次いで多い非行名は、覚醒剤取締法違反24名（18.0％）、ぐ犯19名（14.3％）であり、男女で主な非行名に差異がみられる。

　教育程度別では、高等学校中退が693名（40.1％）で最も多く、次いで中学校卒業が421名（24.4％）であり、約65％の最終学歴が中学卒業となっている。

　保護者状況別では、実母のみが682名（39.5％）で最も多く、次いで実父母が564名（32.7％）、義父実母が204名（11.8％）、実父のみが153名（8.9％）と続き、実父母がそろっていない家庭の割合が高くなっている。

　なお、『令和2年度版犯罪白書』によると、令和元（2019）年の少年院入院者数は1727人であり、これは家庭裁判所の終局処理人員である4万7969人の約3.6％に当たることから、少年院入院者は、犯罪少年の中でも要保護性が特に高い者たちであるといえる。さらに、被虐待経験（入院段階における在院者の自己申告等により把握できたもの）について、同犯罪白書では、令和元（2019）年の少年院入院者のうち、男子の33.8％、女子の54.9％が何らかの虐待を受けていたとなっている。

3 少年院での生活

1）一日の流れ

　少年院では、在院者の日課（食事、就寝その他の起居動作をすべき時間帯、矯正教育の時間帯及び余暇に充てられるべき時間帯を定めたものをいう）を定め、これを在院者に励行させている（少年院法（以下「法」）37条）。標準的な日課の具体例は、**図表1－7**のとおりであり、規則正しい生活を送らせることで、出院後の修学や就労に向けた健全な心身の成長を促し、社会生活に適応させることを目指している。また、日課を定めることは、少年院での共同生活を円滑に行うために在院者の行うべき行動を制限するという保安的な側面や適切な食事時間や睡眠時間を確保し、健康な生活を保障するという側面もある。

　少年院にあって、在院者を確実に収容し、少年院内の安全・安心を維持することは矯正教育や社会復帰支援を行うに当たっての前提となる重要なことである。しかし、収容（行動制限）をして、教育・支援を行うということは、相反する行動を同時に行うことでもある。少年院の基本的な制度、職員の専門性や絶え間ない努力によって、収容と教育・支援は両立して行われているが、少年院においては本人の意に反して収容するという強制力が働いていることは、少年院における福祉を考える前提として忘れてはならない視点である。

　また、少年院では、適法に収容がなされていることを担保するため、少年院を視察し、その運営に関して意見を述べることを任務とする外部有識者による少年院視察委員会が設けられているほか、在院者が少年院で自身が受けた処遇について不服を申し立てる制度が整えられている。

図表1－7　少年院の標準的な日課の例

時間	日　課
7：00	起床、役割活動（洗濯、掃除等）
7：40	朝食、身辺整理、自主学習等
8：50	朝礼（院歌（注：学校の校歌にあたるもの）斉唱・ラジオ体操等）
9：00	職業指導、教科指導、体育指導等
12：00	昼食、余暇時間等
13：00	生活指導、特別活動指導（クラブ活動）、運動、面接等
17：00	夕食、役割活動
18：00	集団討議、教養講座、自主学習、日記記入等
20：00	余暇時間（テレビ視聴等）
21：00	就寝

2) 寮生活

　少年院の多くには、単独寮（個室のみの寮）と集団寮（集団室と個室の両方がある寮）があり、在院者は集団寮を起点として活動をし、少年院での生活の多くを集団寮で過ごすことになる。

　単独寮は、教育を効果的に展開していく上で、静かな環境でじっくりと自身の非行について考えさせる必要があると判断された場合などに、昼夜間単独処遇として入る寮である。昼夜間単独処遇となると、原則として一日個室の中で自身の問題改善のための課題に取り組む。また、入院直後の準備期間として設けられている考査期間などには単独寮に入り、少年院生活のルールや日課等について説明を受けたのちに、生活の基盤となる集団寮に編入する。

　集団寮では、在院者が寝食を共にし、役割活動（寮のリーダー、洗濯係、図書係、配膳係、生き物係等）を分担して行うことで生活が成り立っており、このような共同生活を通して、自主性や自律性、責任感を育んでいる。

3) 個別担任

　また、集団寮には担当の法務教官が複数（6名前後）おり、交替制勤務により、文字どおり24時間体制で、在院者と共に生活をし、生活指導をはじめとする矯正教育を行っている。指導も複数の職員で協力して担当しており、職員間で情報共有を行い、連携を密にしながら指導を行っている。また、一人ひとりの在院者には、個別担任として担当する職員がついており、在院者それぞれの矯正教育の目標を達成し、円滑に社会復帰ができるよう、個別面接等で助言・指導をする、家族との関係調整を図るなどして、在院者とは、いわば二人三脚のような関係性ともいえる中で処遇を行う。さらに、個別担任は在院者に厳しくも温かい指導をし、共に運動に励むなどしながら、少年と同じ目線で見守りつつ情緒的交流を図り、信頼関係を築いていく。この個別担任制を軸に作られる法務教官と在院者の信頼関係を基盤として、少年院での処遇は展開されている。

4) 保健衛生及び医療

　少年院では、在院者の心身の状況を把握することに努め、在院者の健全な心身の成長を図るとともに、少年院内の衛生を保持するため、社会一般の保健衛

生及び医療の水準に照らし適切な保健衛生上及び医療上の措置を講じている（法48条）。具体的には、戸外での運動、入浴、調髪や髭剃り、健康診断、医師による診療等が行われている。

5）物品の貸与及び自弁

在院者には、原則として少年院における日常生活に必要なもの（衣類及び寝具、食事及び湯茶、日用品、学用品その他の物品）を貸与し、又は支給する（法60条）。また、在院者が衣類、食料品及び飲料、室内装飾品、嗜好品、日用品、学用品等について、自身で購入した物を使用することが認められる場合がある（法61条）。

6）書籍等の閲覧

少年院では、在院者の健全な育成を図るのにふさわしい書籍等の整備に努めており、矯正教育及び在院者の円滑な社会復帰のための支援を行うに当たってこれを積極的に活用するとともに、在院者が学習、娯楽等の目的で自主的にこれを閲覧する機会を設けている（法78条）ほか、私物の書籍等を読む機会も与えている（法79条）。また、時事の報道に接する機会の付与もされており、日刊新聞の備付け等が行われている（法80条）。

7）宗教上の行為等

宗教上の行為は、施設の規律及び秩序の維持、管理運営上支障を生ずる恐れがある場合を除いて、禁止、制限をしてはならない旨、法律で定められている（法81条）。

8）外部交通（外部との接触）

在院者には、面会の相手方等について、在院者の保護者等である、在院者の改善更生に資すると認められる者である等の条件があるが、面会、信書の発受、電話等による通信、近親者の葬式への出席等が認められている。

4　少年院の基本的制度

　処遇は、在院者個々の性格、年齢、経歴、心身の状況及び発達の程度、非行の状況、家庭環境、交友関係その他の事情を踏まえ、その者の最善の利益を考慮して、その者に対する処遇がその特性に応じたものとなるようにしなければならないとされている（法15条2項）。これを、「処遇の原則」と呼び、これを実現するための基本的な制度が以下のとおり設けられている。

1）少年院の種類

　少年院の種類は、少年院法4条に**図表1−8**のとおりに規定されている。

図表1−8　少年院の種類

種　類	内　　　　容
第1種	心身に著しい障害がないおおむね12歳以上23歳未満の者を収容する。
第2種	心身に著しい障害がない犯罪的傾向が進んだおおむね16歳以上23歳未満の者を収容する。
第3種	心身に著しい障害があるおおむね12歳以上26歳未満の者を収容する。
第4種	少年院において刑の執行を受ける者。 いわゆる少年受刑者を16歳までの間、少年院に収容する。

　少年院の種類を設けるのは、在院者の特性、心身の著しい障害の有無などに応じて収容する少年院を区分することで、共通する特性を有する在院者ごとの集団編成を可能にし、矯正教育の実効性、効率性を上げようとするためである。

　また、収容すべき少年院の種類を明確にすることで、例えば犯罪的傾向の進んだ在院者と進んでいない在院者を一緒に処遇し、犯罪傾向の進んでいない者が犯罪傾向が進んでいる者から悪い影響を受ける等のことを防ぐといった効果も期待できる。

2）矯正教育課程

　法務大臣は、在院者の年齢、心身の障害の状況及び犯罪的傾向の程度、在院者が社会生活に適応するために必要な能力その他の事情に照らして一定の共通する特性を有する在院者の類型ごとに、その類型に該当する在院者に対して行う矯正教育の重点的な内容及び標準期間を定めるとされており（法30条）、これを「矯正教育課程」と呼んでいる。矯正教育課程の一覧は**図表1−9**のとお

図表1－9　矯正教育課程の一覧

少年院の種類	矯正教育課程	符号	在院者の類型	矯正教育の重点的な内容	標準的な期間
第1種	短期義務教育課程 短期社会適応課程	SE SA	その者の持つ問題性が単純又は比較的軽く、早期改善の可能性が大きい者で、義務教育を終了していない者やそれ以外の者	中学校の学習指導要領に準拠した短期間の集中した教科指導、出院後の生活設計を明確化するための、短期間の集中した各種の指導	6か月以内の期間
	義務教育課程Ⅰ・Ⅱ	E1 E2	義務教育を終了していない者	小学校、中学校の学習指導要領に準拠した教科指導	2年以内の期間
	社会適応課程Ⅰ・Ⅱ	A1 A2	社会適応上の問題がある者であって、他の課程の類型には該当しない者や資質上特に問題となる事情を改善する必要がある者	社会適応を円滑に進めるための各種の指導、自己統制力を高め、健全な価値観を養い、堅実に生活する習慣を身に付けるための各種の指導	2年以内の期間
	社会適応課程Ⅲ	A3	外国人等で、日本人と異なる処遇上の配慮を要する者	日本の文化、生活習慣等の理解を深めるとともに、健全な社会人として必要な意識、態度を養うための各種の指導	2年以内の期間
	支援教育課程Ⅰ・Ⅱ	N1 N2	知的障害、情緒障害、発達障害を有する者、それらの疑いのある者等で処遇上の配慮を要する者	社会生活に必要となる基本的な生活習慣を身に付けるための各種の指導、社会生活に適応するための各種の指導	2年以内の期間
	支援教育課程Ⅲ	N3	義務教育を終了した者のうち、知的能力の制約、対人関係の持ち方の稚拙さ、非社会的行動傾向等に応じた配慮を要する者	対人関係技能を養い、適応的に生活する習慣を身に付けるための各種の指導	2年以内の期間
第2種	社会適応課程Ⅳ	A4	特に再非行防止に焦点を当てた指導及び心身の訓練を必要とする者	健全な価値観を養い、堅実に生活する習慣を身に付けるための各種の指導	2年以内の期間
	社会適応課程Ⅴ	A5	外国人等で、日本人と異なる処遇上の配慮を要する者	日本の文化の理解を深めるとともに、健全な社会人として必要な意識を養うための各種の指導	
	支援教育課程Ⅳ・Ⅴ	N4 N5	知的障害、情緒障害、発達障害の者、その疑いのある者等で処遇上の配慮を要する者	障害等の特性に応じた社会生活に必要となる基本的な生活習慣・生活技術を身に付けるための各種の指導	
第3種	医療措置課程	D	身体疾患、身体障害、精神疾患又は精神障害を有する者	心身の疾患、障害の状況に応じた各種の指導	
第4種	受刑在院者課程	J	受刑在院者	個別的事情を特に考慮した各種の指導	―

りである。矯正教育課程は、少年院の中で在院者の類型をさらに細分化した矯正教育のコースといえるものである。矯正教育課程は、各少年院に一つ又は複数指定されており、少年鑑別所では、各少年院に設けられた矯正教育課程を参考にして、少年院送致決定を受けた少年をどの少年院に送致するかを決定している。また、在院者が履修すべき矯正教育課程は、少年院の入院直後にすると、少年院の長が正式に指定する（法33条）。

3）少年院矯正教育課程

　少年院では、矯正教育課程ごとに少年院矯正教育課程というカリキュラム（矯正教育課程ごとの教育方針、目標、教育内容・方法、週間標準日課表等を定めたもの）を作成しており（法32条）、在院者は少年院矯正教育課程に従った教育を受ける（具体的な教育内容は本節「5　矯正教育」で後述）。少年院矯正教育課程は、少なくとも年に1回は実施状況を踏まえた評価、見直しを行っており、時代の流れに即してブラッシュアップを図っている。

4）個人別矯正教育計画

　さらに、少年院では在院者個々について、「個人別矯正教育計画」という矯正教育の具体的な計画を策定している（法34条）。個人別矯正教育計画は、少年院矯正教育課程というカリキュラムの中で、在院者の特性に対応した矯正教育を実現するために、個々に定める教育目標や在院期間に応じて、教育内容や方法を計画的に配列したものである。個人別矯正教育計画は、在院期間中の状況変化に応じて変更することもできる。個人別矯正教育に定められる少年院での矯正教育の期間は、おおむね1年程度であるが、少年院送致決定の際に家庭裁判所から、教育期間に関する勧告を受けた場合で、短期間の期間設定が適当であるとされた場合は3～5か月程度で矯正教育の期間を設定する。また、同じく長期間の期間設定が適当であるとされた場合は、1年半～2年程度の期間を設定する。

　実際の個人別矯正教育計画表の例は、**図表1－10**のとおりである。

図表1-10　個人別矯正教育計画表の例

策定年月日	令和●年●月●日	告知年月日	令和●年●月●日	通知年月日（相手方）	令和●年●月●日			
ふりがな	●●●	性別	●●				入院年月日	令和●年●月●日
氏名	●●●	新収容				●●少年鑑別所		
入院事由	令和●年●月●日	処遇動向等						
決定年月日	令和●年●月●日		平成●年●月●日	決定裁判所 ●●家庭裁判所	社会適応課程II（A2）			

意見・処遇勧告なし
意見：収容保護（第1種少年院送致）

入院事由：新収容
処遇動向等：
(1) 家庭裁判所の処遇勧告なし
(2) 少年鑑別所の長の意見（第1種少年院送致）

保護処分歴：保護観察　第1種少年院送致

本件非行名及び非行の概要：「具体的な非行の内容を記載する。」

特性等
(1) 非行に関する問題性：根本的には自信の乏しさがあり、ふだん抑制的に振る舞っているが、いら立ちが抑えられなくなると、その反動で威圧的な態度を取りやすい傾向がある。(2) 性格傾向：気弱かつ神経質で、感情の籠もった行動傾向が顕著である。否定的な気分や感情を募らせて楽しし、被害感を募らせている。(3) 伸長すべき長所：言語的な表現力は長けており、自分の気持ちを考えた、語彙豊かに表現することができる。(4) 処遇上の配慮事項：保護者は実父母で、引き受け意思は実父母で、本人とどう接していくかに不安を抱えており、消極的である。また、少年の性格的な特徴は、幼少期から学童期までのところによる体罰的な影響しており、後悔している。現在、少年を監督する良いかわからず困窮している。精神障害：注意欠如多動症、自閉スペクトラム症疑い　既往症：気管支端息。(5) 心身の状況：精神障害：注意欠如多動症（混合状態）疑い、自閉スペクトラム症疑い (6) 学歴・職歴：高校中退・飲食店員 (7) その他保護の実態及び参考となる事項：該当事項なし

矯正教育実施上の留意点・特定生活指導
(1) 矯正教育実施上の留意点：本人の気分や感情の変わりやすさに注意し、自身の感情的な言動などで、言動などが顕著である。自身の感情的な言動などで、考えるは変わらない、と捉え、自己改善意欲を持つことができず、ささいな失敗で態度が硬化しやすく、さきに、少年院生活においても、ささいな失敗で気持ちが投げやりになったり、反発したりするなどが想定されるため、粘り強く指導していく。
(2) 特定生活指導：暴力防止指導

	個人別矯正教育目標
1	本件非行の重大性や、被害者が受けた被害の大きさを理解し、二度と非行を起こさない決意を固める。
2	その時々の気分や感情に流されず、自分を律し、責任を持って行動する構えを身に付ける。
3	何事も意欲を持って取り組む社会中心の生活設計を具体化する。

処遇の段階／矯正教育の期間	3級 2か月	2級 前期（3か月）	2級 後期（3か月）	1級 後期（3か月）	1級 3か月
段階別教育目標	1 規則を守って生活する習慣を身に付ける。 2 自己の問題点を認識し、自己改善への構えを持つ。 3 基礎学力を高め、努力する習慣を身に付ける。	1 被害者が味わった恐怖や痛みや、被害者が現在どんな思いで生活しているのかを思い浮かべ、暴力行為の危険性や問題点を考える。 2 取り乱す自らない判断で、威圧的な態度を取ってしまう自己の行動に危機感を持ち、改善していくための方策を考える。 3 思いどおりにならなくてもやけや自暴自棄にならず、やり直す気持ちを繰り返し、物事に集中して取り組む構えを身に付ける。	1 暴力的な行動に出てしまう場面を振り返り、なぜ暴力を振るうのかを検証し、暴力場面を想定したより具体的な防止策を立てる。 2 感情が高ぶったとき、適切に抑制する具体的な対処法を工夫し、後先を考えた行動ができるようになる。 3 職場指導や役割活動等を確実にやり遂げることを繰り返す中で、働く意欲を高めて取り組む構えを養う。	1 状況に応じた問題解決をする場面を振り返り、規範を身に付け、規範を固める。守し、二度と非行を起こさない決意を固める。 2 感情をコントロールし、落ち着いて行動する構えを身に付け、適切に抑制する具体的な対処法を工夫し、後先を考えた行動ができるようになる。 3 人生をもう一度やり直す気持ちを持ち、健全な生活を志向する構えを定着させ、就労中心の生活設計を具体化する。	
教育内容及び方法	1 生活指導 (1) 基本的生活訓練：基本的生活態度の向上（課題作文） (2) 問題行動指導：非行性克服（課題作文） (3) 治療的指導：資質・情緒の安定 (4) 被害者心情理解指導：被害者の心情理解 (5) 保護関係調整指導：対人関係改善・維持・調整（保護者参加型プログラム） (6) 進路指導：進路選択・生活設計明確化、社会復帰の心構え習得（視聴覚教育） (7) 特定生活指導：上記に準じる 2 職業指導 (1) 職業生活設計指導：一般的な職業知識・職業適応能力習得（職業生活指導講話） (2) 自立援助的職業指導：職業知識・技能習得（職業能力開発指導又は職業生活指導）	1 生活指導 (1) 基本的生活態度の向上、規則的習慣習得（身に付ける身に付け指導）規則的習慣習得（課題作文、個別面接、日記指導）		3 教科指導 補習教科指導又は高等学校教育指導：高等学校程度の学力習得（高校卒業程度認定試験等） 4 体育指導 体育：体力維持・向上（集団体育） 5 特別活動指導 (1) 自主的活動：協調性・責任感向上（役割活動） (2) 情緒的活動：情操・知見向上（読書指導、講話、視聴覚教育） (3) 行事・儀式・催し物：表現力・協調性向上、達成感獲得（各種行事）	

注：
「教育内容及び方法」は、スペースの都合上、3級のもののみを例示しているが、実際には、各級の「段階別教育目標」を達成するための「教育内容及び方法」が設定されている。

5）処遇の段階

　少年院においては、改善更生の状況に応じた教育を実施するため、在院者の処遇に段階を設けている。在院者は、少年院に入院すると3級に指定され、その後、成績の評価に応じて2級、1級と順次向上させ、その者にふさわしい処遇を行っていく（法16条）。処遇の段階が進むにつれて、矯正教育の目標と内容や方法、社会復帰支援の内容が社会生活により近い処遇環境を意識したものとなり、他律から自律へ自発的な改善を促していく。

6）成績評価

　成績評価は、処遇の段階を向上又は低下させる場合に行われる。個人別矯正教育計画に定められた各在院者の矯正教育の目標の達成度や矯正教育への取組状況、規範意識、基本的生活態度や対人関係といった観点について少年院での生活状況から評価され、予定された期間で必要な基準に達しなかった場合は、処遇の段階を向上させることができず、矯正教育の期間が延長されることがある。また、少年院には、遵守事項という生活上の守るべきルールが定められており、これを遵守しない場合は懲戒処分という罰（謹慎処分として一定期間単独室で内省のための課題を行う等）を受けることがある。1級まで進級し、矯正教育の期間を経て、個人別矯正教育の目標を達したとみなされると地方更生保護委員会の決定を受けて、少年院から出院し、社会復帰を果たす。

　なお、在院者の多くは、仮退院という収容期間の満了前に保護処分在院者の収容を仮に解く制度により、仮退院後も収容期間の満了までは保護観察が付され、社会内処遇を受けることで、円滑に社会復帰がなされている。

◆架空事例：少年院入院から個人別矯正教育計画策定まで

——————————————————————————————————— **Case**

　少年D（17歳）は強盗、住居侵入の非行により、家庭裁判所で第1種少年院送致の決定を受けるとともに「比較的長期間の矯正教育を施すことが相当である」との処遇勧告も付された。Dは発達障害（自閉スペクトラム症、注意欠如・多動性障害）の疑いがあったが、今回は2回目の少年院入院で、前回よりも反社会的な価値観が強く認められたため、少年鑑別所における指定鑑別の結果、矯正教育課程は支援教育課程（N）ではなく、社会適応課程Ⅱ（A2）の指定がなされた。入院後、

法務教官は、早期にＤの面接を行い、心情安定を図り、情報収集に努めた。また、Ｄに関する少年鑑別所からの鑑別結果通知書や家庭裁判所からの少年調査記録等の資料を参考にし、少年院矯正教育課程に従って、個人別矯正教育計画を策定した。Ｄは、少年院送致決定を受けたことに加え、期間が通常よりも長く設定されたため、前向きな気持ちになれなかった。しかし、法務教官との面接で、自身の目標を提示してもらった上、少年院入院前にうまく生活できていなかった点について共感的に聞いてもらったことで、とにかく少年院で頑張ってみようという気持ちで少年院生活をスタートした。

5 矯正教育

　矯正教育は、在院者の犯罪的傾向を矯正し、並びに在院者に対し、健全な心身を培わせ、社会生活に適応するのに必要な知識及び能力を習得させることを目的としており（法23条1項）、少年院における在院者の改善更生や社会復帰を図るための中核をなす処遇である。矯正教育は、個々の少年の特性に応じ、生活指導、職業指導、教科指導、体育指導、特別活動指導を適切に組み合わせて、体系的かつ組織的にこれを行う（法23条2項）。

1）生活指導

　生活指導は、主に善良な社会の一員として自立した生活を営むための基礎となる知識及び生活態度を習得させるために必要な指導であり（法24条1項）、その指導内容には基本的生活指導、問題行動指導、治療的指導、被害者心情理解指導、保護関係調整指導、進路指導がある。生活指導は、生活指導以外の指導とも関連を持ち、それを補足・統合する役割を果たしている。

　また、被害者、その家族や遺族の心情を理解する意識が低い、あるいは麻薬や覚醒剤等に対する依存がある等の事情を有する在院者に対しては、その事情の改善に資するように特定生活指導を実施している（法24条3項）。具体的には①被害者の視点を取り入れた教育、②薬物非行防止指導、③性非行防止指導、④暴力防止指導、⑤交友関係指導及び⑥家族関係指導の6種類の指導があり、在院者の事情に応じて、指定された指導を計画的に実施している。

2) 職業指導

　職業指導は、勤労意欲を高め、職業上有用な知識及び技能を習得させるため必要な指導であり（法25条1項）、その指導内容には、職業生活設計指導、自立援助的職業指導、職業能力開発指導がある。職業指導では、就労に役立つ資格取得、ビジネスマナー等の基礎知識の習得、勤労に必要な忍耐力の習得等を目指して指導を行っている。

3) 教科指導

　教科指導は、主に義務教育を終了しない在院者、その他の社会生活の基礎となる学力を欠くことにより改善更生及び円滑な社会復帰に支障があると認められる在院者に対する学校教育の内容に準ずる内容の指導を行うものであり（法26条）、その指導内容には義務教育指導、補習教育指導、高等学校教育指導がある。また、希望する者は、少年院内で高等学校卒業程度認定試験を受験することができる。

4) 体育指導

　体育指導は、在院者に対し、善良な社会の一員として自立した生活を営むための基礎となる健全な心身を培わせるため必要な指導を行うものである（法28条）。具体的には筋力トレーニング等の基礎体力作りから、陸上競技、水泳、剣道、サッカー等の各種スポーツを季節等に応じて行っている。体育指導を通じて、社会生活に必要な基礎体力を向上させるだけではなく、集中力等を強化し、集団競技等を通じて協調性や順法精神を育んでいる。

5) 特別活動指導

　特別活動指導は、在院者に対し、その情操を豊かにし、自主、自律及び協同の精神を養うことに資する社会貢献活動、野外活動、運動競技、音楽、演劇その他の活動の実施に関し必要な指導を行うものであり（法29条）、その指導内容には自主的活動（在院者の生活する寮での役割活動等）、クラブ活動、情操的活動（芸術の鑑賞等）、行事（運動会等）、社会貢献活動（公共施設の清掃等）がある。

◆架空事例：新入時教育から１級進級までの矯正教育への取組み

　Ｄは、３級の在院者が全員取り組む新入時教育を受けることになった。午前中は生活指導として少年院での基本的な動作を学ぶ基本的行動訓練や体育指導を受け、午後は少年院の生活などを講義形式で学ぶ毎日を３か月送った。

　入院当初は、朝起きるのもつらく、体力もなかったため、体育等で周りについていくのも精一杯であったが、必死に努力している周りの在院者に負けないように頑張っているうちに体力も向上し、法務教官に努力していることを認められることが多くなって自信もついてきた。順調に３級での目標を達成したＤは、予定期間の３か月で２級前期に進級した。

　２級前期では、職業指導である情報処理科に編入し、コンピュータサービス技能評価試験（表計算部門、ワープロ部門）３級合格を目指して勉強を開始した。また、寮内では寮の担当教官に勧められた高等学校卒業程度認定試験の受験も志すようになり、教科指導としての補習教育指導を寮の職員や外部の塾から派遣された講師から受けるようになった。６か月後、予定期間どおりに２級後期に移行し、情報処理科ではコンピュータサービス技能評価試験の資格を取得して、基本情報処理技術者試験を目指し始めた。また、高等学校卒業程度認定試験でも無事に全教科合格を果たすなど、成果を挙げ、長い間コンプレックスであった学習面での遅れを克服するとともに、出院後の生活設計に目を向けられるようになった。

　一方、少年院での生活には慣れが生じ、周囲の寮生とふざけ合って、寮の法務教官に指導を受けることも増えていたが、ついに同室の寮生と夜間に自分の非行について話すなどの反則行為（遵守事項を破る行為）を行ってしまった。懲戒処分を受け、１級へ進級するのは半月遅れたが、出院後の交友関係を甘く考えていたＤは、特定生活指導（交友関係指導）を中心に、寮の職員と改めてこれまでの交友関係を振り返り、出院後は再非行に繋がるような交友関係を断ち切る決意を固めることができた。１級に進級後のＤは、より社会復帰を見据えた職業指導として、洗濯科で院内在院者全員の衣服の洗濯を担うようになり、人に役立つ作業を行うことで、早く社会で働きたいという気持ちが高まっていった。また、特別活動指導として社会貢献活動に参加し、少年院の近隣にある老人ホームで清掃等の作業を行い、利用者の方から直接お礼の言葉をかけてもらうなどの経験を重ね、人への感謝の気持ちが芽生えるようになるとともに、社会復帰が近づいてきていることを身にしみて感じ、具体的に社会復帰後の生活設計を寮の職員と考えるようになった。

6 社会復帰支援

　在院者の円滑な社会復帰を図るため、出院後に自立した生活を営む上での困難を有する在院者に対しては、その意向を尊重しつつ、次のような支援を行うこととしている（法44条）。

① 　適切な住居その他宿泊場所を得ること及び当該宿泊場所に帰住することを助けること。

② 　医療及び療養を受けることを助けること。

③ 　修学又は就業を助けること。

④ 　その他、在院者が健全な社会生活を営むために必要な援助を行うこと。

　社会復帰支援の具体的な内容としては、家族のところへ帰住することができない理由がある在院者に更生保護施設等の帰住先を探すこと、精神障害者保健福祉手帳や療育手帳等の発給を受けるための必要な手続の援助、中学校復学や高等学校入学に向けた調整や高等学校卒業程度認定試験の実施、公共職業安定所等と連携した就労先の決定などがある。

　社会復帰支援は、在院者の出院後の円滑な社会復帰を図るために、在院中から関係機関と緊密に連携し、出院後の支援体制をつくるものであり、矯正教育と社会復帰支援は、少年院処遇の両輪ともいえる互いに欠かせない重要な働きかけとなっている。また、社会復帰支援については福祉分野での専門性が求められることから、社会福祉士やキャリアコンサルタント等の有資格者が非常勤職員も含めて多数関与し、法務教官と連携して働きかけを行っている。

◆架空事例：仮退院に向けて　社会復帰支援

──────────────────────────────────── **Case**

　Dの引受人は実母であったが、その養育姿勢は放任的で監護力に期待できないと家庭裁判所の調査で指摘されていた。さらにDは少年院入院を繰り返してきたことから、実母は、Dに不信感を抱き、出院後の引き受けを拒否していた。基本的に、少年院からの仮退院に際して引受人は必須であり、発達障害の診断もあったDにとっては特別調整[(1)]という手続も必要と考えられた。そのような状況下で、入院後数か月経過した地点で社会福祉士との面接を実施し、特別調整の必要性があると判断された。その結果、少年院在院中に保護観察所、地域生活定着支援センター

や地方自治体との調整が行われ、福祉施設への帰住先の調整、精神保健福祉手帳取得、福祉サービス利用の手続がなされた。また、Dは環境の変化への柔軟な対応が苦手だったため、少年院在院中に外出ができる制度を使って、福祉施設の見学や職員との面接なども行い、安心感を持って福祉施設に帰住ができるよう準備した。Dは、少年院にいながら仮退院後の生活状況を具体的にイメージできるようになり、改めて出院後の生活設計を寮の職員と話し合って修正し、安心した気持ちで仮退院の日を迎えることができた。

7 少年院における今後の展開

　国民が犯罪による被害を受けることを防止し、安全で安心して暮らせる社会を実現するために、少年院が果たすべき責任は大きい。

　そのための大きな指針として平成29（2017）年12月には、関係府省庁が取り組む再犯防止推進計画が閣議決定され、平成30（2018）年から5年間取り組むこととされている。再犯防止推進計画では、7つの重点課題（①就労・住居の確保等、②保健医療・福祉サービスの利用の促進等、③学校等と連携した修学支援の実施等、④犯罪をした者等の特性に応じた効果的な指導の実施等、⑤民間協力者の活動の促進等、広報・啓発活動の推進等、⑥地方公共団体との連携強化等、⑦関係機関の人的・物的体制の整備等）が定められている。

　重点課題に対する取組みの一例として、少年院在院者の同年代の若者と比較した場合の学習環境格差に注目し（在院者の教育程度については本節「2　収容状況と在院者の特徴」を参照）、希望する全ての在院者に高等学校で学ぶ機会を用意するための「少年院在院者に対する高等学校教育機会の提供に関する検討会」の実施が挙げられる。この検討会において提出された報告書の中では、少年院在院者の学びの継続に関するニーズを満たすことができる選択として、通信制高校と連携し、通信制高校へ入学する際の方策等が示されるとともに、少年院の一部の矯正教育について単位認定をする措置の必要性も指摘され、実際に単位認定がなされることになっている。この取組みにみられるように、今後も在院者のおかれている状況を見極め、改善更生や再犯防止等に向けて障壁となっていることを客観的事実として把握した上で、その改善策を確実に施し、社会情勢に合わせ矯正教育や社会復帰支援を充実させていかなければならない。

また、再犯防止に向けて、少年院での処遇をさらに充実させるには、在院者が社会に戻って出院後の長い人生を過ごしていくことを踏まえて、社会内の支援者、支援団体との連携を、地方公共団体や関係機関との連携と同様に充実させることが特に重要である。そのためにも少年院は、社会に開かれた施設であり続けなければならない。

8　「育て直し」から見える少年院処遇のやりがい

　在院者が改善更生していくための少年院の仕組みを、限られた紙面で解説してきた。誤解を恐れずに思い切ってまとめれば、少年院における処遇の真髄は、徹底した個別処遇を土台とした「育て直し」にあると筆者は考える。

　育て直しに当たって、最も大事なことは法務教官が在院者と信頼関係を築くことである。「あいさつをする」「話を聴く」「衣食住の面倒をみる」「逃げずに見守る」「だめなものはだめだと叱る」「ほめる」「成功を一緒に喜ぶ」といったことを、個々の在院者の状況に応じて繰り返し行い、信頼関係を築いていく。これは単純なようで難しい、少年たち個々の「存在を認める」ということに他ならない。

　この人間の成長にとって、根源的に重要な部分を育んでいくことを日々の何気ない生活の中で、一人ひとりの在院者に対して追及していくという点こそが少年院での処遇の難しさであり、やりがいであるといえる。

　本節を通して少年院に興味・関心を抱いていただけたのなら、ぜひ近隣の少年院を見学し、そこで精一杯に努力する在院者と職員の姿を直接見ていただきたい。

〈注〉

(1)　刑務所や少年院に入っている者のうち、帰る場所がなく、かつ高齢や障がいといった問題を抱える者について出所後に福祉的な支援を受けることができるよう、各関係機関が連携して特別の手続きにより社会復帰のための調整を行い、その再犯を防ごうとするもの。

〈参考文献〉

・法務省法務総合研究所編（2020）『令和2年版犯罪白書』
・一般社団法人全国地域生活定着支援センター協議会『地域生活定着支援センターガイドブック（令和2年度版)』

少年法改正で少年院の処遇も変わる？

後藤　弘子（千葉大学教授）

　少年法が改正され、新たに特定少年というカテゴリーが導入された。特定少年はより幅広い非行名で原則逆送となること、虞犯の適用がなくなること及び起訴後は推知報道が禁止されないことが新たに付け加わった。

　従来通り20歳未満を少年として扱い、犯罪少年については、全件家庭裁判所に送致するという少年法の基本的な枠組みは維持されたが、特定少年制度が少年非行や非行少年にどのように影響するのかは、今後の運用にかかっている。

　特定少年制度の導入に関しては、いろいろな影響が予想される。その一つとして、少年院における処遇の変化が挙げられる。

　少年院は、身柄収容を伴う少年に対する保護処分の実施場所として、重要な役割を果たしてきた。特に少年院は、その半分以上が年長少年（令和元（2019）年度は53.3%）によって占められていることから、特定少年制度の導入によりもっとも大きな影響を受ける可能性がある。

　それでなくとも少年院は大きな課題を抱えている。少年院への収容は、少子化の影響や非行少年の人数の減少により、この20年で約3分の1となっており、少年院の閉庁や分院化が加速している。例えば東北地方に5つあった少年院は、1つが分院化（青葉女子学園）され、2つは閉庁（青森少年院、置賜学院）となった。北海道でも4つの少年院のうち、1つは分院化（紫明女子学院）され、1つは閉庁（月形学園）、1つは令和4（2022）年3月に閉庁が決まっている（帯広少年院）。将来的には、さらに閉庁となる少年院が増えることが予想される。

　少年院の閉庁は2つの問題を生じさせる。1つは同じ少年院における多様な矯正教育課程の存在である。

　少年院では、「在院者の特性に応じて体系的・組織的な矯正教育を実施する」（『令和2年版犯罪白書』）ために、「矯正教育課程」が定められている。これまでは、女子少年院を除いては、少年院の特性に応じて矯正教育課程が割り振られていたが、少年院の数が減ることで、「男子少年院の女子少年院化」が生じることとなる。少年院は少年院ごとに歴史的に処遇の得手不得手があり、その特徴が閉庁による統合により、生かされなくなってしまう可能性がある。

　もう一つは、閉庁による家族面会の不便が広がるということである。もちろん、これまでも少年院の種類や矯正教育課程の組み合わせにより、自分の子どもが最寄りの少年院に収容されないことはあったが、今後少年院数の減少は、面会の困難をより促進する。少年の矯正教育にとって、親への働きかけは重要

である。少年院在院者数の減少により、今後一層充実されるべき親への働きかけが阻害される可能性は否定できない。

　年長少年の非行名としては、詐欺（多くが特殊詐欺）がほかの年代の少年と比較して多いという特徴がある。騙されやすく使いやすい少年を出し子や受け子に使う手口は、少年法改正によっても変化することはないであろう。これまで通り、詐欺罪は原則逆送事件とならないが、たとえ保護処分となっても、今後は３年の収容が限度となる。

　特殊詐欺に関わる少年たちの話を聞いてみると、特殊詐欺の行為が「生きのびるため」に行われていることが分かる。親の離婚、身体的虐待やDVの目撃、学校や非行集団におけるいじめなど、孤独で暴力的な環境を生きのびてきた少年たち。その過程で金や暴力といった、相手をコントロールする手段について学び、それを使うことによって、その集団における権力を手に入れようとする。そのような少年たちにとって必要なのは、少年院で、自分の被害に向き合う機会や、それを前提として自分の加害に向き合う教育の時間である。

　特定少年は、少年法では少年として扱われるが、民法上は成人である。これまで、少年院では、収容継続という形で成人の少年も矯正教育の対象としてきたが、今後は、従来は少年であった特定少年を成人として処遇する必要が生じる。法務省矯正局では、「罪を犯した18歳及び19歳の者に対する矯正教育（仮）に係る検討会」において検討を行い、報告書を令和３（2021）年５月に公表した。

　そこでは、民法上成人である少年に対して、「罪を犯したことについて、その自覚を喚起した上で、自身の非行について反省し、改善更生に向けた意欲を持たせる」ことや、「社会の形成者として権利と義務の両方をバランス良く教える」ことが必要だとされたほか、「高等学校卒業程度の資格取得又は教育機会の提供」を積極的に実施するとした。また、親権者ではなくなる保護者の位置付けについては、引き続き協力を求め、親権者でなくとも「保護者向けプログラム」を実施するという方向性が示された。さらに、「特殊詐欺非行防止プログラム」も特定少年向けに開発し、より充実した矯正教育を実施するとした。

　今回の少年法改正のデメリットを最小化するためには、できるだけ特定少年を少年院で処遇することが必要となる。そのために、裁判所からも被害者や社会からも、そして少年からも評価される矯正教育の充実を行うことが今の少年院に求められている。

第3節

児童福祉領域における非行少年への対応と現場

大原　天青

　本節では、児童相談所や児童自立支援施設をはじめとする児童福祉領域における非行少年への対応について取り上げる。家庭裁判所に係属する少年や少年院に在院する少年は、幼少期から様々な行動上の問題を抱えていることが多く、過去に児童福祉機関が関与していたケースも含まれる。

　筆者は、学生時代から更生保護に関わる学生ボランティアであるBBS会（Big Brothers and Sisters Movement）や児童相談所の一時保護所で子どもたちに関わり、その後は児童自立支援施設の心理職や児童相談所の福祉職として、多くの少年たちに出会い、家族も含めた支援を行ってきている。

　本節ではまず、幼少期の行動上の問題や非行に対応する児童相談所の機能や対応の流れについて解説し、次に児童自立支援施設の機能と対応の実際をまとめる。

1　児童相談所とは

　「189（いちはやく）」――この番号を聞いたことがある方はどれくらいいるだろうか。現在、テレビCMでも流れるようになっているが、児童虐待に関する全国共通ダイヤルである。緊急事態が発生すれば警察に110番するように、児童虐待が疑われるような事態を察知した際には全国どこからでも無料で最寄りの児童相談所に繋がる番号がこの「189」である。なお、通告や相談は匿名でも行うことができ、その秘密は守られる。

　児童相談所には毎日ひっきりなしに様々な電話が寄せられるが、「189」は通常の電話コール音と異なっており、この音が所内に響き渡ると職員たちの背筋が張り詰め、所内の「空気」は一瞬にして変わる。こうした児童相談所の日常は、相談件数が減少傾向にあった1980年代では考えられないことであった。

　1990年代から児童虐待が社会問題として注目されるようになり、平成12（2000）年には児童虐待防止法が公布されたが、虐待及び虐待による死亡事例

が増え続けていた。そのような状況の中で、令和元（2019）年に「虐待かもと思った」声を「いちはやく」受け止めるために「189」が開設された。

　児童相談所は、児童虐待のみに対応する専門機関ではない。戦後間もない昭和22（1947）年に公布された児童福祉法12条に位置付けられる行政機関であり、子どもや家族等からの相談に応じ、子どもが抱える問題や家庭・環境面の状況を的確に捉え、効果的な支援を行うことで子どもの福祉と権利を擁護することを目的としている（厚生労働省 2021）。現在、全国に225か所ある（令和3年4月1日時点）。

1）相談種別と内容

　児童相談所が受け付ける相談種別は、養護相談、保健相談、障害相談、非行相談、育成相談、その他に分類される（図表1－11参照）。

　養護相談には、両親の行方不明や養育拒否、養育困難、「189」からの虐待相談も該当する。保健相談は未熟児や疾患を持つ子どもに関すること、障害相談では知的障害児の手帳の判定等を担っている。非行相談は、将来犯罪行為に至る可能性が高いぐ犯少年や14歳未満で法に触れる行為を行った触法少年のほか、14歳以上で法に触れる行為を行った犯罪少年にも対応している。

2）相談件数と実務の比重

　ここでは、児童相談所に寄せられる相談件数について、概要を紹介する。

　全国の児童相談所に寄せられた令和元（2019）年度の相談件数は54万4698件であり、そのうち養護相談49.2%、保健相談0.3%、障害相談34.8%、非行相談2.3%、育成相談7.8%等となっている（福祉行政報告例）。

　虐待相談は、養護相談の下位分類の一つであり、件数が年々増加しているとはいえ、児童相談所が扱う相談全体のうち36.1%である。本節で焦点を当てる非行相談は、全体で1万2410件であり、そのうちぐ犯行為相談が7466件、触法行為相談が4944件となっている。

　こうした統計からは、社会的な注目を集める虐待や非行相談への対応の割合が少ないと思われるかもしれない。しかし実務では、非行相談が1件寄せられると、親子双方に複数回の面接が必須であり、加えて学校や医療機関、地域の保健福祉機関等の関係機関から情報を収集し、必要に応じて関係者会議を開催

図表1－11　児童相談所の相談業務の内容

1. 養護相談		父又は母等保護者の家出、失踪、死亡、離婚、入院、稼働及び服役等による養育困難児、棄児、迷子、虐待を受けた子ども、親権を喪失した親の子、後見人を持たぬ児童等環境的問題を有する子ども、養子縁組に関する相談。
2. 保健相談		未熟児、虚弱児、内部機能障害、小児喘息、その他の疾患（精神疾患を含む）等を有する子どもに関する相談
障害相談	3. 肢体不自由相談	肢体不自由児、運動発達の遅れに関する相談。
	4. 視聴覚障害相談	盲（弱視を含む）、ろう（難聴を含む）等視聴覚障害児に関する相談。
	5. 言語発達障害等相談	構音障害、吃音、失語等音声や言語の機能障害をもつ子ども、言語発達遅滞、学習障害や注意欠陥多動性障害等発達障害を有する子ども等に関する相談。ことばの遅れの原因が知的障害、自閉症、しつけ上の問題等他の相談種別に分類される場合はそれぞれのところに入れる。
	6. 重症心身障害相談	重症心身障害児（者）に関する相談。
	7. 知的障害相談	知的障害児に関する相談。
	8. 自閉症等相談	自閉症若しくは自閉症同様の症状を呈する子どもに関する相談。
非行相談	9. ぐ犯等相談	虚言癖、浪費癖、家出、浮浪、乱暴、性的逸脱等のぐ犯行為若しくは飲酒、喫煙等の問題行動のある子ども、警察署からぐ犯少年として通告のあった子ども、又は触法行為があったと思料されても警察署から法第25条による通告のない子どもに関する相談。
	10. 触法行為等相談	触法行為があったとして警察署から法第25条による通告のあった子ども、犯罪少年に関して家庭裁判所から送致のあった子どもに関する相談。受け付けた時には通告がなくとも調査の結果、通告が予定されている子どもに関する相談についてもこれに該当する。
育成相談	11. 性格行動相談	子どもの人格の発達上問題となる反抗、友達と遊べない、落ち着きがない、内気、緘黙、不活発、家庭内暴力、生活習慣の著しい逸脱等性格もしくは行動上の問題を有する子どもに関する相談。
	12. 不登校相談	学校及び幼稚園並びに保育所に在籍中で、登校（園）していない状態にある子どもに関する相談。非行や精神疾患、養護問題が主である場合等にはそれぞれのところに分類する。
	13. 適性相談	進学適性、職業適性、学業不振等に関する相談。
	14. 育児・しつけ相談	家庭内における幼児のしつけ、子どもの性教育、遊び等に関する相談。
	15. その他の相談	1〜14のいずれにも該当しない相談。

出典：厚生労働省「児童相談所の運営指針について」表-3（https://www.mhlw.go.jp/bunya/kodomo/dv-soudanjo-kai-zuhyou.html）

するため、相談件数からだけではその実務の実態（比重）は計れない。

　虐待ケースでは子どもの年齢層が広く、被害者という位置付けで調査を実施するが、非行ケースの場合には、ある一定以上の年齢の少年が対象になり、加害の側面と同時に被害体験についても丹念に聴取すること（**本節・架空事例参照**）が求められる。また、事実関係、本人の認識や反省の程度、保護者の認識など、調査範囲も広く、1ケースに割く時間は相談種別の中で最も多くなるのが実感である。

3）相談援助を担う専門職とその実態

　児童相談所で直接子どもや保護者の対応に当たる福祉職を「児童福祉司」、子どもの心理面の対応を担う心理職を「児童心理司」といい、各地域人口や相談件数に応じて都道府県が必要な人数を定めている。

　都市部では一人の児童福祉司が常時、新規の相談ケース（10件程度）、援助方針が決められ定期的に面接等の関与をしているケース（20件程度）、施設入所ケース（30件程度）、里親委託ケース（10件程度）を担当しており、合計60 ～ 70件程度の子どもや保護者の面接、関係機関との連携・対応に追われている。

2　児童相談所の対応の流れ

　児童相談所の処遇の流れを**図表1－12**に示す。児童相談所には保護者や子

図表1－12　児童相談所の処遇の流れ

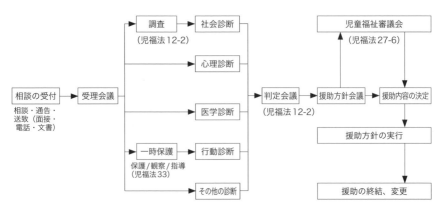

出典：厚生労働省「児童相談所の運営指針について」図－1（https://www.mhlw.go.jp/bunya/kodomo/dv-soudanjo-kai-zuhyou.html）

どもから相談が寄せられる場合と警察から通告されてくる場合などがあり、いずれも「受理会議」を経て、児童福祉司による調査が開始される。この対応の流れは非行や虐待などの相談種別にかかわらず基本的に同様である。以下では各段階について説明する。

1）相談の受理

　児童相談所における非行相談の場合、少年自らが相談者として自主的に訪れることはほとんどなく、相談者の多くは保護者からの相談もしくは警察からの通告である。

　保護者からの相談の場合は、子どもが何らかの問題行動を表出して現実的な対応を迫られるなど、保護者自身が対応に苦慮していることが契機となる。一方、警察からの通告は、犯罪少年の場合は家庭裁判所か検察官に直接送致することになるため、児童福祉法上の対応が優先される触法少年やぐ犯少年が対象になる。触法少年やぐ犯少年の場合、書類で通告がなされる場合と、保護者が子どもの引き取りを拒否する場合や家庭に戻すことが適当でないと警察が判断した場合に少年の身柄を児童相談所に移送してくる場合がある。なお、一時保護の判断は児童相談所長によってなされる。

2）調査段階

　児童相談所で相談を受け付けると、所内で受理会議が開催され、担当児童福祉司が決められ、保護者や子ども、関係機関への調査が開始される。一時保護ケースの場合は入所後おおよそ3週間以内に、在宅ケースの場合は3か月以内に、児童福祉司は次のような調査を行うこととなっている。

⑴　社会診断

　社会診断とは、児童福祉司による保護者や子どもへの面接、関係機関への調査を行うことである。児童相談所では相談の主訴を重視しており、主訴の発生経緯を当事者のみならず、家族面接や学校・医療機関・福祉事務所等の福祉・保健機関からの情報照会によって明らかにする。

⑵　心理診断

　心理診断とは、児童福祉司が担当ケースに心理的な支援が必要であると判断

した際に、児童心理司に依頼して行うものである。児童心理司は子どもとの面接の中で、知能検査、投影法や自記式の心理テストを用いて、主訴に関連した心理面の状態をアセスメントする。

⑶ 行動観察

行動観察は、子どもが児童相談所の一時保護所に保護されている間、保育士や児童指導員によって、日常の生活スキルや対人関係などに関するアセスメントを実施していくことである。

⑷ 医学診断

医学診断は、児童福祉司や児童心理司が子どもとの面接の中で医学的な側面について調査が必要であると判断した際に、医師が発達面や精神医学的な側面について主訴との関連から評価するものである。

3）方針の決定

社会診断や心理診断等の調査が実施され、対応方法が明確になったら、2回の協議を経て、児童相談所としての支援方針が示される。初回協議では、同じ地区を担当する児童福祉司から、支援の見立てや方針について助言を得て対応を検討し、2回目の協議では所長も含めて最終的な児童相談所の援助方針が決定される。

援助方針は、①指導の終結、②在宅指導、③施設入所、の3つに大きく分けられる。①指導の終結は、3か月程度の間に必要な調査と指導を行い、今後同様のことが起きない状況を調整することで児童相談所の関与を終えることである。②在宅指導は、子どもと保護者（主にぐ犯の場合）のそれぞれに継続指導や児童福祉司指導を実施する。児童福祉司指導は行政処分であるため、問題の重大性や改善意欲に乏しい場合などがその対象となる。③施設入所については、その必要性を子どもに説明した上で動機付けを高め、保護者の承諾を得る必要がある。もし、児童相談所が施設入所の必要性を判断しても、子どもが納得しない場合や保護者が承諾しない場合は、家庭裁判所の判断を仰ぐことになる。

4）支援段階

児童相談所における支援は、在宅指導の場合、月に1回程度親子で来所して

もらい面接を実施すること、学校等の関係機関から適応状況を確認することなどが挙げられる。

　児童福祉領域における非行少年の入所先は、児童自立支援施設となり、入所後の目標を具体的に定めて、児童福祉司や児童心理司が定期的に面接を行い、動機付けを維持しながら、今後の成長を促していくことになる。

　以下では、児童相談所における非行相談について架空事例を紹介する。

◆架空事例：非行相談　万引きした少年（10歳）

Case

　夜間徘徊しコンビニで万引きをした少年Ａ（10歳）が警察で補導され、児童相談所の一時保護所に保護されてきた。母親は警察からの連絡に対して、「このままではもっと重い罪を犯す」とＡの引き取りを拒否。児童福祉司は当時の状況について警察から詳細な情報を聞き取り、学校の教員から生活の様子や友人関係、親子関係等について社会調査を行った。そして、母親とＡに対し個別面接を実施した。

　母親は「同じことを繰り返している、本件について厳しく対応してもらわないと悪化する」と主張し、「これまで母親のみで懸命に育ててきたが、もう限界である」と言う。

　一方で、Ａから話を聞くと、1年前から自宅に母親の交際男性が来るようになり、Ａにとっては居心地が悪く落ち着かない日々を過ごしてきたと言う。本件当日も、その男性が酔った状態で自宅にいたことから、家を出て外をぶらぶら歩いていたと語る。

　児童福祉司は非行に至る過程を丹念に調査し、母子の認識や思いのずれを確認し、母子合同で面接を実施した。母親は当初Ａの問題ばかりを主張していたものの、Ａの心情に寄り添っていなかったことを自覚するようになり、その気持ちをＡに伝えた。Ａは今後困ったことがあったら、学校の教員やスクールソーシャルワーカーやカウンセラーにも相談することを約束した。

　母子、学校の担任や生徒指導教員、校長、警察の少年係、子ども家庭支援センターの職員が参加する関係者会議を開催し、今後の対応について協議・共有し、Ａ及び母親にはそれぞれ児童福祉法27条1項2号による「児童福祉司指導措置」により、定期的な来所を約束させ、一時保護所から家庭への復帰がなされた。その後、定期的に児童相談所で母子との面接を継続し、学校でも家庭事情等を理解の上、対応してもらい、Ａの行動上の問題は見られなくなった。

3 児童自立支援施設とは

　まず、筆者が勤める児童自立支援施設でのエピソードを紹介したい。筆者が同施設の観察寮（個別日課を行う個別寮）で宿直勤務をしていた夏のある日、入所少年たちの夕食の片付けを終えた頃に、突然外部と繋がるドアをコンコンと叩く音が聞こえた。外は薄暗く、普段は淡々と過ぎていく時間、恐る恐る扉を開けると、半袖、ハーフパンツ姿の見たことのない青年が一人佇んでいた。

　「急にすみません、卒業生なんですけど……○○先生はまだいますか。寮に行って見たんですけど、いなくて。明かりが見えたのでノックしてみました。」

　話を聞くと十数年前に児童自立支援施設を卒業した生徒であった。卒業後の生活は紆余曲折あったようだが、たまたま買い物で施設の最寄り駅を通り過ぎた時、当時の寮長や寮母のことを思い出し、急に寄ってみたくなったということだった。その後、彼は寮長と当時を知る職員と面会でき、うれしそうに帰宅した。逆境的な家庭環境をはじめ、入所の背景を知る職員からすると、よく立ち直り前向きな人生を歩んでいるという話だった。

　さて、児童福祉法44条によると、児童自立支援施設は、「不良行為をなし、又はなすおそれのある児童及び家庭環境その他の環境上の理由により生活指導等を要する児童を入所させ、又は保護者の下から通わせて、個々の児童の状況に応じて必要な指導を行い、その自立を支援し、あわせて退所した者について相談その他の援助を行うことを目的とする施設」と定義されている。その実際は、前述の卒業生のように、恵まれない家庭環境の中で育った子どもたちが、大人との信頼できる関係性を取り戻し、困難や悩みにぶつかった時、ふと戻ってきたくなる拠り所となるような施設を目指す点にあるといえる。

　こうした児童自立支援施設は、感化院（明治33（1900）年〜昭和8（1933）年）、少年教護院（昭和8（1933）年〜昭和22（1947）年）、教護院（昭和22（1947）年〜平成9（1997）年）、児童自立支援施設と名称を変え、現在国立施設が2施設、民設民営が2施設、都道府県立及び政令指定都市による設置が54施設、合計58施設ある。国立の2施設は「特に専門的な指導を要する子どもを入所させて、その自立支援を行うこと、あわせて全国の児童自立支援施設の向上に寄与するための事業を行うこと」（厚生労働省 2000）とされ、実際には各地域の児童自立支

援施設で対応が困難になった子どもたちが多く入所している。そのため国立の児童自立支援施設には、他施設にはない、自由を一定程度制限できる個室があり、子どもの状態に配慮しながら「強制的措置」を行う体制が整えられている。

　児童自立支援施設は、少年院とは異なり塀や柵で囲われておらず、広大な敷地内に子どもたちが生活する複数の寮が点在し、学校、グラウンド、田畑があり、1日24時間の生活がその敷地内で行われる。前述の卒業生が訪ねた寮長・寮母というのは、夫婦で子どもたちの育ちを支える職員のことである。実際に子どもたちの生活空間と隣り合わせで、寮職員の自宅があり、実子と入所少年が一緒に遊んだり食事をしたりする光景もみられる（関根 2017）。なお、交代勤務の形態をとる施設であっても、家庭的な環境を大切にする点は共通している。

1）非行の種別と相談件数

　平成30（2018）年2月1日の時点で、全国の児童自立支援施設に入所する子どもは1448人、平均年齢は14歳で、主訴となる非行の種類は、「性非行」（20.9%）、「窃盗」（14.3%）、「家庭内非行」（13.1%）、「暴行非行」（12.4%）等であった。

　入所した子どもの障害は、「ADHD（注意欠如・多動症）」（30.0%）、「PDD（広汎性発達障害：社会性や対人関係の障害、コミュニケーションや言葉の後れ、行動や興味の偏りが特徴）」（24.7%）、「反応性愛着障害（適切なアタッチメント行動を示さない状態）」（11.5%）、「知的障害」（12.4%）と続く。入所前に虐待を受けている子どもは64.5%、家族背景では、「母子家庭」（48.7%）、「実父母」（24.1%）、「養父実母」（13.2%）、「父子家庭」（9.8%）、「実父養母」（2.8%）となっている[1]。

　このように、非行を主訴として入所に至る子どもの背景にはADHDやPDD等の発達上の課題があり、7割以上が実父母以外の家庭環境におかれ、半数以上が虐待を受けていたことが分かる。こうした経験は、「子ども期の逆境的体験（Adverse Childhood Experiences（ACEs））」とされ、長期的な発達に影響を及ぼすことが明らかにされている（Bowen, K., et al 2018）。

2）入所経路と基本的対応の考え方

　入所経路について、家庭から児童自立支援施設に入所する子どもが57.4%、児童養護施設（児童福祉法41条：保護者のない児童や虐待されている児童など環

境上養護を要する児童を入所させる施設）からの措置変更が14.7%、家庭裁判所を経由した入所が12.5%となっている（厚生労働省 2020）。児童自立支援施設の入所は、家庭裁判所の判断による場合も基本的に児童相談所が全て関与する。5割弱の子どもが別の施設や家庭裁判所を経ているため、児童福祉領域では児童自立支援施設を「最後の砦」ということがある。

3）直接支援を担う専門職

児童自立支援施設に勤務する職員は、児童自立支援専門員（任用資格）、児童生活支援員（任用資格）、精神科医（嘱託）、個別対応職員、家庭支援専門相談員等が必置されている。児童自立支援専門員及び児童生活支援員は、子ども4.5人に対して1名以上の配置が義務付けられ、生活指導、学習指導、職業指導及び家庭環境の調整を行うことが規定されている。

4　児童自立支援施設における対応の流れ

児童自立支援施設の入所は、少年鑑別所への観護措置がとられた場合を除き、児童相談所の一時保護所を経由する。児童福祉司は、事前に入所を希望する子どもの生育歴や主訴となる非行の概要、支援の期間や目標が記載された児童票を児童自立支援施設に送付し、入所時期や入所する寮などの調整を依頼する。入所当日は、子どもに入所の理由や目的を確認して、これから施設で生活するための動機付けを高める働きかけが行われる。

1）入所段階

図表1－13は国立児童自立支援施設である武蔵野学院の校章である。中心に文字が記載されているが、その周りを囲んでいるのは蓬である。「蓬、麻中に生ずれば、扶けずして、自ずから直し」という紀元前3世紀の思想家・荀子の言葉を示したものだといわれている（国立武蔵野学院 1970）。すなわち、すでに入所している子どもの状態、施設や寮の雰囲気を含め、自然と子どもたちの成長を促すような環境が整っていれば、子どもたちは自ら更

図表1－13
国立武蔵野学院校章

生・成長していくという意味である。

　新入生は、まず寮の日課や同施設の生活に慣れるため、同じ寮の中で先に入所している子どもがモデルとなり、規則正しい生活を行うことから始める（**図表1－14**）。朝は起床後に掃除、朝食、ラジオ体操を行い、午前中の授業に参加する。午後は授業や作業、スポーツなどが日課となっている。入所前は不規則な生活を送り、社会のルールを逸脱してきた場合が多いことから、入所当初は安定した規則正しい生活を送り、心身の安定を促していく。

　支援は、子どものニーズに応じて日々の日課を通して行われる。例えば、起床場面での、眠たくても自らを律して布団をたたみ、掃除をする、という日課は、自己統制、責任感、協調性を育てる手段の一つとして子どもに意味付けていく。こうした個々の課題と生活上の課題を繋げて日々の指導が行われる。

図表1－14　児童自立支援施設の日課、寮生活の目標と支援の焦点

		支援の焦点				
		協調性	自主性	責任感	自己統制	集中力
7:00	起床			○	◎	
	掃除	○		◎		
7:45	食事（準備・片づけ）	◎			○	
	登校					
8:30	ラジオ体操		◎		○	
8:40	学校　　　　　学校教育				○	◎
12:10	昼食（準備・片づけ）	◎			○	
13:30	作業			◎		○
15:30	レク　　　　　テニス	◎		○		
	卓球				○	◎
	バドミントン	◎				○
17:00	掃除　　　　　同様	○		◎		
17:30	夕食（準備・片づけ）	◎			○	
18:00	自主学習		◎		○	
19:00	日記		◎		○	
	風呂　　　　　（個別）					
20:00	自由時間	○			◎	
22:00	就寝					

（注）最も重視される点を◎、次に重視される点を○で示した。

2) 支援の過程

(1) 生活指導と目標の設定と評価

　子どもたちは、入所後2か月程度経過すると「自立支援計画」を立てる。これは、目標設定とその評価を職員と子どもの双方で相談をしながら作成し、支援の経過を共有し、評価していくものである。長期的な目標と短期的な目標を設定し、それを達成するために、寮担当者、学校教員、心理担当者と個別に話し合いながら、具体的な達成方法を含めて検討していく。こうした目標設定と具体的な方法を位置付けることで（伊藤 2001）、日々の生活を通して自らの課題に向き合い、前向きな目標に向けて意識的に過ごすことを促す。

(2) 学校教育

　児童自立支援施設には、地域の学校の分校や分教室形式で義務教育が導入されており、日中は施設内の学校に通い授業を受ける。子どもたちには対人関係、発達特性や認知面に偏りが大きく、学力のばらつきが見られるため、一般校と同じように一斉授業を実施することは困難である。教員に加えて施設職員が付き添い、チーム・ティーチング体制で授業がなされている施設も多く、クラス編成は習熟度別などの個別的な対応がとられている。

(3) 作業・運動

　児童自立支援施設では、ほぼ全ての施設で農作業がある。田畑を耕し、自ら種をまき、食料の大切さや作業の大変さを実感し、他者への感謝の気持ちや耐性を高める伝統的な取組みが行われている。

　また、運動では、テニスやバドミントン、野球クラブ、マラソンなど季節に応じた活動が実施されている。

(4) 年長児の支援

　中学校を卒業した子どもが入所している場合、通信制の教育や地域の高校に通って勉学を継続できる自活寮などを設置している児童自立支援施設も多い。その場合、児童養護施設のように、アルバイトや外出を認めるところもある。

3) 退所後の経過と効果

　入所児童の多くは、1年半程度在籍し、学年の切り替え時期や中学3年の卒業時期に合わせて退所していく。入所期間中に基本的な生活習慣や基礎学力、

他者への配慮や思いやりなどを身につけ、主訴となる非行の背景についても自己理解を高め、退所後の生活に向けて準備をしていく。

特に、家庭復帰するケースでは、家族との関係調整が必須である。子どもと家族の過去の関係性や虐待、非行等の振り返りと未来の出来事への対応を話し合う非行領域における家族合同ミーティング（Family Group Meeting in Juvenile delinquency）などの取組みが行われ（大原・笠松 2019）、家庭復帰後の長期的な支援に繋ぐ取組みが行われている。

直近の全国データ（全国児童自立支援施設協議会資料 2019）では、87.0%が「自立支援達成ケース」となり、「家庭復帰進学」（36.0%）、「家庭復帰復学」（17.2%）、「家庭復帰就職」（3.1%）、「住み込み就職」（1.5%）、「他の児童福祉司施設への措置変更」（24.7%）となる（図表1−15）。しかし、支援の途中で無断外出や問題行動により支援の継続が困難となるケースも全体の13%程度いる。その多くは、「家庭引き取り」（5.5%）や「家庭裁判所送致」（2.5%）となり支援終結に至る。

児童自立支援施設（1か所）を対象にした退所児童の予後に関する調査によると、1年以内に少年院に入所する割合は26.7%であり、2年経過するとさらにその割合は高くなる（Ohara, et al 2017）。入所時よりも退所時は子どものIQ、自尊感情、学力面が上昇するものの（前掲論文）、退所後に一定の枠組みがな

図表1−15　自立支援の達成・未達成及び退所後の進路の人数・割合

●自立支援達成

	家庭復帰進学	家庭復帰復学	家庭復帰就職	住み込み就職	他施設の児童福祉施設へ措置変更			その他	合計
人数	303	145	26	13	208			37	732
%	36.0%	17.2%	3.1%	1.5%	24.7%			4.4%	87.0%

●自立支援未達成

	家庭引き取り			他施設の児童福祉施設へ措置変更	家裁送致	行方不明	その他	合計
人数	46			16	21	1	25	109
%	5.5%			1.9%	2.5%	0.1%	3.0%	13.0%
総計								841

出典：全国児童自立支援施設協議会資料

くなり交友関係が広がっていくと、再非行化を抑止することに繋がらない可能性が考えられる。

　前述の卒業生も児童自立支援施設を退所後、少年院入所となった過去を口にしていた。非行や犯罪の減少は社会の重要課題であり、再犯率は児童自立支援施設の処遇効果を示す一つの指標になる。一方、卒業生の例は、思春期の真っ只中を過ごした場所や人との繋がりが確実に心の中に刻まれており、寮長・寮母の働きかけの効果が十数年後に表れるという側面を示しているだろう。

5　児童福祉領域における非行少年処遇の課題

　児童相談所や児童自立支援施設は、司法・福祉・心理の各領域が交錯する実践現場である。専門職として、子どもたちや家族の福祉とインクルーシブ（包摂的）な社会の在り方に貢献できることが仕事のやりがいだと考えている。最後に、この領域における非行少年の対応について、次の2点の課題を挙げたい。

　まず、非行の予防的な対応における児童相談所と関係機関の連携である。現在、児童相談所は、非行化した少年の施設入所や児童福祉司指導の中心的な対応を担っている。しかし、児童相談所は近年急増する児童虐待への対応に追われており、非行少年に対してきめ細かい指導を行うには限界が出ている。そのため、関連機関との有機的な連携を検討する必要がある。例えば、警察庁の「少年相談」、少年鑑別所における非行・犯罪の防止に関わる地域住民の相談を受ける「法務少年支援センター」、児童自立支援施設における「通所利用」など、各機関の専門性が生かされる活動が地域で展開されており、こうした機能を積極的に活用すべきである。特に、少年院や児童自立支援施設に入所する子どもの多くは、幼少期から様々な行動上の問題を表出しており、非行化する以前の早期から子どもや家族、地域社会に対して働きかける予防的な対応が求められる。

　次に、児童自立支援施設における対応についてである。同施設は、子どもの治療教育を専門とする入所施設として長い伝統を維持してきた。特に、夫婦制による支援形態は、家族モデルを経験できなかった少年にとっては一定の効果がみられるが、再犯率をみると入所期間中の少年個人に対する治療教育を行うだけでは不十分なことを示している。今後の支援は、家族に対する働きかけと、

退所後の地域社会の調整を含めたアフターケアが不可欠であり、それらの機能をシステム化することが重要であろう。

〈注〉

⑴ 非行の種類は、「全国児童自立支援施設協議会資料」（令和元年度）、それ以外は「厚生労働省子ども家庭局・厚生労働省社会援護局障害保健福祉部「児童養護施設入所児童等調査の概要（平成30年2月1日現在）」令和2年1月」のデータより。

〈引用・参考文献〉

・Bowen, K., Jarrett, M., Stahl, D., Forrester, A., & Valmaggia, L. (2018). The relationship between exposure to adverse life events in childhood and adolescent years and subsequent adult psychopathology in 49,163 adult prisoners: A systematic review. *Personality and Individual Differences,* 131, 74-92.
・伊藤冨士江（2001）『ソーシャルワーク実践と課題中心モデル』川島書店
・国立武蔵野学院（1970）『国立武蔵野学院70周年記念誌』
・厚生労働省（2000）厚生労働省組織令145条
・厚生労働省子ども家庭局、同省社会援護局障害保健福祉部（2020）「児童養護施設入所児童等調査の概要（平成30年2月1日現在）」（https://www.mhlw.go.jp/content/11923000/000595122.pdf、2021年7月10日アクセス）
・厚生労働省（2020）「福祉行政報告例／令和元年度　福祉行政報告例　児童福祉」（https://www.mhlw.go.jp/toukei/list/38-1.html、2021年7月10日アクセス）
・厚生労働省（2021）「児童相談所の運営指針」（https://www.mhlw.go.jp/bunya/kodomo/dv11/01-01.html、2021年7月10日アクセス）
・大原天青・笠松将成・笠松聡子（2019）「非行領域における家族合同ミーティング（Family Group Meeting in Juvenile delinquency：FGMJ）の理論と実際：家族再統合支援の一形態」『非行問題』225号、155－171頁
・Ohara,T., Tomita,H., Matsuura,N., Aizawa, M.（2017）Psychological and Social Changes in Juvenile Delinquents Admitted to Children's Self-Reliance Support Facilities（CSRSF）:A Comparison between at the Admittance and at the Discharge, Oral, The Stockholm Criminology Symposium.
・関根祥子（2017）「児童自立支援施設での暮らしから」伊藤冨士江編者『福祉が世界を変えていく』上智大学出版
・全国児童自立支援施設協議会（2019）「全国児童自立支援施設入所児童調査」

第2章

刑事司法と刑事施設の現場

第1節

検察庁の機能と現場

中村　葉子

1　刑事司法から福祉・医療への発信

　筆者は、司法試験に合格し、司法修習を経て、平成5（1993）年に検事任官し、東京、大阪、名古屋、横浜、札幌、福岡などの検察庁において、犯罪の捜査、公判（裁判員裁判を含む）等を担当し、訟務検事（行政訴訟や国家賠償訴訟の国の訴訟代理人）や、最高裁判所司法研修所の検察教官も務めた。そして、札幌地方検察庁公判部長、京都、名古屋、横浜の地方検察庁の総務部長、福岡高等検察庁総務部長として、①犯罪被害者支援、②児童三機関連携、③罪に問われた障がい者・高齢者等の社会復帰支援に取り組んだ。この①②③の分野は、再犯（再被害）を防止するためにも、被害者や加害者の今後の生活の回復のためにも、刑事司法と福祉・医療との連携が不可欠であることを教えてくれた。そこで、筆者は、通信教育を受け、特別養護老人ホームや精神科病院等に実習に行き、社会福祉士と精神保健福祉士の国家資格を取得した。その過程で、刑事司法手続の中核を担う法曹である検事こそが、児童・障がい者・高齢者等が福祉や医療の支援がないまま、被害者・加害者として刑事手続の中にいる現実を、福祉職や医療職に発信することの大切さを痛切に感じた。

2　「検察の理念」

　ソーシャルワーカーにとって価値や理念が大切であるように、検察にも、「検察の理念」[1]があり、検察職員は、これを各部屋に掲げ、心に刻んで、職務遂行の指針としている。

　「検察の理念」の前文は、「検察は、公共の福祉の維持と個人の基本的人権の保障とを全うしつつ、事案の真相を明らかにし、刑罰法令を適正かつ迅速に適用実現するため、重大な役割を担っている。我々は、その重責を深く自覚し、常に公正誠実に、熱意を持って職務に取り組まなければならない」との決意を

示している。検察の仕事は非常に厳しく責任は重いが、検事は、温かい心で被害者にも被疑者・被告人にも接し、犯罪を予防し、再犯（再被害）を防止するという役割を担っており、筆者は、検事の仕事に誇りを持って取り組んできた。

「検察の理念」の本文は、1項で「国民全体の奉仕者であること」、2項で「適正な刑事手続の確保」、3項で「知力を尽くし、事案の真相解明に取り組むこと」、4項で「被疑者・被告人の主張に耳を傾け、積極・消極を問わず十分な証拠を収集し、多角的に証拠評価すること」、5項で「取調べにおける配慮」、6項で「犯罪被害者等の声に耳を傾け、その正当な権利利益を尊重すること」、7項で「関係者の名誉を大切にし、秘密を保持すること」、8項で「警察その他の捜査機関、矯正、保護その他の関係機関と連携し、犯罪防止や更生等の刑事政策の目的に寄与すること」、9項で「知識技能の習得のための研鑽」、10項で「内省、自由闊達な議論・相互支援ができる組織風土の構築」を挙げている。

3　検察庁の組織・職員・機構と刑事政策部門の開設

1）検察庁の組織・職員・機構

検察庁には、4種類あり、①最高検察庁（以下「最高検」）は、東京にあって最高裁判所に対応し、②高等検察庁（以下「高検」）は、東京・大阪・名古屋・広島・福岡・仙台・札幌・高松にあって高等裁判所に対応し、③地方検察庁（以下「地検」）は、各都道府県の県庁所在地と函館・旭川・釧路にあって、地方裁判所・家庭裁判所に対応し、④区検察庁は簡易裁判所に対応している。

検察庁では主に検察官と検察事務官が働いており、検察官は主に検事と副検事に区分される。検察官のうち検事は、司法試験合格後、司法修習を経て任官し、検察庁だけでなく、海外の大使館に一等書記官として赴任し、アジア諸国に法整備支援のために派遣され、証券取引等監視委員会・警察庁その他様々な省庁に出向するなど、様々な分野で働いている。検察官のうち副検事は、検察事務官、裁判所書記官等から副検事選考試験に合格して任官する。検察事務官は、国家公務員として検察庁に採用され、検察官を補佐し、その指揮を受けて捜査・公判に携わる。捜査・公判部門では、通常1人の検察官に1人の検察事務官が立会事務官として配置され、二人三脚で事件に取り組む。筆者の新任検事時代の立会事務官は、副検事選考試験に合格し、検察官として活躍している。

地検には、「検事正」の下に「次席検事」が置かれ、小規模庁では、その下に捜査・公判を行う検事・副検事が配置され、そのうち筆頭検事を「三席検事」と呼ぶ。これに対し、大規模庁では、「次席検事」の下に、捜査を担当する「刑事部」「交通部」「公安部」「特別捜査部」、公判を担当する「公判部」、その他の業務を担当する「総務部」が置かれ、各部に決裁官として部長が配置される。

2）検察庁への刑事政策部門の開設

　主に捜査・公判を行う組織である検察庁では、従前、福祉との連携の必要性について認識してこなかったが、近時、検察は、刑事政策に積極的に取り組んでいる。そして、大規模な地検では、①犯罪被害者支援、②児童三機関連携、③罪に問われた障がい者・高齢者等の社会復帰支援の業務を行う部門を「総務部」に置くところが多く、現在、東京・横浜・大阪・名古屋などの検察庁では、総務部に「刑事政策推進室」「社会復帰支援室」「再犯防止対策室」などの名称の部門を置き、検察官や検察事務官だけでなく、社会福祉士を非常勤配置している。その社会福祉士は、主に、前記③罪に問われた障がい者・高齢者等の社会復帰支援のため、面談（アセスメント）・支援計画の策定・同行支援等を担当している。社会福祉士が非常勤配置されていない中小規模の地検では、同業務を、登録した社会福祉士に依頼したり[2]、県の社会福祉士会と協定を交わして委託するなどしている。

4　刑事司法手続の流れ

1）捜査—検察官はあらゆる犯罪を捜査する

⑴　送　検

　犯罪発生後、警察等の第一次捜査機関（労働基準監督官、海上保安官、麻薬取締官等）が捜査を行い、犯人を検挙し、事件を検察庁に送致する。

⑵　検察官による捜査

　検察庁では、送致までの手続が法律に従っているかどうかを確認した上で事件を受理し、証拠品を受け入れて保管する。検察官は、第一次捜査機関を指揮し、あるいは自ら捜査を行い、収集された証拠の内容を十分に検討した上で、起訴・不起訴の処分を決定する。検察官自身も、被害者や目撃者などから事情聴取し、

被疑者を取り調べるなどの捜査を行う。

(3) 逮捕して捜査する場合の時間的制限

　警察官が被疑者を逮捕した場合、48時間以内に検察官に送致しなければならない。送致を受けた検察官は、嫌疑があり、かつ、逃亡や罪証隠滅のおそれがあって身柄拘束をする必要性があれば、裁判所に勾留請求する。被疑者を勾留するか否かは裁判官が決定する。勾留期間は10日間であるが、やむを得ない事由がある場合、検察官が勾留期間延長請求をし、裁判官が認めれば、さらに10日間まで勾留期間が延長される。

(4) 少年事件の捜査・審判における検察官の関与

　警察から送検された少年事件は、検察官が捜査を遂げ、犯罪の嫌疑があれば、家庭裁判所（以下「家裁」）に送致する。家裁送致後の少年審判には、通常、検察官は立ち会わないが、事実認定のために必要がある場合は、関与することもある。家裁が、保護処分ではなく刑事処分が相当と判断したとき、事件を検察官に送致する決定がなされる（逆送）（1章1節参照）。逆送を受けた検察官は、犯罪の嫌疑が認められるときは起訴する。

2) 起訴・不起訴の処分──起訴・不起訴は警察官でなく、検察官の権限

(1) 起訴処分と不起訴処分

　検察官の起訴処分には、法廷で裁判が開かれる「公判請求」と、書類審査で罰金・科料が科される「略式命令請求」がある。

　検察官の不起訴処分には、被疑事実につき、犯罪の成立を認定すべき証拠が不十分な場合の「嫌疑不十分」のほかに、犯罪の成立を認定すべき証拠があっても、「起訴猶予」といって、「犯人の性格、年齢及び境遇、犯罪の軽重及び情状並びに犯罪後の情況により訴追を必要としないときは、公訴を提起しないことができる」（刑事訴訟法248条）。なお、被疑者が死亡した場合は「被疑者死亡」、被疑者が犯罪時心神喪失であった場合は「心神喪失」、公訴時効（刑事訴訟法250条）が完成した場合は「時効完成」により不起訴処分となる。

(2) 不起訴処分等の場合、検察官が医療観察申立てを行う

　検察官は、「心神喪失等の状態で重大な他害行為を行った者の医療及び観察等に関する法律」（以下「医療観察法」）33条1項に基づき、対象行為（殺人、

放火、強盗などの重大な他害行為）を行った被疑者に対し、「心神喪失者若しくは心神耗弱者であることを認めて公訴を提起しない処分をしたとき」、「対象行為を行った際の精神障害を改善し、これに伴って同様の行為を行うことなく、社会に復帰することを促進するため」、地方裁判所に対し、適切な処遇の決定を求める申立てをしなければならない（4章1節参照）。なお、心神喪失による無罪判決や、心神耗弱による執行猶予判決が確定した者に対しても、同様である。

(3) 不起訴処分に対する検察審査会制度

検察官の不起訴処分に対し、被害者等は、検察審査会に審査の申立てができる。検察審査会は、検察庁から不起訴記録を取り寄せ、審査を行い、「起訴相当」「不起訴不当」「不起訴相当」の議決を行う。「起訴相当」「不起訴不当」の議決の場合、検察官は再度捜査を行う。検察審査会制度は検察審査会法（昭和23（1948）年制定）に基づき、市民の司法参加手続として裁判員裁判の数十年前から実施され、市民目線で被害者の気持ちをすくい上げ、丁寧な審査がなされている。

(4) 不起訴事件記録の閲覧

「訴訟に関する書類は、公判の開廷前には、これを公にしてはならない」（刑事訴訟法47条本文）ため、不起訴事件記録の閲覧は原則として認められないが、「公益上の必要その他の事由があって、相当と認められる場合は、この限りでない」（同条ただし書）ことから、検察では、従来から、交通事故の実況見分調書等について、民事裁判所からの文書送付嘱託や弁護士会照会に応じてきた。また、被害者参加対象事件の不起訴事件記録については、平成20（2008）年11月19日付け法務省刑事局長通達に基づき、被害者等が損害賠償請求等の民事裁判をするためだけでなく、「事件の内容を知ること」等を目的とする場合であっても、客観的証拠については原則として閲覧を認める運用を行っている。

3) 公判—検察官は公判請求した事件の裁判に立ち会う

(1) 冒頭手続

公判では、まず、裁判所が被告人の人定質問を行い、検察官が起訴状を朗読し、裁判所が被告人に黙秘権等の権利告知を行ってから、被告人、弁護人の順

で起訴事実に対する認否を述べる。

(2) **証拠調手続**

証拠調手続の最初に、検察官が、証拠により証明しようとする事実について陳述する（冒頭陳述）。その後、検察官が証拠を請求し、事前にその証拠の開示を受けている弁護人が同意・不同意の意見を述べる。刑事訴訟法は伝聞法則（伝聞証拠は原則として証拠にできないこと）を定めており（同法320条）、裁判所は、同意のあった書証のみ採用する（同法326条）。したがって、弁護人が供述録取書を不同意にした場合、検察官は、その書証の供述者（例えば被害者）の証人尋問を請求し、証人尋問により立証する。その証人が供述不能（死亡、精神障害等）の場合と、自己矛盾供述をした場合（公判廷で前の供述と異なる供述をした場合）は、同法321条1項1号（裁判官面前調書）、2号（検察官面前調書）、3号（警察官等面前調書）の要件に従って、前の供述を録取した書面を証拠とできる。弁護人が検証調書（実況見分調書も含む）や鑑定書を不同意にした場合、検察官は、検証調書等の作成者や鑑定人を証人尋問請求し、同証人らが「真正に作成されたものであることを供述したとき」、これらの書証を証拠とできる（同法321条3、4項）。検察官立証後、弁護人側立証が行われ、事実を争っている場合、弁護人請求のアリバイ証人等の尋問が行われ、事実を争っていない場合、弁償関係書証等の取調べや情状証人の尋問が行われる。その後、被告人質問がなされる。

(3) **弁論手続**

証拠調手続終了後、検察官は、犯罪事実及び法律の適用・求刑について意見を述べ（論告・求刑）、弁護人が弁論を行い、被告人が最終陳述し、結審する。

(4) **判決宣告と上訴**

裁判所は、判決を宣告する。裁判所の判決に不服がある場合、被告人、弁護人、検察官は上訴（控訴・上告）できる。

(5) **裁判員裁判**

一定の重大な犯罪（殺人、強盗致死傷、強制性交等致死傷、危険運転致死傷等）について、国民から選ばれた裁判員に地方裁判所で行われる刑事裁判に参加してもらい、裁判官と一緒に、被告人が有罪か無罪か、有罪の場合どのような刑が科されるべきか評議・評決する制度である。裁判員裁判は、必要的に公

判前整理手続（刑事訴訟法316条の2〜）に付され、同手続で争点と証拠が整理されるため、公判期日の手続は連日開廷するなど、集中して行われる。

4) 執行・徴収・記録—検察官が裁判の執行を指揮し、記録を保管する

　自由刑（懲役・禁錮等）に係る裁判が確定すると、検察官の指揮により、執行事務を担当する検察事務官が執行手続をとる。罰金等に係る判決が確定した場合、検察官の指揮・命令により、徴収事務を担当する検察事務官が執行手続をとり、罰金などの徴収金を納付せずに逃亡している者に対しては、所在調査を行い探し出して収容を行った上、刑事施設において労役場留置の手続を行う。

　なお、裁判確定後、その裁判所に提出された証拠や判決書は、裁判所から検察庁に移され保管される。この保管記録は、刑事確定訴訟記録法の要件に従って、閲覧できる。

5　検察庁における犯罪被害者支援の現場

1) 検察における被害者等への情報提供の制度

⑴　被害者支援員とホットライン

　各地検に「被害者支援員」を配置し、被害者ホットラインを設置して、被害者や遺族からの相談や要望（事件の説明を担当検察官から聞きたい、事件記録を閲覧したい、他の支援機関を紹介してほしいなど）に対応している。

⑵　被害者等通知制度

　被害者や遺族に対し、事件の処分結果（公判請求、略式命令請求、不起訴、家裁送致等）、刑事裁判の期日、判決結果、受刑中の刑務所における処遇状況、出所時期等に関する情報を提供している。

2) 公判における被害者等の保護・支援の制度

⑴　被害者傍聴制度（「犯罪被害者等の権利利益の保護を図るための刑事手続に付随する措置に関する法律」、以下「犯罪被害者保護法」2条）

　裁判所は、被害者等の傍聴席の確保について、可能な限り配慮する。

⑵　被害者参加制度（刑事訴訟法290条の2、316条の33〜）

　殺人、傷害、危険運転致死傷などの故意の犯罪行為により人を死亡させ、又

は傷つけた事件や、強制性交等・強制わいせつ、逮捕・監禁、過失運転致死傷などの事件について、被害者や、被害者が死亡・心身に重大な故障がある場合における配偶者、直系の親族、兄弟姉妹は、被害者参加の希望を事前に担当検察官に申し出れば、検察官が、意見を付して裁判所に通知し、裁判所が認めれば、裁判に被害者参加できる。被害者参加人は、公判期日、法廷で裁判に参加し、情状証人の供述の証明力を争うために必要な事項について証人尋問でき、意見を述べるために必要な場合には被告人質問もできる。さらに、証拠調手続終了後、訴因（検察官が起訴状に犯罪事実として記載した具体的な事実）の範囲内で、事実や法律の適用について、法廷で意見を述べることができる。

⑶　被害者の心情等の意見陳述制度（刑事訴訟法292条の2）

被害者参加の有無にかかわらず、被害者等は、検察官に申し出て、検察官から通知を受けた裁判所が認めれば、法廷で心情等の意見陳述ができる。この制度は、裁判が被害者等の気持ちや意見を踏まえて行われるだけでなく、被告人に、被害者等の気持ちを直接聞く機会を与え、反省を深めることに役立つ場合が多い。

⑷　被害者特定事項の秘匿制度（刑事訴訟法290条の2）

裁判所は、性犯罪などの被害者の氏名や住所等（被害者特定事項）について、公開の法廷で明らかにしない旨の決定ができる。決定されれば、起訴状朗読などの訴訟手続は、被害者の氏名や住所等の情報を明らかにしない方法で行われる。

⑸　証人となった被害者等への配慮の制度（刑事訴訟法157条の4〜）

家族や心理カウンセラーなどの「証人への付添い」、被告人や傍聴席との間に衝立などを置く「証人の遮へい」、別室に在席し法廷と別室とをケーブルで結びモニターを通じて尋問を行う「ビデオリンク方式」などの制度がある。

⑹　裁判所での公判記録の閲覧・謄写（犯罪被害者保護法3条）

刑事被告事件が係属する裁判所は、当該被告事件の被害者等から申出があった場合、訴訟記録を閲覧謄写させることができる。

⑺　刑事和解（犯罪被害者保護法19条〜）

被害者や遺族と被告人との間で、犯罪から生じた損害等に関する民事上の請求について、裁判外で和解（示談）が成立した場合、事件を審理している刑事裁判所に申し立てると、裁判所にその合意内容を公判調書に記載してもらうことができ、同調書は、民事裁判で裁判上の和解が成立したのと同じ効果が与え

られる（強制執行の債務名義）。

⑻　損害賠償命令制度（犯罪被害者保護法23条〜）

　殺人、傷害などの故意の犯罪行為により人を死亡させたり、傷つけた事件などの被害者又はその相続人等は、刑事裁判の起訴状に記載された犯罪事実によって生じた損害の賠償を、その刑事事件を担当している裁判所に申し立てることができる。弁論終結までに申立てを受けた刑事裁判所は、有罪判決後、刑事裁判の訴訟記録を証拠として取り調べ、原則4回以内の審理期日で審理を終わらせて、損害賠償命令の申立てについて決定する。仮に被告人側からの異議申立てによって、通常の民事訴訟手続に移っても、審理に必要な刑事裁判の記録は民事裁判所に引き継がれる[3]。

3) 架空事例（同一犯人による4人の性犯罪被害者に対する裁判員裁判事案）

──Case

【①事件】　V（30代女性）は、深夜に夫と24時間営業のスーパーに買物に来て、駐車場で助手席に座って夫を待ち居眠りをしていたところ、突然A（30代男性）がドアを開けて車内に侵入。Vの顔面を殴って「殺すぞ」と脅し、性犯罪行為を加えて逃げた。

【②事件】　X（10代女性）が、女子学生用マンション2階のベランダ窓を少し開けて眠っていたところ、深夜、一人暮らしの女性の家を探していたAと共犯者B（30代男性）がベランダから侵入。Xに「死にたくなかったら騒ぐな」と脅して首を絞め、交互にXを押さえつけて性犯罪行為を加えて、負傷させた。

【③事件】　Y（20代女性）は、駅からの帰宅途中、農道を歩いていたところ、Aが、すれ違いざまにYに「ちょっと道を聞きたい」と話しかけ、立ち止まったYを突然農地に押し倒し、「殺されたいか。声を出すな」と脅し、性犯罪行為を加えて、負傷させた。

【④事件】　Z（20代女性）が、駅からの山道を登って帰宅途中、AとBは、Zを追尾し、人通りがなくなったところで、いきなりZの顔面を殴り「殺すぞ」と脅し、恐怖で動けなくなったZを建物の裏に引きずり込み、性犯罪行為を加えようとしたが、近隣住民が悲鳴を聞いて110番通報し、臨場した警察官に逮捕された。

　各被害者は、被害直後に警察に通報し、客観証拠が採取され、被害状況が供述録取書に録取された。裁判員裁判では、遮へい措置が取られ、①③④事件の被害

者は、次のとおり「心情等の意見陳述」を行った。

【①事件】 Ｖ「事件後、その時の車は売ったが、家の中にいても、突然人が襲ってくるのではないかとの恐怖で、何をするにも、どこに行くにも、不安で仕方ない。それ以降一人では行動できなくなった。」

【③事件】 Ｙ「Ａに道を聞かれた時、何か怪しいと思ったが、その直後に強い力で押し倒され、全く抵抗できなかった。絶望感を抱いて畑の土まみれになって帰る途中、あふれる涙を止めることができなかった。その後は、家の近くでも一人で道を歩くことができない。押し倒された時の怪我の跡が残り、傷を見るたびに苦しくなる。」

【④事件】 Ｚ「仕事からの帰宅途中、背後から２人連れの男性が会話しながら歩いてきたが、まさか襲ってくるとは思わなかった。突然殴られたので、悲鳴を上げるのが精一杯だった。近所の人が助けに来たが、男性だというだけで体が震えた。事件後も痛み止めや睡眠導入剤を処方されている。」

【②事件の被害者は意見陳述ができなかった】 Ｘは、捜査段階で「大学に進学して初めての一人暮らしだった。まさか２階のベランダから２人の犯人が入ってくると思わなかった。すぐに引っ越し、一日に何度も施錠確認している。暑くても窓を開けられない。犯人からタバコの臭いがしたので、タバコの臭いを嗅ぐと恐怖で息が詰まる」と話した。Ｘは、事件後体調が回復せず、通学も困難となり、事件のことを話そうとすると涙が出て、動悸が激しくなる状況にある。

【解　説】

　屋外で発生する性犯罪は、被害届が出されている事案以外に多くの同種余罪がある場合が多い。被害者が、被害直後に110番通報し、警察で着衣等に付着した精液を採取し、産婦人科で体内の証拠物を採取できれば、加害者逮捕後DNA型鑑定が行われ、犯人を特定できる。悲鳴を上げたＺの勇気と、通報し証拠採取に協力したＶ、Ｘ、Ｙの勇気が相まって、この４件の犯人を特定でき、その後の多くの性被害を未然に防ぐことができたと考えられる。

　被害者支援に携わる福祉職や医療職は、勇気を出して被害を訴えた被害者や、声を出せないで苦しんでいる多くの被害者の気持ちに寄り添い、刑事手続の流れや他の関連機関の機能や役割を十分に理解した上で、支援してほしい。そして、法テラスを活用するなどして、各都道府県弁護士会の被害者支援に精通する弁護士を被害者代理人弁護士として選任し、担当検事に必要な支援を申し出

ていただきたい。

⑴ 子どもなのに少年法で守られていない被害児童の保護立法を作ろう

　被告人が事実を争った場合には、たとえ被害直後に被害に遭った児童や目撃した幼いきょうだいの供述を司法面接手法で録音録画してあっても、弁護人がその証拠を不同意すると、刑事訴訟法の伝聞法則（320条）に基づき、未就学児童や小学生でも、大人と同じ刑事手続において、証人として尋問される。継続的に虐待されていた児童やきょうだいが虐待によって死亡するのを目撃した児童は、ただでさえ深く傷ついているのに、大人と同じ刑事手続で尋問されると、心身に深刻な二次被害を受ける。少年法は、加害少年には大人と異なる司法手続を用意しているのに、被害者である子どもを証人尋問から守る法律はない。被害児童も、加害少年同様、大人と同じ手続ではなく、特別の配慮（例えば、録音録画媒体を児童の証人尋問に代えて犯罪事実を認定する証拠として採用するなど）がなされるよう、早急に立法的解決が図られるべきである。

⑵ 性犯罪規定の改正と「暴行・脅迫」要件

　平成29（2017）年、刑法の性犯罪規定が改正された。刑法177条の「強姦罪」は、「強制性交等罪」に改正され、「13歳以上の者に対し、暴行又は脅迫を用いて、性交、肛門性交又は口腔性交（以下「性交等」という。）をした者は、強制性交等の罪とし、5年以上の有期懲役に処する。13歳未満の者に対し、性交等をした者も、同様とする。」と規定された。改正された同条では、①行為者・被害者の性別を問わないことになり、②処罰対象となる行為が性交のほか肛門性交及び口腔性交も含むこととなり、③法定刑も引き上げられた。しかし、13歳以上の被害者への「暴行・脅迫」要件は維持された。同条の「暴行・脅迫」は、「反抗を著しく困難ならしめる程度」（判例）とされており、この「暴行・脅迫」が立証できない場合の不同意性交等が処罰されないとの課題が残った[4]。

6　検察庁における児童三機関連携の現場

1）児童三機関連携の開始と司法面接の普及

　児童虐待による死亡事例が次々と報道される中、平成27（2015）年10月28

日、最高検、厚生労働省（以下「厚労省」）、警察庁が、児童三機関連携につい
て、同時に通知を発出した。最高検通知では、①児童が被害者又は参考人であ
る事件につき、相談窓口を作り、日頃から警察や児童相談所の各担当者と緊密
な情報交換を行うこと、②警察又は児童相談所から情報提供を受け次第、速や
かに協議し、三機関のうちの代表者が児童から聴取（以下「代表者聴取」。厚
労省通知では、協同面接と呼ぶ）することとされた。

　筆者は、前記最高検通知が発出される少し前に、司法面接の研究で著名な仲
真紀子教授による司法面接研修に参加して、司法面接による被害事実確認が、
①子どもの精神的負担を軽減するとともに、②司法手続において子どもの供述
の信用性を確保するために必要不可欠であると実感した[5]。

　前記通知発出の3か月後の平成28（2016）年1月、筆者が名古屋地検総務部
に赴任した時、同地検では、既に同通知に基づき、児童窓口検事が、児童相談
所(以下「児相」)や警察の担当者と三機関連携会議を毎月開催していた。そして、
警察や児相から児童虐待事件の通報を受けるとすぐに事前協議し、録音録画下
で司法面接手法による代表者聴取をする体制が構築されていた。三機関連携会
議には、愛知県や名古屋市の児相職員とともに、児相常勤弁護士[6]も毎回出席
し、司法の言葉で警察や検察に、児童の安全確保を最優先に考える児相の立場
を力強く発信した。愛知県警本部は、捜査一課と少年課が同会議に参加し、児
童が被害者等である全事件を掌握して迅速な代表者聴取の対応ができる体制を
構築していた。さらに、この三機関で仲教授を名古屋に招き、合同司法面接研
修を実施し、検事や警察の担当者が、県内の各児相を回って、三機関事例検討
会をするなど、連携を強化していった。

2）児童三機関連携の展開から福祉・医療・心理も含む多職種連携へ

　平成30（2018）年4月、筆者が横浜地検総務部長赴任後、神奈川県でも児童
三機関連携会議を立ち上げた。この頃、三機関連携による児相からの通報は倍々
に増えており、全ての事案で検察官が代表聴取者となるにはマンパワーが足り
なくなった。そこで、証拠関係からすぐに送検される見込みの事案は検察官が
代表聴取者となるものの、その他の事案は、児相職員や警察官が聴取者となる
ことが増え、ますます三機関の緊密な連携が必要となっていった。

同年7月24日、最高検、厚労省、警察庁は、情報共有の強化に関する通知を同時に発出した。新しい通知では、児童が再被害に遭わないようにするとの観点から、代表者聴取後にも三機関で事後協議することとされ、各事案で代表者聴取後にも三機関が集まった。

令和元（2019）年5月14日、最高検は、「児童相談所との情報共有について」（通知）を発出した。この通知は、児童が被害者等になる事件について、被害児童に対する中長期的な支援のために、刑事司法手続以外でも代表者聴取の録音録画媒体を活用したいという児相の要望に応えたものである。すなわち、刑事訴訟法47条ただし書の趣旨にのっとり、一時保護の延長や親権喪失・停止の審判などに用いる必要性があり、関係者の名誉・プライバシー、捜査公判への影響を勘案して相当な場合には、①検察庁内での閲覧、②必要期間の貸与、③条件付き交付など、適切な方法で情報共有し、その際に家裁での記録の閲覧謄写の制限を請求するなど必要な協議を行うとの方向性が示されたのである。

令和元（2019）年までの代表者聴取の取組の実情[7]も踏まえて、「法務省性犯罪に関する刑事法検討会」では、改正に向けた議論がなされた。

司法面接手法による子どもからの聴取は、刑事司法手続だけでなく、教育現場、医療現場、家事・民事事件、いじめの調査等においても、子どもの負担軽減と真実の解明のために必要不可欠である。子どもを支援する福祉職・心理職・医療職等も、司法面接研修を受け、多職種連携に加わってほしい。

3）架空事例（母子家庭の母親による7歳長女への傷害事件）

━━ Case

小学校教員が、A（30代女性）の長女V（7歳女児）の手足に多数の紫色のあざがあることを発見し、「そのあざ、どうしたの」と質問した。すると、Vは「ママが叩いた」と答えた。そこで、教員（司法面接研修受講済み）は、誰が何をしたかについてのみ確認し、誘導的な質問をせずに、児相に通告した。

同日、児相は、Vとその妹（2歳）を一時保護し、児相協力医の診察を受けさせ、警察と検察の児童担当窓口に三機関通報をした。その日のうちに、児童窓口検事は、児相・警察と電話で連絡を取り合い、代表者聴取を翌週月曜日に決めた。そして、それまでに警察はAから在宅で事情聴取し、現場の実況見分などの捜査を進め、

児相は、一時保護されているVに被害事実に関する誘導的質問をしないことが確認された。児童窓口検事は、児相と警察から逐次報告を受け、証拠関係から送検が見込まれると判断して捜査部に事件を引き継ぎ、捜査担当検事が児相・警察と事前協議を行い、協力医からも診断結果を直接聴取した。

　代表者聴取当日、検察の司法面接室において、児相と警察の担当者が別室（バックスタッフルーム）でモニター越しに見守る中、聴取者である女性検事は、淡い色のセーター姿で、Vと90度の位置に座り、司法面接のプロトコル（規約・手順書）どおり、Vに話をする際のルールを説明し、ラポール形成をした後、事実を思い出す練習を行った。それから、検事は、Vに対し、「手足にあざがたくさんあるけど、それについて最初から最後まで話してくれる？」と問いかけた。すると、Vは、少し戸惑いながら、ぽつりぽつりと、「妹が泣き止まないから、ママはイライラしてた」「私はお風呂に入りなさいっていうママの声が聞こえたけど、大好きなアニメのテレビを見ていたからお風呂に行かなかった」「そうしたら、ママが来て、お風呂に連れて行かれた」「それで、シャワーの固いところでたくさん叩かれた」「私は、痛い痛いって泣いた」「ママも叩きながら泣いた」と話した。その間、検事は、Vの話を遮らずに、「それから」「それから」と言って、Vの自由報告（自発的な報告）を促した。検事が「泣いた後は？」と聞いたところ、Vは、「その日は痛かったけどそのまま寝た」「次の朝、手足が紫色になってた」「それで、学校の先生が、どうしたのと聞いたから、ママに叩かれたって言った」「そうしたら、児相の人が来て、連れて行かれた」「妹も一緒に連れて行かれた」と話した。

　逮捕された母親は、パートの仕事をしながら、一人でVとその妹を育てていたが、抑うつ状態であった。ただ、面談した検察庁の社会福祉士（非常勤）に、子どもと一緒に生活したいと話した。そこで、事後協議では、社会福祉士（非常勤）も加害者である母親の支援と被害者の再被害防止のために三機関のカンファレンスに加わった。

【解　説】

　このように司法面接手法で誘導せずに自由報告を得ると、質問攻めにするより、子どもが自分のペースで自分の言葉で多くの有意義な情報を語ってくれる。日時や場所も子どもの語りからおのずと分かることが多い。この司法面接手法による事実確認面接を被害からできる限り近い時期に、できる限り1回だけ、録音録画下で行うことが望ましい。児童から被害申告を受けた教員や、一時保

護所の職員が、司法面接までに、誘導的質問で被害児童を問い詰めてしまうと、司法面接手法による児童の供述の信用性が大きく損なわれることになりかねない。そのため、医療機関、学校、一時保護所で、児童が自発的に話し始めたときには、それを質問で遮らずに傾聴し、記録するだけにとどめてほしい。

④ 課　題

(1)　児童虐待の再被害防止のための福祉・心理・医療職の役割の重要性

夫もしくは同居しているパートナーからDVを受けている母親による児童虐待ケースでは、母親への支援が再被害防止に欠かせない。検事は、声を上げられないまま死んでいった被害児の無念を法廷に顕出することに全力を挙げるが、虐待被害防止のためには、DV被害者でもある虐待をした母親への福祉職や心理職の支援が欠かせない。悪者探しではなく、SOSを出せない被害児を救うために多職種が連携する必要がある。

実父や義父による性的虐待が、幼い子どもの妊娠で発覚する事案が少なくない。妊娠の発覚を恐れる父に水風呂に浸けられ流産させられそうになったり、「父親が逮捕されたらきょうだいが経済的基盤を失う」と脅され、口止めされている事案では、妊娠した被害児童の口は重く、心のブロックは固い。ところが、容易に真実を語れなかった子どもたちも、医師や看護師等には安心して被害事実を話すことが多い。その子の体や心の回復のためにも[8]、真実を知るためにも、医療者は、語られた被害事実をカルテなどに記録し、福祉職による生活支援や、適切な司法手続（家裁への親権停止申立てや刑事手続等）に繋いでほしい。

(2)　監護者わいせつ・監護者性交等罪の新設とその後の課題

平成29（2017）年の刑法改正で、監護者わいせつ・監護者性交等罪（179条）が新設された。実親や養親等、18歳未満の児童を「現に監護する者」が、性的虐待を継続的に繰り返し、それが常態化している場合、日時、場所等が特定できる場面だけをみると、「暴行・脅迫」が認められず、「抗拒不能」にも当たらず、性犯罪として訴追できない事案が存在していた。

そのため、改正後の179条では、「現に監護する者」による性犯罪には、暴行・脅迫は不要で、児童の同意の有無は問わないこととなった。しかし、「現に監護する者」に当たらない担任教師やスポーツコーチ等が、地位・関係性・影響

力を利用して13歳以上の子どもに性交等やわいせつ行為をした場合、暴行・脅迫がなければ訴追できない。そこで、現在、義務教育中の子どもが大人から性被害を受けないよう、同意年齢を刑法176、177条が定める13歳から16歳に引き上げるべきであるとの議論がなされている。

7　検察における罪に問われた障がい者、高齢者への支援の現場

1）『令和2年版犯罪白書』からみる「入口支援」の必要性

　矯正施設を出る際の社会復帰支援を「出口支援」と呼ぶのに対し、捜査・公判段階において、刑事手続を離れる人への社会復帰支援を「入口支援」と呼ぶ。

⑴　刑事手続の各段階の処遇人数比から（同白書28頁）

　令和元（2019）年1年間につき、検察庁新規受理人員は90万752人で終局処理人員は90万7273人であるのに対し、刑事施設入所人員は1万7464人（検察受理の1.94%）に過ぎず、保護観察開始人員は1万5307人（検察受理の1.70%）に過ぎない。検察が受理した被疑者の約50分の1の「矯正」や「更生保護（保護観察）」の段階に至った人だけを対象とした実践や研究が主でよいのだろうか。

　刑務所にいる人や保護観察処分を受けている人の多くは、捜査・公判段階で起訴猶予処分となったり、略式命令請求で罰金刑となったり、執行猶予判決を受けたりして社会に復帰した後、支援がないまま再犯を繰り返し、何回目かの再犯で矯正施設や保護観察所に辿り着いた人たちである。1回目、2回目の検挙時には、未だ家族、学校、職場、地域社会との繋がりが残っている人も多い。早期に支援の必要性を発見し、その人の生活してきた地域にある既存の福祉や医療のネットワークを活用すれば、生活の回復も早く、再犯（再被害）の防止も図られ、被害者を含む地域住民の安全・安心も達成できるのではないだろうか。

　同年、送検された約90万人のうち起訴は28万2844人だが、不起訴で刑事手続から離脱した人は57万6677人（うち起訴猶予は51万3757人）と起訴の約2倍である。さらに、起訴されて判決が確定した人のうち、懲役・禁錮の実刑は1万8097人であったが、罰金は19万4404人、全部執行猶予は3万1065人に上る。福祉の網の目からこぼれ落ちた人たちが、初めて検挙、送検されたときこそ、

福祉職や医療職による集中的な危機介入が必要である。

(2) 罪種別構成比から（同白書188頁）

令和元年の全年齢層の刑法犯の検挙人員（警察庁の統計であり検察の新規受理人員と異なる）19万2607人のうち、万引き窃盗が28.7％、その他の窃盗が20.1％であったのに対し、高齢者の刑法犯検挙人員4万2463人のうち、万引き窃盗は52.4％、その他の窃盗は17.6％を占める。特に女性高齢者の刑法犯検挙人員1万3586人のうち、万引き窃盗は75.6％、その他の窃盗は14.6％、合わせると90％以上の高比率である。高齢者の万引きの背景に、初期認知障害や貧困に関する課題が潜んでいないか。高齢者が軽微な犯罪で最初に検挙された時、それは、彼らの支援を求めるSOSと捉えるべきではないだろうか。

(3) 窃盗の検察庁既済事件の身柄率から（同白書32頁）

検察庁の既済事件（過失運転致死傷罪及び道路交通法違反を除く）について、全被疑者（法人を除く）に占める身柄拘束事件の被疑者人員の比率（身柄率）は、覚醒剤取締法違反が70.8％であるのに対し、窃盗は30.4％である。被疑者段階の国選弁護は、身柄拘束事件しか対象としない。窃盗で検挙された人の約70％に当たる身柄拘束されていない人のうち、私選弁護人を選任する資力がある人以外は、弁護人がついていないのである。福祉職は、弁護士だけでなく、警察や検察とも連携して、この約70％の窃盗在宅事件にも支援を届けてほしい。

2) 検察の「入口支援」と再犯防止推進法・再犯防止推進計画

平成24（2012）年、政府の「犯罪対策閣僚会議」において「再犯防止に向けた総合対策」が策定され、平成28（2016）年、「再犯防止推進法」が制定された。同法に基づいて、平成29（2017）年、国の「再犯防止推進計画」が策定され、その後、各地方公共団体が「再犯防止推進計画」の策定に向けて動いてきた。

検察では、平成25（2013）年、東京地検が、「社会復帰準備室」を立ち上げ、社会福祉士をアドバイザーとして非常勤採用してから、「入口支援」が始まり、京都、大阪、広島、横浜、名古屋と「入口支援」が広がっていった。

筆者は、平成30（2018）年から神奈川県の再犯防止計画立案等のための推進会議に委員として参加したが、この頃には、全国全ての検察庁で「入口支援」

が展開されており、その動きの速さは驚くほどであった。

3）架空事例（妻と引きこもりの息子と暮らす高齢男性の万引き事案）

─ Case

　A（70代男性）は、国立大学を卒業して、技術職として大手企業に就職し、専業主婦の妻と息子の3人で生活してきた。息子は、大学受験に失敗した後20年余り引きこもっている。妻は、息子が来客を嫌がるため、近所付き合いもしなくなった。Aは、定年退職後、再任用で70歳まで働いたが、今は一日中自宅で過ごし、息子がイライラして窓ガラスを割る度に、ガムテープを貼って繕っていた。妻の誕生日に、Aは、近くのスーパーで、ガムテープとショートケーキを手に取って、レジで精算しないまま、店外に出たところ、警備員に声をかけられた。Aが「あれ、なぜ、こんな物、持っているんだろう」と言ったため、警備員は警察に通報した。警察官は、Aの様子から認知症を疑ったものの、名前や自宅の場所は分かり、会話もできたことから、地域包括支援センターに繋ぐことはせず、在宅送致した。私選弁護人は付いていない。

　捜査担当副検事は、窃盗事実に関する取調べを行った後、認知症を疑い、「入口支援」が必要と考えて、社会福祉士の面談を受けることの同意書と検察と福祉機関がAの個人情報を相互に交換することの同意書をAから得た。その後、地検勤務の社会福祉士（非常勤）によるAと妻の面談が行われた。

　Aは、「妻が苦労しているので誕生日祝いをしてあげたかった。息子が窓を割るのでガムテープがいると思った。レジで精算しなかったのはどうしてか、思い出せない」、妻は、「最近、夫は直前の出来事を覚えていない。息子が暴れるたびに、死んでしまいたくなる」と話した。社会福祉士は、傾聴した上で、引きこもり支援機関に夫婦で相談に行けるよう予約状況を確認し、認知症専門病院も紹介した。Aは、妻と引きこもりの相談に行き、認知症の専門病院を受診したいと述べた。そして妻は、息子に、父の検挙と認知症の可能性について話し、引きこもり支援のサポートを受けるよう提案したいと述べた。

　捜査担当副検事は、本件が窃盗の中でも侵入盗などではなく万引きであり、被害額は比較的少額で被害弁償や謝罪がなされ、被害店店長も事情を知って許す気持ちになっており、Aに前科・前歴がないことに加え、「入口支援」により再犯防止が図られる見込みであることも考慮して、起訴猶予処分とした。

【解　説】

　初犯の高齢者の万引き事案のほとんどが在宅事件で、国選被疑者弁護の対象でない現実を直視すれば、地域の福祉職と警察・検察との連携は必要不可欠である。検察の現場には、認知症の疑いがある高齢者以外にも、本格的な治療を要する摂食障害の人、アルコール依存・薬物依存のある人、知的障害が疑われるが療育手帳を持たない人など、医療や福祉の支援を必要としながら、繋がっていない人が加害者として多数送致されてきている。そして、組織内部に社会福祉士(非常勤)がいる地検では、検察官や検察事務官が、「認知症かもしれない」「障害の手帳を持っている」と気付くと、「社会福祉士に相談してみよう」と考えるようになってきている。

　ところで、前記事例のように、検察官の訴追裁量に当たって、「入口支援」は再犯防止の見込みという不起訴方向に働く一要素に過ぎない。検察官の権限行使は謙抑的になされるべきであるから、検察官は、「入口支援」対象者を観察・監視する権限はなく、いわゆる「見守り」は行えないし、行わない。検察官は、再被害防止のため、再犯の可能性を減じるべく、福祉に繋ぐところまでを行い、立法措置が取られない限り、それ以上は権限行使できないし、すべきでない。

4) 課題──検察と福祉の緊張関係と究極の目的に向けて

　被害者のある犯罪について、検察官は、第一に被害者への保護支援を考える。再犯防止は再被害の防止であり、検察官が加害者の処遇を考える上で再犯防止を目的とするのは当然の帰結である。これに対し、福祉職は支援の対象が加害者の場合、その人の幸せのために社会復帰支援を行う。福祉職にとって再犯防止は目的ではなく反射的効果に過ぎない。それが、福祉職の当然の姿勢である。したがって、検察と福祉との間には、第一次的な目的を異にする緊張関係がある。しかし、被疑者・被告人が帰っていく地域には被害者がいる。被害者を含む地域住民の理解を得られなければ、真の意味での社会復帰は成し得ない。また、時間軸を遡ってみると、今被疑者・被告人となっている人たちは、昔、虐待被害者であったり、DV被害者であったりすることも多い。私たちは、児童・障がい者・高齢者等を犯罪の被害者にも加害者にもしないで、この街で皆が幸せに生きていける地域作りをするために連携しなければならない。この究極の

目的については、司法も福祉も共有できるものである。

〈注〉

⑴　検察庁ウェブサイト「検察の理念」（http://www.kensatsu.go.jp/oshirase/img/kensatsu_no_rinen.html、2021年8月15日アクセス）。

⑵　平成27（2015）年頃の京都での取組みは、中村葉子（2015）「検察における起訴猶予者等に対する再犯防止の取組について〜京都地方検察庁における取組を中心に〜」『犯罪と非行』180号、36頁以下参照。

⑶　被害者向けの刑事手続の説明は、検察庁ウェブサイト「犯罪被害者の方々へ」（http://www.kensatsu.go.jp/higaikaihuku/category_000009.html、2021年8月15日アクセス）。

⑷　刑法の性犯罪規定の改正内容については、岡田志乃布（2017）「刑法の一部を改正する法律について」『警察学論集』70巻10号、67頁以下参照。

⑸　司法面接の考え方・進め方とトレーニングについては、仲真紀子編著（2016）『子どもへの司法面接』（有斐閣）参照。

⑹　児相常勤弁護士の活動については、根ケ山裕子編著（2020）『子ども虐待対応法的実務ガイドブック』（日本加除出版）参照。

⑺　法務省性犯罪に関する刑事法検討会資料53「代表者聴取の取組の実情」（https://www.moj.go.jp/content/001331469.pdf、2021年8月15日アクセス）。

⑻　白川美也子監修（2020）『子どものトラウマがよくわかる本』（講談社）68－69頁。

第2節

成人矯正の機能と現場

手塚　文哉

1　刑事施設の処遇

1）刑事施設の役割

　成人矯正とは、刑罰の執行及び未決勾留の執行を主たる目的とする行政作用である（法務省矯正研修所編『研修教材　成人矯正法〔三訂版〕』）。行政作用ということは、受刑者や被勾留者などをただ単に刑事施設に収容することが目的ではない。それでは、刑事施設の役割は何か。

⑴　社会の治安の維持及び回復の側面

　犯罪者を社会から隔離することによって、社会の治安を守るとともに、同じ人間が犯罪を繰り返すことを物理的に防ぐことによって、治安を回復する。

⑵　受刑者の改善更生及び再犯防止の側面

　受刑者に各種指導を行い、二度と犯罪を起こさないよう働きかけ、その結果、当該受刑者が改善更生すれば再犯防止となり、ひいては社会の治安を守ることになる。

⑶　司法制度の担保の側面

　被勾留者について、逃走及び罪証隠滅の防止を図るとともに、刑事訴訟法上の当事者としての防御権の行使、適正な刑事裁判の遂行に寄与する。

　これらの刑事施設の役割はどのように果たされているのだろうか。

2）密行主義から地域との共生へ

　今までの刑務所の運営は、受刑者に関する個人情報の取扱いや施設の保安管理運営面を理由として、「密行主義」が採用されていた。刑務所は社会と隔てる「外塀」に囲まれ、施設内では職員と受刑者のみが対峙する構造が構築された。このような閉鎖的な施設構造は「刑務所社会」と呼ばれる独自の社会や文化を形成した。刑務官の心も「外塀」で囲まれたのである。

　このような刑務所の存在は、社会や国民の目に触れられず、社会的には必要とされるものの、市民には関わりがないものとして、身近にない方が良いとする刑務所の姿が作られた。当然、このような状況下では、地域住民にとって収容されている受刑者は特殊な存在として、受け入れがたいものとなる。

　しかし、受刑者を改善更生させ、社会復帰させるという本来の目的は、刑務所の処遇だけでは不十分である。刑務所内だけで生活できる者を教育しているのではなく、健全な社会人として社会で生きていく者を教育していかなければ、その目的は達成できない。そのためには、地域の関係機関との連携強化や地域住民の理解が重要である。社会に出て、日々生活する地域は、出所者にとって決して居心地の良い場所ばかりではない。より円滑な社会復帰、より永続的な再犯防止には、地域、社会を対象としての取組みが必要である。それでは、再犯防止のため現場施設ではどのようなことを実施しているのか。

2　PFI刑務所の新たな取組み

　最近の成人矯正の分野で画期的な施策として、民間ノウハウを活用したPFI刑務所がある。PFI（Private Finance Initiative）とは、いわゆる「PFI法」（「民間資金等の活用による公共施設等の整備等の促進に関する法律」平成11年法律第117号）により推進されている制度であり、公共施設等の建設、維持管理、運営などを民間の資金、経営能力及び技術的能力を活用して行う新しい手法であり、効率的かつ効果的な社会資本を整備することを目的とするものである。そこで何が行われているのか。

1）美祢社会復帰促進センターでの取組み

　平成19（2007）年4月、我が国初のPFI手法を活用した刑務所の整備・運営事業（以下「刑務所PFI事業」）である「美祢社会復帰促進センター」が山口県美祢市に誕生した。PFI手法による新たな刑務所を整備するに当たっては、「官民協働の運営」を行うとともに、「地域との共生」を図ることにより、「国民に理解され、支えられる刑務所」を目指すとの方針のもと、男女の初犯受刑者それぞれ500人（その後、女性受刑者が300人増設となった）を収容し、改善更生の可能性が高い受刑者に、多様で柔軟な処遇を試みることとした。最終

的には「人材の再生」が目標である。

(1) 設備・構造上の工夫

美祢社会復帰促進センターは設備・構造に工夫が施されている。収容棟内の廊下が先細りになっている。これは鎌倉の「鶴岡八幡宮」の参道のように奥行きを持たせることを目的としたものでなく、居室の扉を見やすくした構造になっている。収容棟はL字型平面計画とし、収容棟内の中央に設置された監視室からは、受刑者が食事や教育を行う共有スペースの多目的ホールを含め、三方向の視察が可能であり、受刑者がどの扉から出入りしたかが一目で分かる構造となっている。監視室内は専用階段で結ばれており、少ない職員でも効率的な収容監視が可能なものとなっている。収容棟と職業訓練棟を結ぶ廊下もできる限り短くされており、効率的かつ効果的な動線計画が施されている。

居室棟廊下（美祢社会復帰促進センター）

出典：手塚文哉（2020）『再犯防止をめざす刑務所の挑戦』40頁

また、無線タグを受刑者の衣服に装着させ、施設内各所に設置されたアンテナで感知することにより、パソコンの操作画面上に現在位置、移動軌跡等の位置情報をリアルタイムで表示できるシステムが導入されている。受刑者だけでなく、勤務する職員も、見学に来られた方々もどこにいるか把握・管理されている。これにより、戒護区域内であれば、受刑者を一人で移動させることが可能であり、職員配置の効率化が図れるとともに受刑者の自立感を養うことができる。

(2) 充実した職業訓練と改善指導

美祢社会復帰促進センターでは、「再犯ゼロを目指す」ということで、職業訓練と改善指導を充実させている。

職業訓練については、社会復帰に有効であるため、全受刑者に対して、社会の労働需要に合致した知識、技能を習得できるように多様な訓練メニューが用意されている。美祢社会復帰促進センターの訓練科目は二つの大きな特徴があ

り、一つは就労に繋がる職業訓練の実施である。資格取得のできる「医療事務科」「販売士検定科」「介護サービス科」「ITスキル科」、そして「プログラム・システム設計科」や「フード・コーディネイター養成科」がある。

　もう一つの特徴は、社会貢献活動プログラムの実施である。このプログラムはしょく罪の涵養という面と、受刑者が自ら貼られたマイナスのラベリングを剥がす機会を与えることである。美祢社会復帰促進センターでは「手話基礎科」のほか、「ボランティア啓発科」「点字」を実施しており、地元のボランティア活動を行っている団体に協力いただくとともに、民間事業者の一般向け講座授業をもとに進められている。

図表2-1　美祢社会復帰促進センターにおける刑務作業と職業訓練
（アンケート調査平成20（2008）年4月実施）

【職業訓練のうち役立つと思うもの】　　　　　　　　　　　　　　　（人）

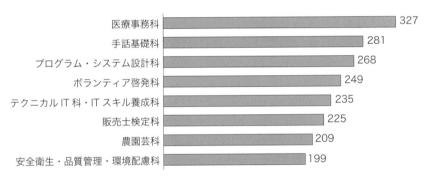

【受けてみたい職業訓練】

（人）

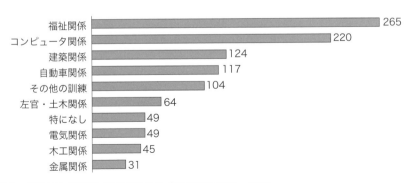

出典：手塚文哉（2020）『再犯防止をめざす刑務所の挑戦』46頁

刑務所PFI事業を行うに当たり、民間事業者の業務範囲を決定する上で、一番期待をし、反面、一番心配していたのが、教育関係である。一般改善指導[1]で、美祢社会復帰促進センター独自の教育としては、「反犯罪性思考プログラム」「フィジカルエクササイズ」「日記指導」等がある。

　「反犯罪性思考プログラム」は、各個人の犯罪に対する肯定的な考え方と実際に罪を犯すこととの関係について学ばせ、自分自身に対する理解を高め、行動の変容を促すことを狙いとした認知行動療法[2]に基づくプログラムである。少人数（10 ～ 15人）によるグループワーク形式、1クール3か月で行っていたことから、全受刑者の7.7%しか受講できなかったため、ワークブック[3]を作成し、2か月を1単位とし、2か月ごとに新たな単元を進む方式を取り入れ、全受刑者が在所期間を通じて取り組めるように改良している。

　「フィジカルエクササイズ」は、身体の緊張緩和感を学ばせ、自己をコントロールする力を養わせ、もって、健康的な生活を送る気持ちを高めさせることを目的として実施している。規律正しい生活習慣や心身の健康増進等に役立つ。

　「日記指導」は、少年院では実施しているが、刑務所では実施されていないので、成人受刑者に有効な処遇であるか疑問であったが、受刑者アンケートの結果では「教育指導のうち役に立つと思うもの」の問いの上位に挙がった。受刑者に聞くと、一日の出来事や今考えていることを整理できて良いという回答であった。

図表2－2　美祢社会復帰促進センターにおける一般改善指導と特別改善指導
（アンケート調査平成20（2008）年4月実施）

【教育指導のうち役に立つと思うもの】

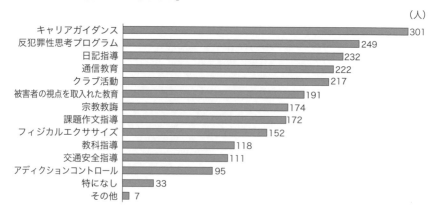

（人）

キャリアガイダンス	301
反犯罪性思考プログラム	249
日記指導	232
通信教育	222
クラブ活動	217
被害者の視点を取入れた教育	191
宗教教誨	174
課題作文指導	172
フィジカルエクササイズ	152
教科指導	118
交通安全指導	111
アディクションコントロール	95
特になし	33
その他	7

【受けてみたい教育指導】

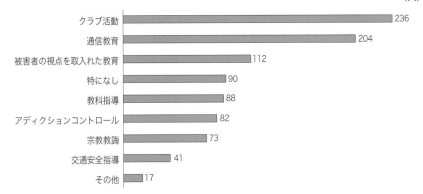

出典：手塚文哉（2020）『再犯防止をめざす刑務所の挑戦』50頁

(3) 刑務官の役割

　「PFI刑務所では、改善指導を民間事業者に任せており、刑務官はただの牢番になっている」という批判が他の刑務所からあった。刑務官は保安を担当するとともに、処遇官としての役割を持っており、「保安と処遇の一体化」という原則のもとに業務を行ってきた。

　これが、新法施行（「刑事収容施設及び被収容者等の処遇に関する法律」平成17年法律第50号）により改善指導が義務付けられたことから、PFI刑務所ではこれまで以上に積極的に分類・教育・処遇の専門家の養成を行い、そのために外部専門家の関与を図り、我が国における刑務所の実態に即した処遇技法を開発すべく取り組んでいる。これをもって、刑務官が処遇官としての役割を捨てたわけではない。処遇とは日常生活の中にある。受刑者と最も多く関わるのは刑務官であり、その関わり方が受刑者の改善更生に大きな影響を与える。どんなに優れた改善指導プログラムでも、本人に改善更生の意欲がなければ効果は上がらない。私は職員に対して、「受刑者に手を差し伸べて、握り返したら、引き上げてやりなさい」と指導してきた。刑務官は、日々の訓示、担当面接、日記指導及び個別処遇を行うことにより、各種の改善指導をより効果的なものにするための土台作りの役割を果たしている。

　また、PFI刑務所は時代の先端を行くだけの施設ではなく、本来、刑務官が持つべき伝統的な"魂"（「仁愛」「人権尊重」「更生復帰」等）といったものを大事にする施設であってほしい。新しい処遇、技法、設備にしても、全て人が

動かしていることを忘れてはならない。

2) 島根あさひ社会復帰促進センターでの取組み

平成20（2008）年10月、「島根あさひ社会復帰促進センター」が開設し、運営が開始された。美祢社会復帰促進センターが開設されてから1年半が経過し、その間に運営PFI事業[4]である「喜連川社会復帰促進センター」及び「播磨社会復帰促進センター」が相次いで開庁した。美祢社会復帰促進センターは矯正にとって初めてのPFI事業ということで、「失敗しないPFI刑務所運営」を目指した。喜連川社会復帰促進センター及び播磨社会復帰促進センターは元々国の職員で運営するよう設計されており、刑務所PFI事業にする予定はなかったが、全ての施設が過剰収容状態であり、国の職員の定員事情が厳しくなり、国の職員の配置ができないため、民間事業者の手を借りることにした。

島根あさひ社会復帰促進センターは、今までの刑務所PFI事業の集大成ともいえる事業であり、矯正における問題点だけでなく、刑事政策上の問題点を解消するため各種試みを実施している。例えば、刑務所が障碍を持つ人のセーフティネット（安全網）になっている問題や、人工透析を必要とする犯罪者が多く、その刑の執行を猶予している者が多い問題、高齢社会の本格化で高齢受刑者が急増し、医療費の増大や職員の介護負担の増加、認知症などの処遇困難者が増加している問題、出所者が就職できないため、再犯に結び付いている問題等、それらの解決策を模索する処遇内容を盛り込んでいる。開設前、矯正の関係者さえ、その運営は難しいのでないかと危惧する者がいたが、10年先、30年先を見越してできることは行おうということで、要求水準書[5]を作った。

(1) 設備・構造上の工夫

施設の設備・構造の特徴であるが、島根あさひ社会復帰促進センターでは収容棟の外壁を従来のRC構造から、鉄骨構造にし、断熱パネル、断熱材、空気層、鉄板、強化石膏ボードの壁としており、収容棟の熱効率を良くし、「寒い」とか「カビが生える」等の苦情がないように配慮している。また、これによって建設期間が大幅に短縮され、工事開始から1年で2000人規模の刑務所が完成している。確かに、従来のRC構造と比較すると、強度が少し落ちることや「あつらえ」が悪いことは否めないが、今後の刑事施設の建物の在り方に一石を投じたのでは

ないかと思っている。

(2) 充実した職業訓練

当センター在任中に受刑者アンケート調査を実施（平成25（2013）年）したが、「出所後の生活のために、刑務所にしてほしいことは」の問いに対して、「社会復帰に必要な知識・技術の教育」（58.7%）、「職業訓

居室棟外壁工事写真（島根あさひ社会復帰促進センター）

注）筆者撮影

練」（54.7%）、「就職の斡旋」（51.8%）との回答が多くなっている。

島根あさひ社会復帰促進センターの職業訓練は、基礎科目と専門科目に分かれており、基礎科目は全受刑者が受講し、ビジネスマナーや一般常識を身に付けさせるため、職業人としての基礎を学ぶ講座を開設している。「ビジネススキル科」「ボランティア啓発科」「安全衛生品質管理環境配慮科」「PC基礎科」の4種目になっている。専門科目は受刑者の希望に応じて受講させており、資格取得が可能なものや社会での需要が高い種目を選定している。「理容科」「医療事務科」「介護サービス科」「調理科（パン職人）」「PC上級科」「CAD技術科」「建設機械科」「点字翻訳科」「音訳科」「販売サービス科」「デジタルコンテンツ編集科」の11種目になっている。

平成26（2014）年1月、協働運営する民間事業者が、厚生労働省から無料職業紹介事業の許可を受けた。これでハローワークを介さずに職業を斡旋できるようになった。ハローワークが紹介していなかった自営業者や小規模企業などの受入れ先を探し、受刑者の技能に合う就職先を紹介することで、出所後の生活の安定と再犯防止を図る目的で開設した。前述の受刑者アンケート調査では、「働くつもりであるが仕事が決まっていない」が55%であり、これらの受刑者に広く働きかけている。

(3) 教育的取組みの流れ

島根あさひ社会復帰促進センターの教育的取組みの流れについては、入所から出所までの間を「Ⅰ期」から「Ⅴ期」に分けて実施している。Ⅰ期教育では、

刑執行時の標準カリキュラムに、回復共同体の意義を学ぶこと（①共に暮らす生活の中で、自分自身と集団の課題解決に24時間取り組むこと、②自分を含むグループで感情の認識・行動の理解や統制、対人関係の調整力を伸ばすこと、③集団の中で様々な役割と責任を果たし、人との繋がりの中で生きる個人としての振る舞い方を身に付けていくこと等）や、グループワークを体験するといった項目を加えて実施している。

Ⅱ期教育では、被害者理解プログラムを受講することになる。このプログラムは認知行動療法の手法をもとに、自分の思考・感情のパターンを分析し、自己の犯罪行為を被害者の立場で見つめ直し、修復的司法[6]の考え方に基づく3つの責任、被害者への説明責任、再犯防止責任、贖罪・償いの責任について考えるといった内容で構成されている。ここまでは、全ての訓練生（島根あさひ社会復帰促進センターでは受刑者のことを「訓練生」と呼んでいる）が受講する。

Ⅲ期教育では、個々の問題性や犯罪性に応じた改善指導を実施し、Ⅳ期教育では、Ⅲ期教育修了者の中から希望に応じて、ダルク[7]、断酒会[8]といった団体の協力を得て、薬物、酒害に係る自助グループ活動などを行っている。Ⅴ期教育は、釈放前の指導となり、仮釈放は2週間、満期釈放は3日間の指導を行っている。

島根あさひ社会復帰促進センターの教育的取組みの特色は、多様な問題行動に対応したプログラムが多数用意されていることである（一般改善指導として、前述した被害者理解プログラムのほか、飲酒プログラム、性暴力プログラム、暴力プログラム、ホースプログラム、盲導犬パピー育成プログラム等15種目、特別改善指導として、薬物依存離脱指導、被害者の視点を取り入れた教育、交通安全指導、就労支援指導、性犯罪再犯防止指導の5種目）。また、ほとんどの者が改善指導プログラムを受講しており、全体の60％の者が複数の種目を受講している。そして、動物介在活動を導入していることも特色の一つである。

(4) 回復共同体プログラムの事例

このプログラムは「治療共同体」（Therapeutic Community：以下「TC」）の考え方を柱に実施している。TCは、1940年代のイギリスと1960年代のアメリカの2つの動きが源流となっている。イギリスは精神医療改革の流れを強く受け、刑務所内TCは医療刑務所で多く実践されているのに対し、アメリカの

TCはAA[9]などの当事者の回復運動の流れを強く受け、刑務所内外で薬物関連犯罪者の回復の手法として発展し、再犯防止効果が実証されている。島根あさひ社会復帰促進センターのTCは刑務所内TCのノウハウがあり、体系だったテキストのあるアメリカのTCの一つ「アミティ[10]」の手法を取り入れている。ただし、日本では薬物関連犯罪者だけでなく、罪名に関係なく希望する訓練生に実施し、全人的成長を目指すものとしている。

　プログラムの内容であるが、半開放形態の58人定員のフロア一つを「TCユニット」とし、受講者だけで24時間生活を共にしている。受講期間は最低6か月で1年半まで延長可能としている。

　受講者は2グループに分け、水〜金曜日の午前・午後のどちらか約2時間半、プログラムを受講する。一つのグループは主として受講開始から6か月までの受講者を集め、職員主導で実施しているが、もう一つのグループは訓練生主導でより深い内容の授業を実施している。プログラム以外にも、月4回の矯正指導日（月曜日）には全員で受講する90分間のユニットミーティング、火〜金曜日の夕方30分間の全員でのユニットミーティングも合わせると、週約11時間が改善指導の時間となる。非常に多くの時間を割いて改善指導を行っている。

　プログラムは3か月を1単位として、同じ内容を繰り返し学ぶこととし、教材は治療共同体「アミティ」のテキストを日本語訳し日本人用に改良したテキスト2冊と、「CBT&RJ（認知行動療法と修復的司法」のテキスト1冊を使用している。スタッフは臨床心理士2人と、心理系職員2人の計4人である。

　開設前の民間事業者との打合せでは全訓練生にこのプログラムを実施することが提案されたが、初めての日本でのプログラム実施であり、慎重を期して1フロアのみとした。実際に実施してみて、職員の指導が大きな鍵であり、このプログラムを熟知した指導者でなければ、有効で効果のあるプログラムは実施できないと感じた。

　それでは、なぜこのプログラムは再犯防止を図る点で有効なのか。

　重要なことはグループの前で正直に語ること、被害体験と加害体験を整理し、自分の感情を言葉にして表現し、適切な形で解消し、自他を傷つけない生き方ができるようになることである。一般刑務所では特に性犯罪者は自分の犯罪行為を人前で話すことはしない、性犯罪者と知れることすら嫌うものであるが、

ここでは自分の犯罪をグループの前で正直に語り、厳しいことを言われながら
も、ばかにされることなく、みんなで再犯防止のための知恵を絞る光景が見ら
れる。被虐待体験や誰にも言えなかった傷つき体験を涙ながらに語り、支え合
う光景も珍しくない。

　ある訓練生に聞いたところ、「TCの中で最初の頃は嘘をついたりしていま
した。そして、嘘をついていることも否認していましたが、嘘をついているこ
とを認めさせてくれたのもTCの仲間でした。そういった出会いがあったから
こそ今の僕があると思います」と語ってくれた。このプログラムで大切なこと
は、グループが健全でなくてはならないことである。受刑者同士が肯定的なコ
ミュニケーションを促進する場でなければいけない。

　治療共同体に関する海外の研究では、施設を出た後にも社会内の治療共同体
プログラムを実施することで、再犯が低下することが実証されている。これは、
出所者が社会で生きていく上で、誰かとの繋がりを維持し、それを支えとしな
がら、自分の力で自分の人生と人間関係を修復・再生すること、「生きた人間
関係」が必要であることを意味している。いつか、社会内で治療共同体プログ
ラムが日本でも実施されることを望んでいる。

⑸　文通プログラムの事例

　文通プログラムは、受刑者の改善更生を地元の町全体で応援し、地域社会で
刑務所を支えるという熱意のある浜田市旭町の人たちのアイディアで生まれた
矯正処遇プログラムの一つである。

　島根あさひ社会復帰促進センターの開設に当たって、地域の皆さんと「梨園
の作業を手伝ってほしい」とか「公民館の清掃を行ってほしい」など、忌憚の
ない意見交換を重ねる中で、皆さんからは「旭の色と音と匂いを訓練生の改善
更生に活かしたい。受刑者のために、地域社会でできることはないか」という
提案を受けた。この温かい人情のある、そして、人の心を癒してくれる自然豊
かな旭の地にあってこそ、日本の社会が目指すべき新しい刑務所運営が実現で
きると確信した。

　文通プログラムは、地域ボランティアの方と訓練生がペアとなり、ペンネー
ムでの文通を通して交流を行うものである。平成21（2009）年10月に第1期
がスタートした。1期当たり、おおむね月1回の交換書簡を計4回繰り返す。

　文通プログラムの目的について、地域社会の方々には、訓練生との文通を通し、受刑者処遇への関与や協力を深めていただくことにある。訓練生への狙いは、地域ボランティアの方との交流を通して、他者と良好な関係を築く力を身に付けさせること、互いに理解し合える関係の中で、自己肯定感や、社会復帰に向けての自信を高めさせることにある。

　プログラムに参加する訓練生は、希望者の中から選ぶ。プログラムについての紹介文を常時広報誌や公民館に掲示しており、地域ボランティア、訓練生ともに、参加希望者は随時受け付けている。

　地域ボランティアの方は、旭町在住の方、プログラムの趣旨をご理解いただける方などの基準があるが、身内に偏ることなく、地域に広く根付くプログラムにしたいという思いから、センター職員（国・民間）の家族は対象から除いている。最初は4人の参加者であったが、今では20数人に膨れている。

　手紙の内容は、それぞれのペアに委ねられている。これまでの事例では、お互いの近況報告、季節や趣味の話題、悩み相談などの話題の書簡が交換されている。

　実施に当たっては、①お互いにペンネームを使用すること、②個人が特定される情報は記載しないこと、③相手を非難・攻撃する内容は書かないこと、④お互いの手紙を他者に見せないことなどをルールとしており、お互いの思いや考えを尊重して行うことを大切にしている。したがって、残念であるが、手紙をここで掲載することができない。

　文通プログラムの効果としては、私が当センターに在職していた第7期までのアンケート結果によれば、地域ボランティア及び訓練生ともに90％以上の方が、プログラムに参加して「満足した」又は「やや満足した」と回答している。

⑹　地域住民との交流

　島根あさひ社会復帰促進センターの敷地には、新たな街作り構想として、「認定こども園あさひこども園」「日本盲導犬協会訓練センター」及び「ビジターセンター」（公民館のようなもの）が設置されており、地域コミュニティ活動の中心となっている。毎年7月には「夏祭り」を開催し、地元地域から多数の来場者を得て、交流の機会となっている。そのほか、職員宿舎地区で始まった「ハロウィン祭」が「いまいちハッピーハロウィン」として、舞台を地元中心地に

移し、多数の地域参加者が交流する地域行事として発展している。

　地元の中心地区にある公民館では、「今市地区の宝もの」と題する掲示物に、「①転入された多くの若い世代の方達、②ふえた子ども達、③経験豊かな地元高齢者、④温かい地元の方々と気さくな地元商店」と記載されている。島根あさひ社会復帰促進センターの職員が地域に溶け込んでいることが分かる。受刑者を改善更生し、社会復帰させるには、地域住民が刑務所に対する関心や理解を示していただき、また最終的には受刑者に対する理解を深めることが重要であると考えている。

(7)　改善指導・職業訓練別再入状況

　図表２－３「島根あさひ社会復帰促進センターにおける改善指導・職業訓練別再入状況①」は開設時から平成25（2013）年3月末日までの4年間の累計の数字である。このような統計資料を作成している施設はない。そもそも受刑者が再犯を犯す理由には、刑務所内での教育の在り方、社会環境、家族・友人との関係、貧困等、様々な要素がある。むしろ刑務所内の教育の在り方より、社会環境の方が影響力は大きいのかもしれない。しかしながら、島根あさひ社会復帰促進センターで実施している改善指導・職業訓練が有効なものか検証するため、こにおけるの再入率を目安とした。

　改善指導プログラム別再入率をみると、「文通プログラム」「回復共同体プログラム」「被害者の視点を取り入れた教育」等の再入率が有意な数字を示している。また、再入率が高いものとしては、「就労支援プログラム」「飲酒プログラム」「知的障碍者等に対するプログラム」である。

　「就労支援指導プログラム」については、訓練中から「34歳」を境として就職に対する意欲が減退してしまう傾向にあり、その者たちの影響による集団の負の同調があった。グルーピングの在り方やコミュニケーションスキルの指導方法を改善したが、なかなか上手くいかない状況である。

　「飲酒プログラム」については、お酒が絶対に買えない環境下では本人たちの決心が堅いが、社会に帰るとお酒が容易に買えるので、その気持ちが保てないようだ。社会における教育が必要であり、それが刑務所の教育と連動して行うことができれば変わる可能性がある。

図表2−3　島根あさひ社会復帰促進センターにおける改善指導・職業訓練別再入状況①
（開設時から平成25（2013）年3月末までの4年間の累計）

	改善指導プログラム	修了者	再入者	再入率		職業訓練種目	修了者	再入者	再入率
1	被害者理解プログラム	2,131	223	10.5%	1	理容科	7	0	0.0%
2	内省プログラム	75	12	16.0%	2	ホームヘルパー科	103	5	4.9%
3	回復共同体プログラム	95	3	3.2%	3	調理科（パン職人課程）	98	4	4.1%
4	飲酒プログラム	150	27	18.0%	4	販売サービス科	55	2	3.6%
5	性暴力プログラム	123	9	7.3%	5	医療事務科	142	8	5.6%
6	暴力プログラム	92	3	3.3%	6	建設機械科	251	18	7.2%
7	ホースプログラム	43	4	9.3%	7	デジタルコンテンツ編集科	239	17	7.1%
8	盲導犬パピー育成プログラム	42	2	4.8%	8	電気工事士科	141	10	7.1%
9	SSTプログラム	77	12	15.6%	9	CAD技術科	123	6	4.9%
10	ペアレンティングプログラム	27	1	3.7%	10	情報処理技術科（ワープロ）	62	7	11.3%
11	薬物依存離脱指導	408	45	11.0%	11	情報処理技術科（表計算）	63	3	4.8%
12	被害者の視点を取り入れた教育	81	0	0.0%	12	情報処理技術科（データベース）	46	5	10.9%
13	交通安全指導	160	17	10.6%	13	PC上級科（初級シスアド）	15	0	0.0%
14	就労支援指導	322	45	14.0%	14	点字翻訳科	31	1	3.2%
15	性犯罪再犯防止指導	0			15	音訳科	47	0	0.0%
16	薬物自助グループ	35	3	8.6%	16	農業園芸科（園芸）	69	2	2.9%
17	飲酒自助グループ	38	13	34.2%	17	農業園芸科（バラ栽培）	40	11	27.5%
18	就労支援グループ	7	0	0.0%	18	石見焼製作科	40	11	27.5%
19	回復共同体フォローアップ	8	0	0.0%	19	石見焼製作科（透析）	9	0	0.0%
20	エモーショナルマネジメントグループ	6	0	0.0%	20	石州和紙製作科	40	4	10.0%
	交通プログラム	37	1	2.7%	21	神楽面・衣装制作科	42	9	21.4%

出典：手塚文哉（2020）『再犯防止をめざす刑務所の挑戦』90−91頁

　「知的障碍者等に対するプログラム」は「内省プログラム」（自分の考えや行動などを深く省みることにより、考え方、態度、行動の変容を促す）と「SSTプログラム」（Social Skills Training：社会で人と人とが関わりながら生きていくために欠かせないスキルを身に付ける訓練）であるが、ともに再入率が高くなっている。全国的な統計資料は持っていないが、収容されている知的障碍者のうち7割が累犯者だといわれているので、かなりの再入率である。また、知的障碍者の再入者の帰住先をみると、「更生保護施設」（47.1%）、「親族」（41.2%）、「NPO法人等」（11.7%）となっており、無職の者が52.9%となっている。ある知的障碍者の再入者に聞くと、「刑務所を出て家に帰ると、両親は『刑務所生活が大変だったでしょうから、何もせずゆっくりとしていなさい』と言って仕事に出て行きます。私は一人残され、することもなくお金もないので、コンビ

ニに行って万引きをするようになりました」と語った。やはり仕事をしなけれ
ばならないし、それによって社会性を身に付けさせなければならない。

　島根あさひ社会復帰促進センターの知的障碍者の訓練室では、親方（指導員）
に怒られながら和紙を作っていた訓練生が、一生懸命に作業を行った結果、親
方の後継者としてスカウトされたことがあった。また、アニメのキャラクター
の人形を粘土でつま先から作り始めて全体を仕上げるという天才的な訓練生も
いた。仕事を苦にしている者は全くいなかったと記憶している。

　職業訓練別再入率をみると、特に種目による有意さは認められないが、資格
取得した者の再入率が低くなっている。これは資格取得を利用して就職してい
るというよりも、資格取得の意欲が社会生活の上で役立っているのでないかと

図表2－4　島根あさひ社会復帰促進センターにおける改善指導・職業訓練別再入状況②
　　　　　（開設時から平成31（2019）年3月末までの10年間の累計）

	改善指導プログラム	修了者	再入者	再入率
1	被害者理解プログラム	5,863	1,143	19.5%
2	内省プログラム	248	75	30.2%
3	回復共同体プログラム	296	43	14.5%
4	飲酒プログラム	426	122	28.6%
5	性暴力プログラム	431	62	14.4%
6	暴力プログラム	358	50	14.0%
7	ホースプログラム	227	41	18.1%
8	盲導犬パピー育成プログラム	227	26	11.5%
9	ＳＳＴプログラム	139	42	30.2%
10	ペアレンティングプログラム	64	9	14.1%
11	薬物依存離脱指導	1,156	316	27.3%
12	被害者の視点を取り入れた教育	269	12	4.5%
13	交通安全指導	525	104	19.8%
14	就労支援指導	828	209	25.2%
15	性犯罪再犯防止指導	0		
16	薬物自助グループ	97	25	25.8%
17	飲酒自助グループ	145	42	29.0%
18	就労支援グループ	7	2	28.6%
19	回復共同体フォローアップ	39	6	15.4%
20	エモーショナルマネジメントグループ	52	6	11.5%
21	交通プログラム	184	25	13.6%
22	コミュニティサークル	3	0	0.0%
23	家族関係プログラム	8	0	0.0%

	職業訓練種目	修了者	再入者	再入率
1	理容科	82	6	7.3%
2	介護福祉科	388	50	12.9%
3	調理科（パン職人課程）	389	50	12.9%
4	販売サービス科	544	55	10.1%
5	医療事務科	563	73	13.7%
6	建設機械科	867	137	15.8%
7	デジタルコンテンツ編集科	803	117	14.6%
8	電気工事士科	159	39	24.5%
9	CAD技術科	465	67	14.4%
10	情報処理技術科（ワープロ）	169	25	14.8%
11	情報処理技術科（表計算）	184	19	10.3%
12	情報処理技術科（データベース）	166	23	13.9%
13	PC上級科（初級シスアド）	19	2	10.5%
14	点字翻訳科	207	23	11.1%
15	音訳科	314	22	7.0%
16	フォークリフト科	24	0	0.0%
17	建設機械運転科	0	0	0

電気工事士科は平成22年度まで実施
販売サービス科は平成23年度から実施
建設機械運転科は平成31年度から実施
PC上級科初級シスアドは平成21年度のみ実施
フォークリフト運転科は平成30年度のみ実施
また農業園芸科等のデータはなし

出典：手塚文哉（2020）『再犯防止をめざす刑務所の挑戦』94－95頁

考えられる。

　図表2－4「島根あさひ社会復帰促進センターにおける改善指導・職業訓練別再入状況②」は開設時から平成31（2019）年3月末日までの10年間の累計の数字である。全体の傾向は変わっていないが、全体の再入率が20％弱（「被害者理解プログラム」「内省プログラム」のどちらかを全員が受講するのでそれを見ると分かる）であり、全国の10年以内再入率46.1％と比較すると低い数字となっている。しかし、極端に再入率が低かった「回復共同体プログラム」「文通プログラム」が他のプログラムの再入率と同程度になっているのが気になる。

　次に、全体の再犯防止施策はどうなっているのか。

3　再犯防止施策の現状

1）再犯防止推進計画の重点課題

　再犯防止の重点施策として、平成24（2012）年7月犯罪対策閣僚会議で「再犯防止に向けた総合対策」が決定され、「出所後2年以内に再び刑務所に入所する者等の割合を今後10年間で20％以上減少させる」という数値目標が示された。また、平成25（2013）年12月には「世界一安全な日本」創造戦略が閣議決定され、さらに、平成26（2014）年12月には犯罪対策閣僚会議で「犯罪に戻らない・戻さない」が宣言され、令和2（2020）年までに「犯罪や非行をした者の事情を理解した上で雇用している企業の数を3倍にする」「帰る場所がないまま刑務所から社会に戻る者の数を3割以上減少させる」という目標が設定された。また、平成28（2016）年12月に「再犯防止推進法」が成立・施行され、地方公共団体の責務が明記、「協力雇用主」が法律上定義された。さらに、平成29（2017）年12月「再犯防止推進計画」が決定された。

　再犯防止推進計画は、2018年度から2022年度までの5年間を計画期間とし、「誰一人取り残さない社会」の実現に向けた関係機関と地方公共団体、民間団体との緊密な連携の確保など5つの基本方針を掲げている。また、関係機関と地方公共団体、民間団体等との連携を一層図るため、再犯防止推進計画の重点課題（①就労・住居の確保、②保健医療・福祉サービスの利用の促進、③学校等と連携した修学支援、④犯罪をした者等の特性に応じた効果的な指導、⑤民間協力者の活動促進、広報・啓発活動の推進、⑥地方公共団体との連携強化、

⑦関係機関の人的・物的体制の整備）に沿った115の施策が盛り込まれている。

　このように再犯防止が国の施策と位置付けられ、この目標を達成すべく、各種施策を展開してきたところである。

2）再入率の推移

　それでは、この2年以内の再入率がどのくらいなのか。平成30（2018）年出所者は、全国平均で16.1％の再入率である。この数字をどのように見るかというと、平成18（2006）年から平成22（2010）年までの5年間の再入率の平均、全国平均では20.0％になるが、これを基準として20％を減じた率である16.0％が目標値となる。したがって、全国的に見ると3.9ポイント減少し、目標達成まではさらに0.1ポイント減少させなければならない。

図表2−5　出所した年を含む2年以内の再入率の推移

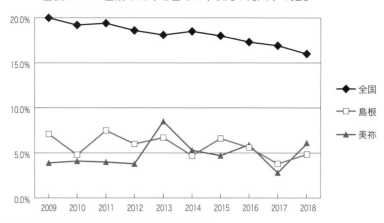

出典：法務省大臣官房司法法制部の資料をもとに筆者作成

　この数字は、A指標（初犯）施設とB指標（累犯）施設では違いが出ている。全国的に比較した統計資料がないが、A指標施設だと8％前後であるが、B指標施設だと22％前後となっている。累犯施設だと再犯防止がなかなか難しいことが分かる。また、美祢社会復帰促進センター及び島根あさひ社会復帰促進センターは、5％前後で推移しており、処遇効果が出ていることが分かる。

図表2－6　釈放事由別帰住先（平成30（2018）年）

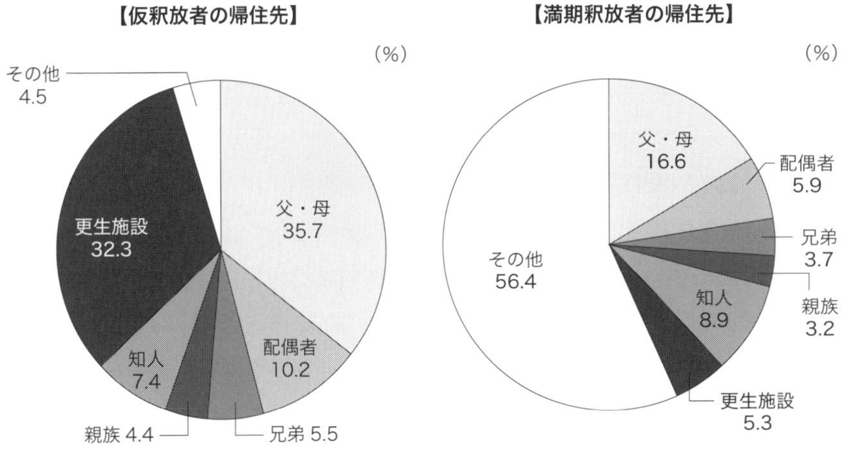

【仮釈放者の帰住先】

(%)

その他
4.5

更生施設
32.3

知人
7.4

親族 4.4

兄弟 5.5

配偶者
10.2

父・母
35.7

【満期釈放者の帰住先】

(%)

父・母
16.6

配偶者
5.9

兄弟
3.7

親族
3.2

知人
8.9

更生施設
5.3

その他
56.4

出典：『令和元年版犯罪白書』

　犯罪対策閣僚会議が設定したもう一つの目標に、帰住地確保の問題がある。平成30（2018）年における出所受刑者の帰住先別構成比を仮釈放、満期釈放の出所事由別に見ると、仮釈放では、父・母を帰住先とする者の割合が最も高く、次いで、更生保護施設等、配偶者の順である。他方、満期釈放者では、その他が過半数であり、これが問題である。出所後はどこに行ったのか全く分からないし、誰の目にも触れることはないのである。

4　今後の成人矯正の在り方

1）厳罰化と新自由刑の新設

　令和2（2020）年8月、少年法の見直しを議論していた法制審議会は、18、19歳の非行少年について、家庭裁判所から検察官に送致する「逆送」対象事件を拡大する、起訴後の実名報道を認めるなど、厳罰化の方向性で結論付けられた（トピック「少年法はどう変わったの？」参照）。

　同年9月9日、法制審議会の部会がまとめた要綱案（「諮問第103号に対する答申案」）が出され、その中で禁錮刑を廃止し、懲役刑と一本化して新たに「新自由刑」（仮称）を創設する方針が示された。また、刑務作業に加え、再犯防止に向けた指導や教育プログラム、就労・修学指導を柔軟に導入できるように

し、特に若年受刑者（おおむね26歳未満）の更生に役立てるとのことである。これによって、さらに再犯防止の取組みが進むと思われる。

なお、改正少年法は令和3（2021）年5月21日に成立、令和4（2022）年4月から施行する。

2）施設内処遇の在り方

施設内処遇としては、規律ある規則正しい生活の中で、改善更生のためのプログラムや就労支援のための職業訓練を積極的に実施し、受刑者が自らを見つめ直し、変化し、責任を背負っていくことを学び、それを地域の方々が支え、社会復帰に向けての希望を持ち、周囲の人々との関係を保つためのスキルを習得することが大切である。

それには、刑務所が社会から孤立せず、社会との垣根を取り払い、できるだけ社会環境に近い開放的な環境での処遇が効果的である。そこで、回復共同体的な施設内処遇の導入を推進すべきである。

また、刑務所が変わるということは、その担い手である刑務官一人ひとりが変わるということである。「外塀」で囲まれた刑務官の心も開放しなければならない。制度が変わっても、また新たな改善プログラムが作成されても、最終的には、人を変えることができるのは人だということを忘れてはならない。

〈注〉
⑴ 矯正処遇として、作業、改善指導及び教科指導を行っているが、改善指導は全受刑者を対象とする一般改善指導と個々の問題性や犯罪の特性に応じた特別改善指導がある。
⑵ 「現実の受け取り方」や「ものの見方」を認知というが、認知に働きかけ、心のストレスを軽くしていく治療法をいう。
⑶ 小学館集英社プロダクションが独自に開発した「こころのトレーニング」を使用した。
⑷ 美祢社会復帰促進センター及び島根あさひ社会復帰促進センターのPFI事業は、建物の設計建築及びその運営を行っているが、喜連川社会復帰促進センター及び播磨社会復帰促進センターは、建物の設計建築は国が行い、その運営をPFI事業としているため、運営PFIと称している。
⑸ 要求水準書は、一般的な委託業務や請負業務における仕様書に相当する文書で、

PFI事業者に対し要求する必要最小限の業務の範囲、実施条件、水準を示すものである。これにより、民間事業者の創意工夫を発揮する余地が増え、事業費の縮減や、事業のサービスの質の向上を期待することができる。

(6) 犯罪によって引き起こされた被害に関して、関係当事者（加害者、被害者、コミュニティ）の話し合いにより、被害者・加害者間の関係修復を図り、加害者の反省を促して更生を助長する考え方。

(7) ダルク（DARC）とはドラック（薬物：Drug）のD、アディクション（病的依存、嗜癖：Addiction）のA、リハビリテーション（回復：Rehabilitation）のR、センター（施設：Center）のCを組み合わせた造語で、覚せい剤、有機溶剤、その他の薬物から解放させるためのプログラムを持つ民間の薬物依存症リハビリ施設である。

(8) 昭和33（1958）年に誕生した酒害者（飲酒に悩む人たち）による、酒害者のための自助組織である。会員は1万人で、同じ悩みを持つ人たちがお互いに理解しあい、支え合うことによって問題を解決していく組織である。

(9) アルコールを飲まない生き方を手にし、それを続けていくために自由意志で参加している世界的団体である。

(10) アミティは、米国・アリゾナ州を拠点とする犯罪者やあらゆる依存症者の社会復帰を支援する非営利団体。治療共同体（TC）をベースとした心理療法的アプローチで、今までの生き方を見直し、新しい価値観を育み、そして人生に向かい合うために、様々なプログラムやワークショップを行っている。

〈引用文献〉

・手塚文哉（2020）『再犯防止をめざす刑務所の挑戦　美祢・島根あさひ社会復帰促進センター等の取組み』現代人文社

TOPIC

「教誨師」とは？

光延　一郎（上智大学神学部教授・カトリック教誨師）

●宗教教誨とは、どんなものですか？

国の刑事施設、拘置所、少年院等の矯正施設において、被収容者が宗教の「こころ」に触れることで、罪を自覚・更生して社会復帰に向けて準備する矯正教育の一翼を担う活動のことです。

その内容は、各宗教団体に所属する僧侶・神職・牧師・神父など、教誨師による講話や礼拝、法要、面接指導など様々あります。個人教誨に加えて集合教誨があり、花まつり、彼岸会・盂蘭盆会法要、大祓式、クリスマス会などの宗教行事、あるいは物故者のための「棺前教誨」と呼ばれる葬儀も行われます。

●どんな歴史がありますか？

日本の宗教教誨は、明治5（1872）年に、真宗大谷派の僧侶・城西寺啓潭が、名古屋監獄（現・名古屋刑務所）の前身である徒場で囚人教化を実施したことから始まりました。

その後、明治14（1881）年に、監獄則の制定により法令に基づく宗教教誨が正式に発足しました。さらに、明治41（1908）年には、「監獄法」が制定され、監獄（今の「刑務所」「拘置所」など）には官吏（公務員）として2名の教誨師を配置し、受刑者に宗教教誨を行うことが義務付けられました。

第二次世界大戦後は、昭和22（1947）年に「日本国憲法」が施行され、信教の自由が保障され、また国やその機関による宗教的活動が禁じられた（20条）ため、教誨師は、矯正施設から要請を受けたボランティアが務めることとなり、神道、仏教、キリスト教など諸宗教から教誨師が派遣されるようになりました。

そのため各収容施設では、独自の教誨師会が組織され、それが都道府県及び全国の教誨師会と連携しつつ、各収容施設との協力のもとで活動を進めています。

●どんな宗教の教誨師が活動していますか？

公益財団法人全国教誨師連盟によると、令和2（2020）年現在、全国で活動する教誨師は1820人ほどです。内訳は、神道系217人（うち神社本庁37人、金光教65人、その他15人）。キリスト系252人（うちカトリック62人、プロテスタント190人）。仏教系1191人（うち天台系41人、真言系158人、浄土系662人、禅宗系179人、日蓮系151人）。天理教159人、その他1人とのことです。

●教誨について、一般向けの資料はありますか？

平成30（2018）年に制作された日本映画『教誨師』は、故・大杉漣プロ

デュース・主演の遺作であり、死刑囚と対話する日本の教誨師を主人公とした
ドラマ映画で評判になりました。また、米国で死刑廃止の運動をしている修道
女ヘレン・プレジャンのノンフィクション『デッドマン・ウォーキング』（徳
間文庫）が、同名で平成7（1995）年に映画化されました。俳優のティム・
ロビンスが監督・脚本を務め、主演は彼のパートナーのスーザン・サランドン
が演じ、アカデミー主演女優賞を受賞しました。「デッドマン・ウォーキング」
とは、死刑囚が死刑台に向かう際、看守が呼ぶ言葉です。この作品は、基本的
には死刑廃止論の立場から描かれていますが、被害者の両親や死刑賛成の人々
の意見も盛り込まれています。キリスト教的観点から罪と赦し、いのちや愛の
意味を問い、死刑制度というものの是非について問題提起がなされました。

　同様の作品として『私たちの幸せな時間』があります。これは、韓国カトリッ
ク教会矯正委員会から委託された女流作家コン・ジヨンによる同名小説（新潮
社）と映画です。罪を犯す人間の複雑な心理と、罪からの解放を呼び起こす愛
といのちの価値が問われます。

　また、50年間、死刑囚と対話を重ね、死刑の実情に苦悩しつつ死刑執行に
立ち会い続けたベテラン教誨師・渡邉普相の人生を追った、堀川恵子のノン
フィクション『教誨師』（講談社）も注目の問題作です。

●個人教誨の実践から

　私はカトリック司祭ですが、教誨で私を訪ねる人のほとんどは、信徒ではな
く、この機会にキリスト教について何か知って、自分を変えたいとの思いで来
られます。私としては、まず一緒に「祈る」時間を大事にしようと、聖書の言
葉で始めます。そうすると、訪ねてきた人の緊張も緩みます。

　教誨師と話をするよりも、神と向き合う時間が大事。「矯正施設で過ごすこ
とで最も大切なのは、一人の『祈り』の時間をもつことでは……」と勧めます。
それから、できればその祈りのなかに、最も大切な人々との関係を思い出すよ
うにと促します。

　終わりに、再び聖書『詩篇』51章を読みます。
「神よ、わたしを憐れんでください。深い御憐れみをもって、背きの罪をぬぐっ
てください。ヒソプの枝でわたしの罪を払ってください。わたしが清くなるよ
うに。わたしを洗ってください。雪よりも白くなるように。喜び祝う声を聞か
せてください。あなたによって砕かれたこの骨が喜び躍るように。神よ、わた
しの内に清い心を創造し、新しく確かな霊を授けてください。」

　教誨を続けるのは、訪ねてきた人の心に神の力が働くのを感じさせていただ
けるからだと思っています。

TOPIC

女性における摂食障害と万引きの関係は？

宮本　悦子（東日本矯正医療センター　医療第一課長）

　東日本矯正医療センターは、全国で4か所ある医療刑務所の一つで総合病院としての機能を有している。令和元（2019）年に、女子摂食障害専門病棟が開設され、年間50名以上の摂食障害被収容者を受け入れている。なぜ、これほど多くの摂食障害患者が矯正施設に収容されるようになったのであろうか？以下、その理由について考察する。

　全国の刑事施設における摂食障害女子受刑者は、全国女子受刑者の約5％（推計約180名）を占め、その約8割が窃盗（食品の万引き）の累犯として収容された者である。一般刑務所で、過食嘔吐を繰り返し、体重が著しく低下し、食事の隠匿等の行動が止まず集団生活に適応できなくなると、当センターに移送される。

　女子摂食障害被収容者の平均年齢は45歳で、多くが10歳代後半から20歳代前半に発症しており、平均罹病期間は20年を超える。9割以上がDSM-5（精神疾患の分類と診断の手引き）における神経性やせ症の過食・排出型に該当する。また、発症から万引き開始まで平均約8年、万引き開始から収容までに平均10年以上要している。なぜ中高齢の摂食障害受刑者が多いのであろうか。

　一般的に女性の摂食障害の発病率は男性の約10倍とされ、その病識の乏しさから医療機関を受診することは少ない。10代で神経性やせ症を発症し、隠れて嘔吐や下剤乱用などの排出行動を呈しても、体重を30kg台後半から40kg台前半を長期間維持していると、見かけ上は日常生活に支障なく家族や周囲は気付きにくい。著しく体重が減ると、内科や救急外来を受診し、低体重の応急処置のみが行われる。未診断、もしくは治療が中断したまま慢性、重症化する。摂食障害の経過に着目すると神経性やせ症の低体重の時期や、制限型から過食・排出行動に転じる時期に離婚や死別、対人関係のストレスなど誘因が重なって万引きに及ぶことが多い。万引きを繰り返すうちに、直前の緊張の高まり、達成感や解放感を得るが、直後に絶望感や自責感に襲われるといった嗜癖行動を形成し、エスカレートしていくこともある。過食・嘔吐に費やす時間と食費が生活を圧迫し、もったいないという理由や、特定の食品を、安心を得るために大量にため込む目的等で万引きを始める。その特徴は、店頭からの食品を主とした万引きであり、裕福で高学歴な者が多い。しかし万引き初期は、家族や医療者に自らの行動を打ち明けることはなく、捕まることもない。一方安定した環境及び体重を維持している時期は万引き行動が消失、もしくは軽減

する。万引き行動と病状は連動することが多く、刑務所の入所回数が多い者は、嘔吐、反芻、下剤乱用等の排出行動や、体重・体形に関する認知の歪み等の病理が重い傾向にある。したがって、長期罹患による病状の慢性化、万引き行動の常習化に至る前の早期発見と対策を検討することが重要である。

　窃盗と摂食障害の関連は1980年代から報告され、摂食障害者の13～67%に窃盗経験があること、低体重や過食・排出行動との関連、食品窃盗が多いこと等が諸外国で指摘されてきた。欧米の臨床家は、日常的に万引き行動を伴う摂食障害患者を経験している。しかし万引きのみで、刑務所に長期収容される摂食障害者の諸外国からの報告は見当たらない。万引きに関する法制度が異なるためである。欧米の刑法において万引き（shoplift）は、侵入窃盗、乗り物窃盗、高額な品物や転売目的の窃盗罪などとは、別の枠組みで扱われている。低額な品物でも万引きを繰り返す者に対する刑罰制度はあるが、迅速な罰金制度による被害者への返済、刑罰としての社会奉仕命令や、数週間から数か月間の収容に留まる。例として、人口約1700万人のオランダ国内では、28か所に摂食障害専門施設があり、専門家は国内で600人に上る。学校、家族、家庭医、司法関係者らの摂食障害の知識は豊富で、地域での会合を定期的に行いながら、10代の発症早期に専門施設に繋がるシステムを構築している。摂食障害に伴う万引き行動に関しては、窃盗症（クレプトマニア）としてではなく、摂食障害の病理に焦点を当てた治療的な介入を早期から始めている。この点、刑法の枠組みが異なる上に、日本の刑事施設における摂食障害被収容者は、罹病期間が長いために欧米とは違った対応が必要であろう。

　万引きを繰り返す者の更生の在り方について容易に答えを出すことはできない。再犯防止のためには、社会での生活にソフトランディングできるよう、段階的な復帰が必要であり、司法、医療、福祉、社会での連携が必要と考える。当施設では、低体重に対する身体管理に加え、窃盗防止プログラム、内省プログラム、集団療法や作業療法などのケアプログラムを導入し、試行錯誤している。長期的目標としては、摂食障害の早期発見、早期介入のために、刑事施設内のみならず、社会においても摂食障害の理解が進むことが望まれる。摂食障害の専門施設や専門家が増え、発症早期に適切な相談ができる環境が理想である。

TOPIC

なぜトラウマインフォームドケアが必要か？

白川　美也子

（こころとからだ・光の花クリニック、精神科医、公認心理師、臨床心理士）

Q：そもそもトラウマとは？

A：トラウマとは簡単にいえば心のケガである。受傷をした瞬間の体験が冷凍保存された記憶という比喩が分かりやすい。時間が経っても色褪せず鮮明に残るため、PTSDをはじめとした様々な精神疾患を引き起こし、感情や思考や行動にも影響を与え続ける。

Q：トラウマインフォームドケア（TIC）/アプローチ（TIA）とは？

A：近年トラウマが人の心身の健康や適応に大きな影響を与えていることが分かってきたため、様々な社会領域でトラウマを念頭においた支援が必要だという認識が生じた。TIC/TIAとは、それに対応するために提唱された概念である（亀岡ら 2018）。概念の確立を大きく後押しした米国薬物乱用管理局SAMHSAの手引きには、当事者に関わる全ての人が、トラウマの3つの「E」：①Event：原因となった出来事、②Experience：体験の性質、③Effects：それによる影響、を念頭に当事者を理解すること、4つの「R」：①Realize：トラウマの広範な影響を理解し→②Recognize：関係者に生じるトラウマの兆候や症状を認識し→③Responds：トラウマに関する知識を実践に統合して対応し→④Resist re-traumatization：再トラウマ化を予防すること、という手順が示された。見えないトラウマの「見える化」であり、「問題行動」を援助の視点で捉え直すことであるといわれている（野坂 2019）。

Q：トラウマと司法領域—非行や犯罪など—は関係するの？

A：特に子ども時代のトラウマや逆境体験は、ハイリスクな問題行動や社会不適応に繋がることが分かってきた。米国の統計では、若者で最低1つのトラウマ体験がある人は70％、それが児童福祉施設では85％、矯正施設では90％と、トラウマ曝露率は高まっていく。この数字は、現場で児童虐待や面前DV暴露等による傷が癒されず非行化し、学校や児童福祉施設でも癒されず犯罪行動となり、司法の領域で扱われるようになるという再演や再被害による多重被害化現象とも呼応する。司法福祉システム全体の改善が今まさに必要である。

Q：トラウマはどういう機序で非行や犯罪に繋がるの？

A：家族や共同体での対人暴力被害は非行や犯罪などの問題行動に繋がりやす
い。まずモデル化という機序によって、その子の行動規範に暴力が組み込
まれる。世界観や自己感にも影響は及び、善悪や価値に対する考え方が歪
む。トラウマによる症状も、非行や犯罪に繋がりやすい。また逆境体験に
よるアタッチメントの傷の影響も対人関係に深く影響を与える。

Q：トラウマによる症状と非行や犯罪の結び付きとは？

A：PTSDによる再体験症状や過覚醒症状は、かっとなったり周囲を被害的に
受け取ったりすることによる衝動的な暴行から、持続性フラッシュバック
の中で被害の再演として繰り返される病理的な犯罪行動まで様々である。
複雑性PTSDの症状はPTSD症状に加え、①感情調節障害、②否定的な自
己認知、③対人関係障害が生じるため、ハイリスクな行動に繋がりうる。

Q：非行や犯罪を行った人にTIC/TIAを行うときの留意点は？

A：加害行動の背景に被害体験を見て取り、被害体験を扱う前に、加害責任の問
題を明確に扱う。それを行った上で被害者と同様に、SAMHSAの手引きで
示される6つの主要原則：①安全、②信頼性と透明性、③ピア・サポート、
④協働と相互性、⑤エンパワメント、意見表明と選択、⑥文化、歴史、ジェ
ンダーへの理解をもとに、前述の3E、4Rで示される理解と手順が、支援
や刑事システムのどこでも、どの段階でも行われるように組織的に浸透させ
ていく。特に支援場面では、支援者自身が関わりの中で受ける影響がケアに
与える影響を自覚し、再外傷を与えないようにしなければならない。

Q：司法福祉領域におけるTIC/TIAの実践に求められるものは？

A：治療ではなく、公衆衛生的アプローチであることから、まさに社会福祉的
支援にフィットする概念である。貧困や社会的孤立、ハイリスク行動など、
様々な社会的課題の背景にトラウマや児童期逆境体験があるという視点か
ら、非行や犯罪に至ったその人の経緯を理解し、苦悩を汲み取りながら、
損なわれていた自己調節能力を取り戻す手助けをし、新たな自己感と生き
方を発見していく協働作業ができるとよい。

Q：TIC/TIAが行き渡ることで犯罪や非行への処遇はどうなるだろう？

A：まず必要なのは、児童期からシームレスに同じソーシャルワーカーが対応
できるようなシステムではないだろうか。児童福祉施設と矯正施設の連携

も必要である。矯正施設は愛着の修復体験が可能な最後の砦であろう。矯正施設が単に刑罰を与える場だけではなく、癒しと再生の場所にもなるような治療共同体アプローチや対話的なプログラムなど様々な試みが創成され始めている（藤岡 2019）。

■参考文献
・藤岡淳子（2019）『治療共同体実践ガイド—トラウマティックな共同体から回復の共同体へ』金剛出版
・兵庫県こころのケアセンター「SAMHSAのトラウマ概念とトラウマインフォームドアプローチのための手引き」
（https://www.j-hits.org/document/child/page6.html、2021年7月10日アクセス）
・亀岡智美・瀧野揚三・野坂祐子ら（2018）「トラウマインフォームドケア—その歴史的展望—」精神神経誌120巻3号
・野坂祐子（2019）『トラウマインフォームドケア:"問題行動"を捉えなおす援助の視点』日本評論社

第3章

更生保護制度の機能・課題と現場

第1節

更生保護の制度・機能・課題

大塲　玲子

　社会の規律や掟のうち一定のものを「法」として定め、それを破る行為を「犯罪」とし、それに対する制裁を「罰」として定めた刑罰の歴史は長い。そして、時代の進展とともにその在り方は変貌を遂げてきた。我が国の代表的な犯罪統計書である「犯罪白書」は、60年余り前、昭和35（1960）年の創刊時、犯罪者処遇についてこう記している。

　「人類のながい歴史のなかで、この四百年ばかりのあいだに、注目すべき変革があった。少なくとも、この間に三つの曲がり角がある。一は、自由刑の発見、二は、少年裁判の創始、三は、保護観察など非拘禁的処遇の進出である。」

　これは、近代の刑事司法のいわば屋台骨について述べたものであり、これら制度は既に我が国に定着しているといえよう。ここで述べられた保護観察を中心とした非拘禁処遇及びその関連領域（社会内の様々な資源との繋がりにおいて展開される諸活動）を射程とするのが更生保護である。

　戦後、現在の更生保護の基本的な枠組みが形成される以前にあっては、明治期における免囚保護[(1)]等を嚆矢として、民間の篤志と人間愛に依拠した事業が連綿とあり、現在の更生保護もまた、その長い歴史を踏まえるものである。今や、犯罪をした人や非行をした少年を社会的に排除するのではなく、その改善更生を助けて社会復帰を促進することにより、社会を保護しようとする理念は社会の相応のコンセンサスを得ていると思われる。

　本章では、現在の更生保護制度を俯瞰するとともに、とりわけ、基本法である更生保護法[(2)]施行を節目として新たに拡充されてきた様々な施策の意義と概要について整理し、併せて、直面する課題と今後の展望について述べる。

1　更生保護の組織と担い手

　更生保護は、警察、検察、裁判、矯正の諸制度と並んで刑事司法の一翼を担い、その最終段階に位置する。犯罪や非行に陥った者に社会生活を営ませなが

ら改善更生を図ろうとする営みであり、社会に根ざしたものであるため、刑事司法を担う国の機関や専従職員に限らず、多数の民間ボランティア等多様な社会資源がその担い手となる官民協働を基軸としているところに特徴がある。

1）更生保護の組織等

更生保護に関する行政事務は法務省が所管し、その内部部局の一つである保護局が企画・立案などの業務を行っている。実務を担う地方支分部局の機関及び一線を担う保護観察官について述べる。

(1) 地方更生保護委員会

各高等裁判所の管轄区域ごとに全国8か所（札幌、仙台、さいたま、名古屋、大阪、広島、高松、福岡）に置かれている。矯正施設（刑事施設、少年院、婦人補導院）からの仮釈放等の許可や仮釈放の取消し等の権限を有する[3]。このほか、管轄する保護観察所の事務の監督を所管している。

(2) 保護観察所

各地方裁判所の管轄区域に対応し、各都道府県庁の所在地（北海道については、札幌のほか、函館、旭川、釧路の4か所）ごとに全国50か所に置かれている。更生保護の中心的な業務である保護観察や、矯正施設に収容されている受刑者や少年院在院者の生活環境調整等の業務を行う[4]。本庁のほか、全国3か所に支部、29か所に駐在官事務所が設置され、その所在する地域の保護観察等を担当している。

なお、全国に4か所の保護観察所に附設して「自立更生促進センター」が設置されている。このうち、犯罪傾向等の問題性に応じた重点的・専門的な処遇を行う狭義の自立更生促進センターが福島県福島市及び福岡県北九州市に、主として農業の職業訓練を実施する就業支援センターが、北海道沼田町及び茨城県ひたちなか市に設置されている。ここは、親族や民間の更生保護施設では受入れが困難な刑務所出所者や少年院仮退院者等を対象に、保護観察所に併設した宿泊施設に宿泊させながら、保護観察官による濃密な指導監督等を行うものであり、それぞれのセンターは、入所者の指導監督に当たるほか、独自の処遇プログラムを開発するという役割も担っている。例えば、福島センターにおける再犯防止プログラム、北九州センターにおける薬物依存回復訓練、沼田セ

ンター（北海道雨竜郡沼田町）における自立支援プログラム、茨城センターにおける就農支援プラン等がある。

(3) 保護観察官

保護観察官は、常勤の国家公務員で、地方更生保護委員会及び保護観察所に配置されており、更生保護に関する専門的知識に基づき業務を遂行する。通常、国家公務員採用試験（総合職、専門職、一般職）合格者の中から、地方更生保護委員会又は保護観察所に法務事務官として採用され、一定期間の職務経験を経て保護観察官に補職される。

我が国における保護観察処遇は、保護観察官の専門性[5]と後述する保護司の地域性、民間性という特性を活かしながら協働して行うことが特徴であるところ、特に保護観察官が担う役割としては、保護観察への導入（開始当初のインテーク）、アセスメント及び保護観察実施計画の策定、危機場面の介入及び対応、良好・不良措置に関わる処理、保護司に対するスーパービジョン等がある。また、認知行動療法に基づく専門的処遇プログラムは保護観察官が自ら実施する（本章2節・図表3-1参照）。

2) 地域社会における更生保護の担い手、協力者

(1) 保護司

保護司は、更生保護を地域で支えるボランティアである。保護観察官と協働して犯罪をした者や非行のある少年の指導監督や補導援護に当たるほか、地域の事情に精通しているという特性を活かして、地方公共団体はじめ各種の関係団体等と連携して、犯罪や非行防止のための活動を行っている。

保護司の身分は非常勤の国家公務員であり、給与は支給されない[6]。社会的信望、熱意と時間的余裕、生活の安定、健康と活動力という諸条件を具備した者のうちから法務大臣が委嘱する[7]。

保護司の処遇活動や、保護司会が行う犯罪予防活動や地域活動を効果的に行うための更生保護の拠点として、全国に更生保護サポートセンターが設置されている[8]。保護司の定数は全国で5万2500人を超えないものと定められている[9]ところ、令和3（2021）年現在、全国で約4万6000人に止まっている。近年、保護司数の減少傾向と平均年齢の高齢化が進んでおり、年齢層も含め、多様な人

材からの保護司適任者確保が重要な課題となっている。

(2)　更生保護施設

更生保護施設は、法務大臣の認可を受けて、保護観察中の者や刑務所を満期出所した者等で、住居や身寄りがなく、生活に窮する人などを宿泊させ、食事の給付、相談・助言等を行う民間の施設で、全国に103施設ある。

生活基盤の提供のみにとどまらず、就労支援や金銭管理の指導等自立に向けた指導援助を行うほか、入所者の特性に応じて、酒害・薬害教育や対人関係の訓練であるSST（Social Skills Training：生活技能訓練）等を含む様々な専門的な働きかけを行うなどしている。

更生保護施設の中には、福祉専門職員が配置され、高齢・障害対象者を受け入れる「指定更生保護施設」や、薬物専門職員が配置され、薬物回復プログラムの実施や保健医療サービスと連携して処遇を実施する「薬物処遇重点実施更生保護施設」がある。

近年、更生保護施設を退所し地域で生活する者の生活相談のためのフォローアップも積極的に行われるようになった。

(3)　更生保護女性会

更生保護女性会は、地域の犯罪予防活動と犯罪をした人や非行のある少年の更生保護支援活動を行う女性のボランティア団体である。居住する地域を基盤に、女性の持つあたたかさ、細やかさを生かした活動を行おうとする趣旨に賛同して活動できる女性であれば誰でも参加できる。刑務所や少年院への慰問、保護観察所が実施する社会貢献活動への協力、更生保護施設への寄付、子育て支援のためのミニ集会等それぞれの地域社会のニーズに沿った多彩な活動を展開している。

令和2（2020）年度において、全国に約1300の地区会があり、約14万7000人の会員がいる[10]。

(4)　BBS会

BBS会（Big Brothers and Sisters Movement）は、非行少年の改善更生を助けようとする青年の団体である。主として、保護観察所からの依頼により、少年の良き話し相手、相談相手となって支援活動を行う「ともだち活動」や学習支援、少年たちとBBS会員がグループになってスポーツやレクリエーショ

ンなどを行うグループワーク、保護観察所が実施する社会貢献活動への協力など幅広い活動を行っている。

市町村等の行政区域（地区会）や大学（学域）等を単位に、全国に約500の会が活動している[11]。

(5) 協力雇用主

協力雇用主は、犯罪歴や非行歴がある人たちの改善更生を助けるために、その前歴等を承知で雇用を応援する民間の協力事業者である。協力雇用主になるためには保護観察所へ登録される必要がある。

協力雇用主の雇用への不安を軽減し、促進するために、近年様々な支援制度が拡充されてきた（**本節4・1）・(1)参照**）。また、保護観察対象者等の雇用経験に対し、公的事業への入札参加資格等での優遇措置を導入する地方公共団体が増加している。

現在、全国で約2万4000の事業主がおり、実際の雇用数も年々増加している[12]。業種において建設業が過半数を占めており、保護観察対象者の職業適性や事業主とのマッチングを考慮した就労や職場定着を進めるためには、幅広い様々な業種の登録が望まれる。

2 更生保護制度

ここでは、更生保護に関わる基本的事項について述べ、併せて、それぞれの事項に関連する近時の動向や取組みについて紹介する。

1）仮釈放等

仮釈放等とは、矯正施設に収容されている者を収容期間の満了前に釈放して更生の機会を与え、その円滑な社会復帰を図ろうとする処分であり、行政官庁である地方更生保護委員会によって決定される。近年、刑事施設からの「仮出場」及び「婦人補導院からの仮退院」の運用実績はほとんどないため、ここでは、主要な制度である「仮釈放」と「少年院からの仮退院」について述べる。

(1) 仮釈放

懲役又は禁錮の刑の執行のため刑事施設等に収容されている者について収容

期間の満了前に釈放する処分である。仮釈放を許す形式的要件は、刑期の3分の1、無期刑については10年の法定期間を経過していることであり、実質的要件は「改悛の状」があることである[13]。具体的には、悔悟の情、改善更生の意欲、再び犯罪をするおそれ、保護観察に付することの相当性が勘案されるが、社会の感情が是認すると認められないときは、この限りでないとされている[14]。

仮釈放を許された者は、仮釈放の期間中保護観察（後述の「3号観察」）に付される。

⑵ 少年院からの仮退院

保護処分の執行のため少年院に収容されている者について、収容期間の満了前に釈放する処分である。期間経過の要件はなく、「処遇の最高段階に達し、仮に退院させることが改善更生のために相当であると認めるとき」「処遇の最高段階に達していない場合において、その努力により成績が向上し、保護観察に付することが改善更生のために特に必要であると認めるとき」に仮退院が許される[15]。

仮退院を許された者は、仮退院の期間中、保護観察（後述の「2号観察」）に付される。

⑶ 仮釈放者を含む出所者をめぐる近時の動向〜積極的な運用推進

近年、仮釈放率[16]は上昇傾向にあり、令和元（2019）年において58.3%であった。仮釈放者に比して、満期釈放者の再入率が高い[17]ことから、受刑者を仮釈放に繋げて保護観察による指導監督や必要な支援を行うことが推進されている。さらに、出所者全体の再入率を減少させるため、仮釈放者だけにとどまらず、満期釈放見込みの者に対しても、在所中にあらかじめ釈放後の帰住先や支援等を確保するなどして円滑な社会復帰を図ろうとする運用が図られている。

2) 生活環境の調整

保護観察所は、犯罪や非行をした者の社会復帰を円滑にするため、その家族や関係人の協力を求めるなどして、住居や就業先等の生活環境の調整を行う。生活環境の調整には下記がある。

⑴ 収容中の者に対する生活環境の調整

　刑事施設や少年院に収容されている者の社会復帰を円滑にするために、釈放後に戻る環境の調整を行う。通常、収容施設から受刑者や少年院在院者の帰住予定地を管轄する保護観察所に身上調査書が送付されることによって調整が開始される。

　家族がいない、いても頼れないなど帰住予定地がない場合には、更生保護施設等に帰住させる方法での調整を行う。こうした者の数は少なくなく、令和元（2019）年において、刑事施設から仮釈放された者のうち、更生保護施設へ帰住した者は、35.3%[18]であった。

⑵ 保護観察付執行猶予者の裁判確定前の生活環境の調整

　裁判において、保護観察付執行猶予に付する旨の言渡しを受けた者について、保護観察を円滑に開始するために必要があるときは、その同意を得て、住居、就業先その他の生活環境の調整を行うものである。

3）保護観察の枠組み

　保護観察は、犯罪や非行をして保護観察に付された者（保護観察対象者）の改善更生を図ることを目的として、社会内において指導監督及び補導援護を行う措置である。保護観察の対象には、保護観察処分少年、少年院仮退院者、仮釈放者、保護観察付執行猶予者、婦人補導院仮退院者の5種類があり、それぞれ、1号観察、2号観察、3号観察、4号観察、5号観察と称される。5号観察については、近年ほとんど係属実績がないため、ここでは主要な4種類の保護観察について述べる。

　それぞれの保護観察対象者は、定められた期間が満了するまで保護観察を受けることになるが、その経過において、保護観察の成績が良好で、もはや保護観察を継続する必要がないと認められる者には、期間が満了する前に保護観察を終了させたり、一時的に解除したりする良好措置がある一方で、反対に、期間中に再犯や遵守すべき事項が守られていないなど保護観察成績が不良である者についての不良措置がそれぞれ定められている。

⑴ 保護観察処分少年（1号観察）

　家庭裁判所において、保護観察所の保護観察に付する旨の保護処分を受けた

者である。保護観察期間は、その少年が20歳に達するまで（その期間が2年に満たない場合には2年）である。決定時において、非行性があまり進んでいない少年に対し、おおむね6か月以上7か月以内の解除を目処にした「短期保護観察」が、一般非行性がないかその深度が深くなく、交通非行性が固定化していない交通事件により保護観察処分が付された少年に対し、原則3か月以上4か月以内の解除を目処に集団講習等を中心に実施される「交通短期保護観察」が勧告されることもある。

　本人の改善更生に資すると認められるときは、良好措置として、保護観察を一時的に解除することができ、また、保護観察を継続する必要がなくなったと認められるときは、保護観察所長により保護観察は解除される。一方、不良措置として、遵守事項違反があった場合に発せられる「警告」、警告を受けてもなお違反がある場合の家庭裁判所への「施設送致申請」、新たにぐ犯事由[19]がある場合の「通告」がある。

⑵ 少年院仮退院者（2号観察）

　少年院からの仮退院が許されている者である。その保護観察期間は仮退院の日から収容期間の期間が満了するまでである。収容期間は、原則として20歳に達するまでである[20]。

　保護観察を継続する必要がなくなったと認められるときは、良好措置として保護観察所長の申出により地方更生保護委員会は退院を許す決定を行う。一方、不良措置として、保護観察所長の申出により地方更生保護委員会は家庭裁判所へ少年院への「戻し収容」申請を行うことがある（**本章2節・事例1参照**）。

⑶ 仮釈放者（3号観察）

　刑事施設からの仮釈放を許されている者である。その保護観察期間は、仮釈放の日から残刑期間が満了するまでである。無期刑仮釈放者は恩赦によって刑の執行が免除されない限り終身保護観察を付される。

　良好措置としては、不定期刑の仮釈放者に限っては「不定期刑終了」がある。また、不良措置としては、「仮釈放の取消し」があり、これらは、保護観察所長の申出により、地方更生保護委員会が決定する（**本章2節・事例2参照**）。

(4) 保護観察付執行猶予者（4号観察）

　裁判において刑の執行が猶予され、併せて保護観察に付された者である。条文上は、罰金の場合であっても保護観察を付すことが可能であるが、運用実績はほとんどない。期間は、その判決確定の日から、刑の執行猶予期間が満了するまでである。

　良好措置としては、保護観察所長の申出により地方更生保護委員会の決定による「保護観察の仮解除」があり、不良措置としては、保護観察所長の検察官への「執行猶予取消申出」がある。

(5) 近時の新たな枠組み〜「刑の一部執行猶予」

① 制度の概要

　平成28（2016）年6月から「刑の一部執行猶予」制度が施行された。それまでは、刑の言渡しの選択肢としては、刑期全部の実刑か刑期全部の執行猶予のいずれかしかなかったが、これにより、刑期を分割し、一定期間受刑させた上で残りの期間の刑期について執行を猶予することが可能となった。この期間中、保護観察に付することが可能であるところ、令和元（2019）年の第一審では、刑の一部猶予が選択された者のうち、99.8%が保護観察付きとされた。罪名別にみれば、保護観察付一部猶予者のうち薬物事犯は9割を超えている[21]。

　本制度は、初入者については、罪名を問わず3年以下の懲役又は禁錮の刑を言い渡す場合、刑の一部について1年以上5年以下の執行猶予とすることができ、裁判官の裁量により保護観察を付することができる。また、累犯者については、薬物使用等の罪を犯した者のみ適用され、この場合、必ず保護観察に付される。薬物犯罪のみ累犯者にも適用可能としたのは、薬物依存者にとって、物理的に薬物を遮断した刑事施設の中で行う薬物離脱指導に引き続き、薬物の誘惑の多い社会に出てからも処遇を継続することが再犯防止に効果的であると考えられたからである。

　一部執行猶予対象者が実刑部分期間中に仮釈放となった場合には、仮釈放後実刑部分満了まで3号観察となり、満了後引き続いて4号観察となって保護観察付執行猶予期間が進行する（**本章2節・事例3**参照）。仮釈放とならず、満了釈放された場合には当初から4号観察となる。

② 制度の導入に伴う取組み

ア　保護観察付一部猶予者の住居特定手続の新設

　保護観察付一部猶予者は、仮釈放とならず、帰住先が確保されていなかったとしても、実刑部分の執行終了により釈放され、保護観察が開始される。そのため、出所直後の所在不明を防ぐため、生活環境の調整結果に基づき、地方更生保護委員会が、釈放後に居住すべき住居を特定する「住居特定審理」が定められた。

イ　地方更生保護委員会が関与する生活環境の調整

　受刑中に適切な帰住先を確保し、保護観察を実施する体制を事前に整えておくことが重要であることから、帰住地が通常の手続でなかなか見つからない場合は、地方更生保護委員会が関与して、調整を保護観察所に指示したり、事案に応じて、複数の保護観察所に対して連絡調整を行ったりする仕組みが整えられた。

　とりわけ、薬物事犯者をメインターゲットとする保護観察付一部猶予者については、刑事施設収容中から、薬物依存の改善に資する医療又は援助を行う医療機関・福祉機関・支援施設等との緊密な連携を図る必要性が高い。地方更生保護委員会では、薬物への依存度や医療又は援助の必要性等について「薬物事犯者社会復帰調査」を行い、保護観察所へ情報提供を行っており、刑事施設、更生保護施設、医療・福祉機関、民間の薬物依存回復支援施設等に参加を求めるなどしてケア会議を実施することもある。

4）保護観察の方法

　保護観察に付されている者は、その期間中、再び犯罪や非行を起こさず、また改善更生のため、一定の事項を守って生活することが求められる。ここでは、保護観察を受ける者の行動規範のうち、違反について不良措置の対象となる「遵守事項」及び、直接的には不良措置に結び付かない「生活行動指針」について述べ、保護観察の実施方法としての「指導監督」と「補導援護」、緊急時の措置である「応急の救護」について述べる。

(1) 遵守事項と生活行動指針

遵守事項には、保護観察に付された者全員が共通して守らなければならない

「一般遵守事項」と、個々の保護観察対象者の有する問題性等に応じて定められる「特別遵守事項」がある。いずれも、保護観察を受ける者の行為規範であると同時に、指導監督の目標ないし基準という意味がある。この違反に対しては、保護観察の各号種ごとに規定された不良措置の事由となる。

① 遵守事項（一般遵守事項、特別遵守事項）

　一般遵守事項は、改善更生の最も基本的な事項として、再犯・再非行がないよう健全な生活態度を保持することを義務付けるとともに、保護観察の実施に不可欠な事項として、保護観察官又は保護司との面接、生活実態の把握のための事実の申告や疎明資料の提示、一定の住居への居住、転居又は7日以上の旅行についての許可等を義務付けるものである。

　特別遵守事項は、個々の保護観察対象者の改善更生のために特に必要と認められる範囲内において定めるものである。遵守事項に違反した場合は、不良措置となり得ることを踏まえ、その判断基準として曖昧な事項や、専ら生活指針・努力目標的な事項はふさわしくなく、本人の改善更生に特に必要であるものについて、しなくてはならない行為（作為）、してはならない行為（不作為）について具体的に設定することとされている。

　具体的には、特定の者（暴力団関係者、共犯者等）との交際の禁止、特定の場所（ギャンブルが行われる場所等）への出入りの禁止、飲酒・喫煙の禁止、薬物の入手・使用に結び付く行為（薬物の使用者との接触、注射器等の入手等）の禁止、つきまとい等の禁止（子どもの身辺、被害者等）、就労や就学の継続、専門的処遇プログラムの受講、更生保護施設の規則の遵守、自立更生促進センターへの宿泊等が設定される。

　特別遵守事項は必要的なものではなく、また、設定した場合においても、新たに設定・変更・取消が可能である。これにより、保護観察の経過に沿って、改善更生が進めば、特別遵守事項を取り消して制約を緩和することにより更生意欲を喚起し、逆に改善更生が後退するようであれば追加又は変更して制約を厳しくし、遵守しない場合には的確に不良措置をとるなど、状況に応じた処遇が実施される。

② 生活行動指針

　遵守事項が不良措置の手続をとるかどうかの判断基準となり得る規範である

のに対し、生活行動指針は、その違反に対し直接的に不良措置をとることを前提としない生活・行動の指針である。特別遵守事項として定めることはできなくても、指導監督上必要で改善更生に資すると認められる場合には、保護観察所長が設定することができる。

この中には、例えば、「地道で堅実な生活に努めること」「余暇の時間を健全に過ごすこと」「何事も家族とよく相談すること」といった比較的抽象的な生活指針・努力目標的な行動指針も設定し得る。

(2) 指導監督、補導援護、応急の救護

① 指導監督

指導監督は、保護観察の権力的・監督的側面と位置付けられる。

個々の保護観察対象者ごとに、遵守事項及び生活行動指針に則して個別具体的に行われる。その方法は、接触を保ち、行状を把握し、必要な指示等措置をとること、特定の犯罪的傾向を改善するための専門的処遇を実施すること等によって行われる。接触は、対面による面接を基本とし、電話、郵便、メール等の通信手段を補完的に利用して行われる。なお、特定の犯罪的傾向を改善するための専門的処遇とは、特別遵守事項に設定して受講が義務付けられた専門的処遇プログラムに加え、反復性のある特定の犯罪的傾向の改善を目的として行う広い概念であり、必ずしも体系化された手順によるものに限られない。

また、これらの指導監督を適切に行うため特に必要があるときは、当該指導監督に適した宿泊場所を供与することができるとされている。これは、福祉的観点からの応急の救護としてではなく、特に必要があるときに限られ、濃密な指導監督が実施される国が設置・運営する自立更生促進センターへの宿泊が想定されている。

② 補導援護

補導援護は、保護観察の援助的・福祉的側面と位置付けられる。保護観察対象者が将来にわたって自立した生活を営むことができるようにするため、その依存心を助長したり自発性・自主性を損なったりしないよう、保護観察対象者の「自助の責任」を踏まえつつ、改善更生のために必要かつ相当な限度において行うこととされている。

具体的には、住居（住居確保の援助、帰住援助等）、医療・療養（医療継続の助言、医療機関情報の提供等）、就労支援、教養訓練（ボランティア活動への参加、余暇の健全な過ごし方についての助言等）、生活環境の改善・調整、社会生活に適応させるために必要な生活指導（生活技能訓練等）等と幅広い内容が含まれる。改善更生を図るために必要かつ適切であると認められる場合には、更生保護施設を営む更生保護事業者等に委託して行うこともできる。

③　応急の救護

　応急の救護は、補導援護の一形態である。保護観察対象者が、適切な医療、食事、住居等を得ることができないため、再犯に至る可能性があるなど、その改善更生が妨げられるおそれがある場合、当面の窮地を脱するための緊急的な措置である。

　この場合、保護観察所長は、当該保護観察対象者が、公共の衛生福祉に関する機関等から必要な応急の救護を得られるよう援護することになるが、保護観察対象者がこれら機関等に保護を申し出ても、直ちにこれを得られない場合や、保護に至るまでに期間を要する場合、またそこから得られる保護だけでは更生のために十分ではない場合は、予算の範囲内で、自らその救護を行うこととされている。

　具体的には、所持金のない保護観察対象者に食費や旅費を給貸与したり、さしあたって住む住居がない場合、更生保護施設を設置する更生保護法人や、自立準備ホーム（**本節4・1)・(2)参照**）受託事業者に対して、宿泊場所の供与や食事の給与等を委託することなどがある。

(3)　更生緊急保護

　刑事上の手続又は保護処分による身体を解かれた後、保護観察に付されていない者の中には保護が必要でありながら、それが得られない者も少なからずおり、こうした者へ緊急の措置として実施されるのが更生緊急保護である。

　更生緊急保護の対象となる者のうち、比較的数が多いのは、満期釈放者（懲役、禁錮又は拘留の刑の執行を終わった者）及び起訴猶予者（訴追を必要としないため公訴を提起しない処分を受けた者）である[22]。

　刑事上の手続等による身体の拘束を解かれた後、親族や公共の機関等からの援助を受けることができない場合等に、その者の申出に基づき、緊急の措置と

して、国又は国の委託を受けた更生保護法人等が、当面の宿泊場所や食事・衣類等の提供、就業の援助等を行う（**本章2節・事例4参照**）。

この措置は、釈放後原則として6月を超えない範囲内において行われるが、特に必要があると認められるときは、さらに6月を超えない範囲内において行うことができる。

3　更生保護における犯罪被害者等施策

多くの困難に直面している犯罪被害者に対する施策を総合的に実施するために制定された「犯罪被害者等基本法」は、国、地方公共団体及び国民の責務を明らかにし、政府が犯罪被害者等のための施策に関する基本的な計画（「犯罪被害者等基本計画」）を策定することとしている。これに基づき、平成19（2007）年、更生保護の分野において導入された施策は下記のとおりである。

1）更生保護における主な犯罪被害者等施策

現在、更生保護において運用されている施策は以下のとおりである。いずれも、被害者等からの申出や相談に基づいて実施される（**本章2節・事例5参照**）。

⑴　意見等聴取制度

地方更生保護委員会が行う仮釈放又は少年院からの審理において、被害者等（被害者本人、法定代理人、遺族等）から申出があった場合に、仮釈放・仮退院に関する意見等を口頭又は書面の提出により聴取する。ここで聴取した意見等は仮釈放・仮退院の判断に当たって考慮されるほか、これらを許可する場合の特別遵守事項の設定にも配慮することとされている。

⑵　心情等伝達制度

保護観察所が、被害者等から被害に関する心情、被害者等が置かれている状況又は保護観察対象者の生活や行動に関する意見を聴取し、これを当該保護観察対象者に伝達する。この制度は、被害に関する心情等を加害者に伝えたいという希望に配慮するとともに、保護観察中の加害者には、被害者の心情等を具体的に認識させることにより、被害の実情等を直視させ、反省や悔悟の情を深めさせようとするものである。

⑶ 被害者等通知制度

　被害者等に対し、地方更生保護委員会から仮釈放等に関する事項（仮釈放等審理の開始や結果等）を、保護観察所から保護観察中の処遇状況に関する事項（保護観察の開始・保護観察の処遇状況・保護観察の終了等）をそれぞれ通知する。

⑷ 相談・支援

　保護観察所に置かれた被害者担当官や被害者担当保護司が、被害者等からの相談に応じたり、支援に関する制度の説明を行うほか、相談や関係機関等の紹介等を行う。

2）第4次犯罪被害者等基本計画を踏まえた検討事項

　数次にわたる犯罪被害者等基本計画によって、犯罪被害者等のための施策は進展してきたが、その困難な状況は多岐にわたっており、今なお多くの課題を抱えている。更生保護の分野においては、令和3（2021）年3月に策定された第4次犯罪被害者等基本計画に沿って、犯罪被害者等一人ひとりに寄り添ったきめ細かい支援の充実が取り組むべき課題である。

　今後、犯罪被害者等の意向に配慮し、謝罪や被害弁償に向けた効果的なしょく罪指導の適切な実施、被害者の視点に立った保護観察処遇の充実や更生保護官署職員に対する研修の更なる充実が図られること等が検討されている。

4　近時における保護観察に関連する諸施策の展開

　近年、再犯防止をより効果的・積極的に進めていくために、様々な施策が展開されている。

1）就労支援と住居確保─「居場所と出番」の展開

　無職者であることや住居がないことは再犯リスクを高める要因であることから、適切な住居や宿泊場所（居場所）の確保、職業補導や就職（出番）の援助は、保護観察処遇の補導援護の重要な方法として行われてきた。これらの充実強化は、再犯防止のために不可欠であるところ、近年、関係機関等との連携をさらに進めるなどして積極的に展開されている。

(1) 就労支援

平成18（2006）年度から、労働行政を所管する厚生労働省と法務省とが連携して、刑務所出所者等の就労支援に取り組む「刑務所出所者等総合的就労支援対策」が開始された。現在、保護観察対象者等への支援策として、①職場体験講習（職場の雰囲気や仕事に慣れるための訓練として、実際に事業所で職業体験をする）、②セミナー・事業所見学会（求職活動のノウハウや就職のために必要な知識・技術の習得を目指す）、③トライアル雇用（事業所において、原則3か月試行的に雇用することにより、その適正や業務遂行能力を見極め、常用雇用のきっかけにしようとする）、④身元保証システム（身元保証人がいないために就職が困難な出所者等を雇用して業務上の損害を受けた場合に見舞金を支給する）等がある。また、雇用を提供し、生活指導や職業指導等を行う協力雇用主に対して支援を充実させるために「刑務所出所者等就労支援金制度」が導入されるなど各施策が充実化してきた。

(2) 住居確保

帰るべき場所のない出所者の受入先としては、前述の更生保護施設があるが、帰るべき場所のない刑務所出所者が多数に上るため、更生保護施設以外の多様な住居を確保するために、平成23（2011）年度から「緊急的住居確保・自立支援対策」が始まった。これは、あらかじめ保護観察所に「自立準備ホーム」として登録されたNPO法人や社会福祉法人等の民間団体が宿泊場所や食事の提供とともに、自立に結び付く生活指導（自立準備支援）を委託するスキームである。

生活困窮者、薬物依存症者、障害を有する人等、様々な分野における支援のノウハウを有する事業者の登録によって、出所者等の特性に応じた支援の確保に繋がっている。

2) 社会貢献活動―地域貢献を通じての立ち直り支援

保護観察対象者に地域社会の役に立つ活動を行わせることにより、自己有用感・規範意識・社会性の向上を促し、改善更生・再犯防止を図ろうとするもので、平成27（2015）年6月から特別遵守事項により義務付けることができる運用が開始した。特別遵守事項が設定されていない場合においても、社会貢献活

動を実施することが再犯・再非行の防止や改善更生に資すると認められるときは、生活行動指針に設定して、実施することもある。

公共の場所での清掃活動や、福祉施設での介助補助活動、屋内での使用済み切手の整理活動等、地域社会の利益の増進に寄与する社会的活動を継続的に行うものである。保護観察官、保護司のほか、更生保護女性会員、BBS会員等も協力して実施されることが多い。

3) 出口支援と入口支援—高齢・障害がある人への支援

近年、高齢・障害等で帰住先がなく福祉的支援が必要な刑務所出所者等の円滑な社会復帰支援を進める施策が取り組まれている。

(1) 出口支援—矯正施設からの出口段階での支援

平成21（2009）年度から、法務省と厚生労働省が連携し、高齢・障害のため自立困難な刑務所出所者等について、必要な福祉サービスに円滑に繋げられるよう、受刑中から、特別な手続による生活環境の調整（「特別調整」）が始まった。

これは、刑務所に配置された社会福祉士等が、高齢・障害等で帰住先がなく福祉的支援が必要な受刑者について把握し、通知を受けた保護観察所が支援対象者として選定するとともに、刑務所出所後速やかに必要な福祉サービスを受けることができるよう、刑務所及び各都道府県の地域生活定着支援センター[23]と連携した調整を行う。

出所後直ちに社会福祉施設等に入所できない場合には、社会福祉士等専門スタッフが配置された更生保護施設（「指定更生保護施設」）において受け入れた上で福祉施設等に移行する場合もある。

(2) 入口支援—刑事司法の入口段階での支援

入口支援は、刑事司法の入口段階である捜査・裁判の段階において、司法機関や福祉機関が被疑者・被告人である高齢者・障害者等に対して、帰住先や福祉サービスに橋渡しを行う取組みである。更生保護においては、平成27（2015）年度から、保護観察所と検察庁が連携し、起訴猶予処分により釈放される見込みの者との調整として検察段階で釈放される被疑者等について、釈放後の帰住先の調整等を行う「更生緊急保護の重点実施」を行ってきた。

平成30（2018）年度からは、一部の保護観察所に「特別支援ユニット」を設置するなどして、起訴猶予処分に限らず、罰金や保護観察が付されない執行猶予等刑事司法の入口段階で釈放された福祉的支援を必要とする者に対し、更生緊急保護の枠組みで支援する体制が強化された。

4）専門的処遇プログラム―認知行動療法を理論的基盤とした専門的処遇

特定の犯罪的傾向を改善するための体系化された手順による処遇として法務大臣が定めるものとして、次の4種類の専門的処遇プログラムがある。これは、心理学等の専門的知識に基づき、自己の思考（認知）の歪みを認識させて行動パターンの変容を促す認知行動療法を理論的基盤とするものであり、その処遇を受けることを特別遵守事項として義務付けて実施するが、必要に応じて生活行動指針として定めて実施することもある。

⑴ 性犯罪者処遇プログラム

本件が強制性交、強制わいせつ等のほか、下着盗、のぞき等犯罪の原因・動機が性的欲求に基づく、男性の仮釈放者及び保護観察付執行猶予者を対象とする。性犯罪に結び付くおそれのある認知の偏り、自己統制力の不足等の自己の問題性について理解させるとともに、再び性犯罪をしないようにするための具体的な方法を習得させ、犯罪傾向を改善しようとするものであり、「コア・プログラム」を中核に、刑事施設でプログラムを受講していない者に対する「導入プログラム」、対象者の生活実態の把握と指導を行う「指導強化プログラム」及び「家族プログラム」を組み合わせて実施する。

⑵ 薬物再乱用防止プログラム

本件に規制薬物等及び指定薬物の使用・所持の事実が含まれている仮釈放者及び保護観察付執行猶予者を対象とする。依存性薬物の悪影響と依存性を認識させ、その乱用に至った自己の問題性について理解させるとともに、再び依存性薬物を乱用しないようにするための具体的方法を習得させ、実践させるものであり、「コア・プログラム」及び、その内容を定着・応用・実践させるための「ステップアップ・プログラム」から構成される教育課程と、簡易薬物検出検査を併せて実施する。

⑶ 暴力防止プログラム

本件に暴力犯罪が含まれており、かつ暴力犯罪の前歴を有する仮釈放者及び保護観察付執行猶予者を対象とする。身体に対する有形力の行使により、他人の生命又は身体の安全を害する犯罪に当たる行為を反復する傾向を有する者に対し、怒りや暴力に繋がりやすい考え方の変容や暴力の防止に必要な知識の習得を促すとともに、同種の再犯をしないようにするための具体的な方法を習得させ、この傾向を改善しようとするものである。

なお、監護する児童に対して行う身体的虐待は、被害者と加害者の関係性、暴力の態様、加害者の心理、被害者に与える影響等の点において、一般の暴力犯罪とは異なる特徴があることを踏まえ、児童虐待の加害行為をした保護観察対象者に対しては、令和元（2019）年7月以降、「暴力防止プログラム（児童虐待防止版）」を実践している。

⑷ 飲酒運転防止プログラム

本件に危険運転致死傷（アルコールの影響による行為に係るもの）、酒酔い運転、酒気帯び運転の事実が含まれている仮釈放者及び保護観察付執行猶予者を対象とする。飲酒運転を反復する傾向を有する者に対し、アルコールが心身及び自動車等の運転に与える影響を認識させ、飲酒運転に結び付く自己の問題性について理解させるとともに、再び飲酒運転をしないようにするための具体的な方法を習得させ、この傾向を改善しようとするものである。

5）専門的処遇プログラム以外のプログラム等―問題性に応じた様々な処遇

保護観察所においては、前述の体系化された手順による専門的処遇プログラム以外の様々な手法によって処遇が行われている。

⑴ しょく罪指導プログラム

被害者を死亡させ又はその身体に重大な障害を負わせた事件により保護観察に付された者等に、しょく罪指導プログラムを活用した保護観察を実施している。この内容は、「自己の犯罪行為を振り返らせ、犯した罪の重さを認識させること」「被害者等の実情を理解させること」「被害者の立場で物事を考えさせ、また、被害者等に対して、謝罪、被害弁償等の責任があることを自覚させること」「具体的なしょく罪計画を策定させること」であり、保護観察の実施過程

で助言指導していくこととされている。

⑵ 嗜癖的な窃盗事犯に対するワークブックを活用した保護観察

窃盗を繰り返してきた者の中には、所持金があるのに窃盗をした者、窃盗に至った経緯を自覚していなかった者、窃盗に伴う満足感や感情の高揚を得ていた者、ストレス解消のために窃盗をした者など、財物そのものを得ることのみを目的とせずに犯行に及んだ者がいる。

こうした者に対しては、「窃盗の背景要因の検討」「再犯防止策の検討」「再犯防止策の作成」を内容とする「窃盗事犯者指導ワークブック」を活用した処遇も取り入れられている。

6）アセスメントツール「CFP」―見立てを行う新たなツールの導入

保護観察所において、アセスメントツールである「CFP」（Case Formulation in Probation/Parole）が試行を経て、令和3（2021）年1月から実施されている。これは、保護観察官が保護観察対象者に対して体系的なアセスメント（見立て）を実施し、より適切に処遇方針を決定し、より効果的に再犯防止・改善更生を実現しようとするものである。

手順は、再犯・再非行の統計的確率の高さ（リスク）を判定し、本人の問題（犯罪又は非行に結び付く要因）と強み（犯罪又は非行を抑制し、改善更生を促進する要因）について整理し、その因果関係を分析したパス図を作成（要因連鎖分析）して、処遇方針（処遇密度、指導監督及び補導援護の内容、保護観察実施上の留意事項）を決定する。

CFPの導入によって、従前実施されてきた「段階別処遇」（処遇の難易に応じて保護観察対象者を4段階に区分して、保護観察官の接触の頻度等を定めて処遇を実施する制度）は変更され、必要な処遇密度（どれくらい手厚く関わるか）が設定され、5つの処遇区分のいずれかに編入されることとなった（処遇区分によって、保護司による面接回数、保護観察官による面接回数、保護観察官又は保護司による往訪回数が示された）。

CFPによる分析は、保護観察開始時に保護観察官が実施し、その後は半年に1回実施して変化を把握するほか、良好措置や不良措置の検討時等に内容を点検することとされている。

7）類型別処遇─問題性（類型）を踏まえた処遇指針、全体構造の体系化

　類型別処遇は、保護観察対象者の問題性や特性を、その犯罪・非行の態様等によって類型化して把握するもので、平成2（1990）年5月から実施されてきた。以降、犯罪・非行情勢等に即して、類型の追加や削除が行われ、類型ごとに共通する問題性等に焦点を当てた処遇を実施してきた。

　前述のCFPの導入に伴い、アセスメントに基づいて保護観察の実効性を一層高めるために、令和3（2021）年1月、新たに策定された「類型別処遇ガイドライン」を指針として処遇が展開されている。ここでは、各類型が着目している領域をまとめて、①関係性領域（家族や交際相手など濃密な関係性における加害行為や人との関係を求めてなされるものとして、児童虐待、配偶者暴力、家庭内暴力、ストーカー）、②不良集団領域（犯罪や非行を誘発する集団への所属に関するものとして、暴力団等、暴走族、特殊詐欺）、③社会適応領域（社会適応の困難さを示すものとして、就労困難、就学、精神障害、高齢）、④嗜癖領域（物質の使用や一定の行動プロセスを繰り返し、自己統制することが困難になっているものとして、薬物、アルコール、性犯罪、ギャンブル、嗜癖的窃盗）と4領域16類型に体系化された。

8）少年法の改正に伴う新たな保護観察の枠組み

　令和3（2021）年5月28日、「少年法等の一部を改正する法律」が公布され、18歳及び19歳の者を「特定少年」として、18歳未満の少年とは異なる取扱いをすることとされた（施行期日は令和4（2022）年4月1日）。主な改正点として、原則逆送事件の対象の拡大[24]、公訴提起された場合の推知報道の禁止の解除、審判対象からのぐ犯の除外等のほか、特定少年に対する保護処分として、犯罪の軽重を考慮して、①6か月の保護観察、②2年の保護観察、③少年院送致が定められた。この特定少年に対する3つの保護処分が新設されたことに伴い、更生保護法上の措置についても整備が行われた。

　更生保護法の改正事項は、主に、特定少年のときに新たに保護観察や少年院送致となった者の不良措置の手続に関するものである。すなわち、②の対象者についての、保護観察所長による家庭裁判所に対してなされる少年院収容決定の申請や、③の仮退院者についての、地方更生保護委員会による仮退院の取消

決定等が規定された。

5 今後の展望

　これまで、制度の全体像とともに、近時の保護観察関連諸施策について述べてきた。基本法である更生保護法が施行された平成20（2008）年以降は、各種施策が矢継ぎ早に打ち出されてきた感がある。

　こうした近年のダイナミックなうねりの基底にあるのは、犯罪をした者の再犯の防止が犯罪対策において重要であるとの理解が社会全体で進んだことが大きいと思われる[25]。刑事司法は刑の執行で完結するものではない。刑事司法の各段階において、被疑者・被告人・受刑者・対象者等と細切れに分断して取り扱うのではなく、また、刑事司法という狭い領域のみで対応するのではなく、福祉・就労・医療等社会生活支援の各領域とともに担っていくことが不可欠である。この際、アウトリーチも含めた息の長い支援への関与も更生保護の重要な射程となる。

　真に安心・安全が確保された社会とは、犯罪や非行をした人たちが再犯・再非行を繰り返すことなく地域生活者として生き抜くことが可能な社会であること、犯罪によって被害を受けた方々が置き去りにされることなく、その被害の回復を支えられる社会であることだといえよう。

　近時導入された新たな制度等については、こうした安心・安全な社会を目指す制度設計へ十分な寄与を果たせるか、その実効性について効果検証を行い、評価を加え、さらにより良いものへと改変を目指していかねばならない。

〈注〉
(1) 刑務所出所者に対する保護事業の先駆けとしては、明治21年静岡県の事業家・金原明善により設立された「静岡県出獄人保護会社」（現在の更生保護法人「静岡県勧善会」）がある。
(2) 平成20年6月施行。なお、犯罪被害者等施策においては、半年前倒して平成19年12月に施行。
(3) その他、少年院からの退院の許可、少年院への戻し収容の申請、仮釈放中の者の保護観察の停止及びその取消し及び解除、刑の執行猶予中の者の保護観察の仮解除及び取消し、婦人補導院からの仮退院の許可及び取消しの権限を有する

（更生保護法16条）。

⑷ その他、満期釈放者等に対する更生緊急保護、保護司の選考や研修、更生保護事業の監督、犯罪予防活動の促進、恩赦の上申、犯罪被害者等施策の実施等も行っている。また、心神喪失等の状態で重大な他害行為を行った精神障害者の社会復帰の促進を目的とする医療観察制度に関する業務も所管している（更生保護法29条等）。

⑸ 保護観察官は、医学、心理学、教育学、社会学その他の更生保護に関する専門的知識に基づき事務に従事するとされている（更生保護法31条）。

⑹ 職務遂行に当たって要した費用の全部又は一部が実費弁償される。

⑺ 保護司法3条

⑻ 平成元年度までに全国886の保護区（保護司を適正に配置し、その職務執行区域を明らかにするため、法務大臣が都道府県を分けて定める区域）に設置された。

⑼ 保護司法2条2項

⑽ 日本更生保護女性連盟ホームページ
（https://www.kouseihogo-net.jp/hogojosei/index.html）

⑾ 全国BBS連盟ホームページ（http://bbs-japan.org/）

⑿ 法務省保護局ホームページ
（https://www.moj.go.jp/hogo1/soumu/hogo_index.html）

⒀ 刑法28条

⒁ 犯罪をした者及び非行のある少年に対する社会内における処遇に関する規則（省令）28条

⒂ 更生保護法41条、規則30条

⒃ 仮釈放者数÷（満期釈放者＋一部執行猶予の実刑部分の刑期終了者＋仮釈放者）×100の値

⒄ 出所受刑者人員のうち、出所後の犯罪により、刑事施設に再入所した者の人員の比率。『令和2年版犯罪白書』222頁5－2－3－6図等で示されている。

⒅ 『平成2年版犯罪白書』71頁2－5－3－5図による。

⒆ 少年法3条3号に掲げる「保護者の正当な監督に服しない性癖があること」「正当の理由がなく家庭に寄り附かないこと」「犯罪性のある人若しくは不道徳な人と交際し、又はいかがわしい場所に出入すること」「自己又は他人の特性を害する行為をする性癖のあること」である。

⒇ 少年院長は、20歳に達した後も、送致決定の日から1年間に限り、収容を継続することができるほか、心身に著しい障害があり、又はその犯罪的傾向が矯正されていないため相当であると認めるときなど一定の場合には、家庭裁判所に対し、収容を継続する申請を行う（少年院法138条、139条）。

(21) 『令和2年版犯罪白書』37頁2－3－3－1表から計出。令和元年において、保護

観察付執行猶予となった者のうち、薬物事犯（覚醒剤取締法違反、麻薬取締法違反）が占める比率は91.5%であった。

⑵ その他、「懲役、禁錮又は拘留の刑の免除を得た人」「懲役又は禁錮の刑の執行猶予の言渡しを受け、その裁判が確定するまでの人」「懲役又は禁錮の刑の執行猶予の言渡しを受け、保護観察に付されなかった人」「罰金又は科料の言渡しを受けた人」「労役場から出場し、又は仮出場を許された人」「少年院から退院し、又は仮退院を許された人」が対象である。

⑵ 厚生労働省の地域生活定着支援事業により各都道府県に設置されている。

⑵ 16歳以上で故意の犯罪により被害者を死亡させた犯罪に加えて、強制性交や強盗等の1年以上の懲役、禁錮に当たる犯罪についても原則逆送と定められた。

⑵ 再犯防止推進法（平成28年12月公布）の1条では、「犯罪をした者等の円滑な社会復帰を促進すること等による再犯の防止等が犯罪対策において重要である」との認識が明記された。

TOPIC

恩赦って必要ですか？──学生たちと教授との対話

O.D.（元裁判官）

学生A　令和元年10月の即位の礼に際して恩赦が実施されたという報道がありましたが、恩赦のことはよく知りません。恩赦とは何ですか？

教授　文字どおり、恩典により罪を赦すということですが、現行の恩赦制度には、大赦（有罪の言渡しを受けた者についてはその言渡しの効力を消滅させ、刑事裁判係属中の者や捜査中の者については公訴権を消滅させる）、特赦（有罪の言渡しを受けた特定の者に対し、その言渡しの効力を消滅させる）、減刑、刑の執行の免除、復権（有罪の言渡しを受けたために資格を喪失し又は停止された者に対し、その資格を回復させる）の5つがあります（恩赦法2〜10条）。法務省のホームページでは、これらをまとめて、恩赦とは、「行政権によって、国家刑罰権を消滅させ、裁判の内容を変更させ、又は裁判の効力を変更若しくは消滅させる行為」であると定義しているようですよ。

学生A　即位の礼のような国家行事があるときにだけ実施されるのですか。

教授　そうではありません。現行の制度には2種類の恩赦があるのです。対象となる罪を政令で定めて一律に行われる「政令恩赦」と、一件ずつ個別に審査される「個別恩赦」です。そして、個別恩赦は、いつでも行われる「常時恩赦」と、内閣が一定の基準を設け一定の期間を限って行う「特別基準恩赦」に分かれます。即位の礼の際に行われたのは政令恩赦と特別基準恩赦ですが、このときの政令恩赦は、比較的軽い罪で罰金刑を受け、かつ、その後再犯せずに3年以上たった人の復権に限るという限定的なものでした。政令恩赦に対する政府の慎重な姿勢がうかがえるところです。

学生B　個別に審査される恩赦があるとは知りませんでした。審査なんかしないで一律一斉に行われるのが恩赦だと考えている人が大部分だと思いますが、どうしてでしょうか？

教授　それは、歴史的な理由によるものでしょう。恩赦は、洋の東西を問わず、君主や時の為政者による恩恵的な行為として、国家の慶弔禍福の際に一律一斉に行われることが多かったのです。日本では、古く奈良時代に始まったようで、明治憲法下でも恩赦は天皇の大権事項とされ、制度としては個別恩赦もあったのですが、勅令恩赦（現在の政令恩赦）が主でした。しかし、戦後、日本国憲法が制定され、恩赦法という法律もできて、制度は大きく変わりました。

学生A、B　どう変わったのですか？

教授　日本国憲法では、恩赦は、内閣が決定して天皇が認証することとされました（憲法73条7号、7条6号）。天皇の大権から内閣の権限に変わったわけです。そして、個別恩赦については、法務省に置かれた中央更生保護審査会が、一件ずつ審査をし、恩赦相当と認めた場合に法務大臣に対し申出を行い（更生保護法89条）、この申出があった者に対し内閣が恩赦を決定する（恩赦法12条）という仕組みになっています。この個別恩赦の中の常時恩赦が、現在の運用の中心です。ちなみに、個別恩赦には、特赦、減刑、刑の執行の免除、復権の4つがありますが、これらのうち復権以外の恩赦は、司法権の作用と抵触する度合いが大きいので、その実施には一層慎重な判断が必要となるだろうと思います。

学生C　一件ずつ審査され、かつ、国家行事などの偶然の機会ではなく必要に応じて随時行われるというのであれば、なるほど、恩赦も合理的だとは思いました。でも、実は、私は、恩赦には批判的な意見です。日本では、刑事裁判の時点で、酌量減軽や執行猶予の制度がある上、①実刑判決を受けて刑務所に入っても、仮釈放の制度があり（刑法28条）、仮釈放の期間中（刑期に満つるまでの間）保護観察に服しておけば刑の執行は終了します。さらに、②刑の執行が終了した後には刑の消滅の制度があり、禁錮以上の刑終了後10年、罰金以下の刑では5年が無事に過ぎれば、刑の言渡しは効力を失い（刑法34条の2）、有罪の言渡しにより喪失し停止された資格は復活します。罪を犯した人の改善・更生のための刑事政策的な制度がこれだけ整備されているのに、この上恩赦まで行う必要があるのでしょうか。

教授　鋭い指摘です。恩赦の運用が行き過ぎると、行政権が立法権及び司法権を侵害することになる。だから、恩赦は、慎重かつ謙抑的に行う必要があります（恩赦の謙抑性）。また、他に刑事政策上の制度があれば、まずそれを活用した上で補充的に行われるべきものです（恩赦の補充性）。しかし、この謙抑性、補充性を踏まえてもなお、個別恩赦（刑の執行の免除又は復権）を行うのが適切と考えられるケースがあることは否定できません。

学生C　どんなケースでしょうか。

教授　Cさんが指摘した①②の制度を前提に、考えてみましょう。まず①の仮釈放制度ですが、無期刑の人は仮釈放になっても刑の執行は終了しません。死ぬまで保護観察が続きます。過去が露見するのを恐れ、肩身の狭い思いをしながら、仮釈放が取り消されることのないよう言動に注意して一生を送らざるを得ない。その重圧から解放してやるには、恩赦（刑の執行の免除）によるしかありません。

学生C その点について質問が……。こんな言い方は酷かもしれませんが、無期刑になるほどの重い罪を犯したのだから、仮釈放を許されただけでも満足していいはずで、それくらいの苦労は甘んじて受けるべきではないでしょうか?

教授 その考え方は一般論としてはよく分かるし、多くのケースはそのとおりだろうと私も思います。でも、それは事案にもよることで、全てのケースについてそうだとは言い切れない。保護司の方々をはじめとして、更生保護の仕事や事業に携わっている人たちが言うことですが、中には、過去を知られて理不尽な仕打ちを受け、職を失う等の憂き目に遭いながらも、それに耐えて内省を深め、立ち直ったとか、自らの行いを心から悔い、慰謝・慰霊の措置やしょく罪のための奉仕活動を続け、周囲の信頼を勝ち得たなど、よくここまで頑張ったと思わせる人がいるのです。そんなケースについては、もちろん被害者（遺族）感情、社会感情等を十分に検討した上での話ですが、恩赦（刑の執行の免除）によって刑の執行を終了させ、それに伴い保護観察も終了させるのが適切だと思います。

　次に、②の刑の言渡しの効力の喪失を定めた刑法34条の2です。この条文は、昭和22年の刑法の一部改正の時に創設されたものです。ところで、有罪裁判が確定し刑の執行が終了しても、刑の言渡しの付随的効果として一定の資格取得・保持を制限し、公務に就くことを禁止している法令の数は多いのですが、かつて刑に処せられた事実（いわゆる前科）があるからといって、資格の取得と回復を永久に認めないのは、更生意欲を著しく削ぐものとして決して合理的とはいえません。そこで、刑の執行終了後再犯することなく10年又は5年の期間が過ぎれば、刑の言渡しの効力を失わせることにしたのが、この規定です。前科抹消あるいは法律上の復権ともいわれた制度であり、刑事政策上画期的なものでした。しかし、この画一的な期間の経過を待たずに資格を回復させていいケースは当然あるはずで、そのためには、個別恩赦（復権）によるしかありません。また、現実に特定の資格回復の必要がなくとも、一般社会人並みに資格制限のない状態にする、いわば将来支障の生じることがあり得る資格の制限を事前に回復するという趣旨でも復権が行われていますが、このことは、前科のあることが事実上本人の社会的活動を妨げ、精神的負担になっており、したがって、法定期間の経過を待たずに、本人を一般社会人と同等の資格制限のない状態、言い換えると、前科者だという引け目を感じたり悩んだりしなくてすむ状態にするのが適切と考えられるケースが少なくないことを物語っています。いずれの場合でも、本人の行状、改悛の情、再犯可能性、

被害者感情等について十分な検討を要することはいうまでもありません。

　刑の執行を終了させる「刑の執行の免除」も、刑の執行終了後の「復権」も、過去の罪が赦され、社会に受け入れられたという実感をもたらします。そのことによる解放感、安堵感や喜びは、私たちが想像する以上に大きく、悔い改めて社会復帰を目指す人を励ます大きな力になっているということです。

学生A、B、C　刑事政策的な制度が充実している日本でも、個別恩赦の働く領域は存在するということですね。

教授　そのとおりです。刑事政策的な制度ができ、それが社会に定着すれば、その分だけ個別恩赦が機能する領域は狭まります。しかし、どんなに優れた制度でも、法である以上画一性からは逃れられない。一方、罪を犯した人の改善・更生を目的とする刑事政策上の措置は、その人の具体的状況に応じて行われるものですから、画一性の修正が必要になる。それが個別恩赦の最も重要な役割であり、存在理由です。その審査はあくまでも慎重かつ謙抑的でなければなりませんが、個別恩赦が適切に運用されることは、社会復帰を支える日本社会の懐の深さを見せることにもなると思います。

第2節

更生保護の現状―事例をもとに

中村　秀郷

1　更生保護の諸制度及び保護観察官の役割

　本節では、更生保護制度における現場の処遇事例を紹介していく。ここでは掲載事例に関わる諸制度、保護観察官の役割などについて先に触れておきたい。

　保護観察とは、保護観察対象者の改善更生を図ることを目的として、犯罪をした人又は非行のある少年が、社会の中で更生するように、保護観察官及び保護司による指導監督と補導援護を行うものである（更生保護法（以下「法」）49条）。保護観察の開始から終了までの一連のプロセス、保護観察処遇の大まかな内容は**図表3－1**のとおりである。保護観察処遇における保護観察官の役割としては、①初回面接による保護観察の導入（インテーク）、②調査・ケースの見立て（アセスメント）、③処遇方針の策定（プランニング）、④担当保護司に対するスーパービジョン（指導・助言）などが挙げられる。また、危機場面の対応、専門的処遇プログラムの実施、関係機関との連携・調整など処遇の実行・介入（インターベンション）の場面において幅広い役割を担っており、ケースワークの理論・方法を用いて、保護観察対象者への指導・援助、生活環境の調整などを行っている（中村 2015）。

　生活環境の調整とは、矯正施設（少年院、刑事施設等）に収容されている人の社会復帰を円滑にするために必要があると認めるときに、家族や就労先など関係人を訪問して協力を求めるなどの方法により、釈放後の住居、就業先などの調整を行うものである（法82条）。平成21（2009）年度から刑事司法の出口支援（矯正施設入所者に対する出所後に向けた福祉的支援）として、生活環境の調整の枠組みの中で地域生活定着促進事業が始まり、適当な受入先がなく、高齢又は障害により自立困難で福祉的支援を必要とする矯正施設入所者に対し、帰住先及び福祉サービスの調整を行う特別調整の制度が実施されている（**6章1節**参照）。

図表3−1　保護観察の流れ・処遇過程

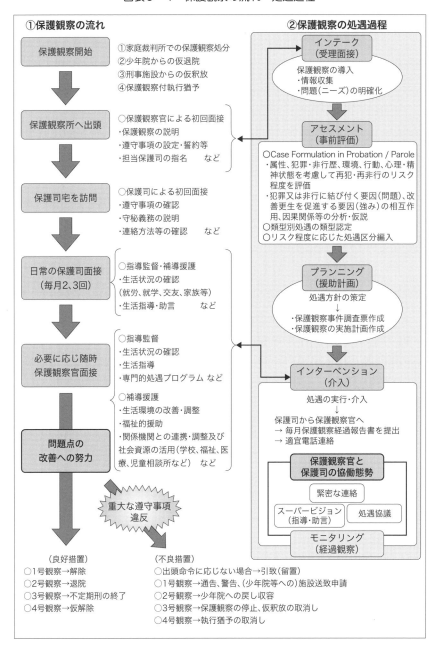

① 保護観察の流れ

保護観察開始
- ①家庭裁判所での保護観察処分
- ②少年院からの仮退院
- ③刑事施設からの仮釈放
- ④保護観察付執行猶予

保護観察所へ出頭
- ○保護観察官による初回面接
- ・保護観察の説明
- ・遵守事項の設定・誓約等
- ・担当保護司の指名　　など

保護司宅を訪問
- ○保護司による初回面接
- ・遵守事項の確認
- ・守秘義務の説明
- ・連絡方法等の確認　　など

日常の保護司面接（毎月2、3回）
- ○指導監督・補導援護
- ・生活状況の確認
  （就労、就学、交友、家族等）
- ・生活指導・助言　　など

必要に応じ随時保護観察官面接
- ○指導監督
- ・生活状況の確認
- ・生活指導
- ・専門的処遇プログラム　など
- ○補導援護
- ・生活環境の改善・調整
- ・福祉的援助
- ・関係機関との連携・調整及び社会資源の活用（学校、福祉、医療、児童相談所など）　　など

問題点の改善への努力

重大な遵守事項違反

（良好措置）
- ○1号観察→解除
- ○2号観察→退院
- ○3号観察→不定期刑の終了
- ○4号観察→仮解除

（不良措置）
- ○出頭命令に応じない場合→引致（留置）
- ○1号観察→通告、警告、（少年院等への）施設送致申請
- ○2号観察→少年院への戻し収容
- ○3号観察→保護観察の停止、仮釈放の取消し
- ○4号観察→執行猶予の取消し

② 保護観察の処遇過程

インテーク（受理面接）
保護観察の導入
- ・情報収集
- ・問題（ニーズ）の明確化

アセスメント（事前評価）
○Case Formulation in Probation / Parole
- ・属性・犯罪・非行歴、環境、行動、心理・精神状態を考慮して再犯・再非行のリスク程度を評価
- ・犯罪又は非行に結び付く要因（問題）、改善更生を促進する要因（強み）の相互作用、因果関係等の分析・仮説
○類型別処遇の類型認定
○リスク程度に応じた処遇区分編入

プランニング（援助計画）
処遇方針の策定
↓
- ・保護観察事件調査票作成
- ・保護観察の実施計画作成

インターベンション（介入）
処遇の実行・介入
↓
保護司から保護観察官へ
→ 毎月保護観察経過報告書を提出
→ 適宜電話連絡

保護観察官と保護司の協働態勢
- 緊密な連絡
- スーパービジョン（指導・助言）
- 処遇協議

モニタリング（経過観察）

出典：中村秀郷（2015）『司法福祉入門〔第2版増補〕』239頁を加筆修正

更生緊急保護とは、満期釈放者や起訴猶予者などが刑事手続等から釈放されて社会に出てきた際に、親族や福祉機関等から援助が受けられず生活困窮に陥った場合、更生保護施設等に委託するなど緊急に当面の衣食住の保護をして社会復帰を支援するものである（法85条）。平成27（2015）年度から刑事司法の入口支援（被疑者・被告人に対する福祉的支援）として、更生緊急保護の枠組みの中で更生緊急保護事前調整が始まり、起訴猶予による更生緊急保護が見込まれる勾留中の被疑者について、検察庁の依頼を受けた保護観察所があらかじめ釈放後の住居の確保や福祉サービスの受給等に向けた調整等を実施している（6章1節参照）。

　筆者は、令和3（2021）年3月まで保護観察所の保護観察官として15年の実務経験があり、これまで多くのケースを担当してきた。本節では、保護観察官がどのようにケースに関わっているのか、対象者はどのような処遇を受けているかなど、実際の処遇内容をイメージできるように提示していきたい。

　なお、掲載事例は個人情報保護の観点から実際の事例をもとに筆者が趣旨を損なわないよう一部加工している。

2　更生保護の実践事例

◆事例1：特殊詐欺の（ATMから現金を引き出す）出し子、（被害者宅で現金等を受け取る）受け子、（詐欺電話をかける）かけ子等に関わった少年の事案

―――――――――――――――――――――――――――――――― Case 1

【保護観察決定から再非行をして少年院入所まで】

　A（10代男性）は不良仲間と一緒に窃盗事件を起こし、在宅のまま家庭裁判所で保護観察決定となる。母親とともに保護観察所に出頭し、保護観察官による初回面接を受けた。なお、家庭裁判所の意見を踏まえ、保護観察所長が特別遵守事項に「共犯者との交際を経ち、一切接触しないこと」を設定した。保護観察開始当初は担当保護司との面接も毎月きちんと受けていたが、2か月後、事件当時の仲間と出会ったことをきっかけに不良交友を再開。さらに先輩の紹介で特殊詐欺グループと関係を持つようになった。Aはこれらの不良交友を絶つことができず、特殊詐欺に加担し、警察に逮捕された。そして、家庭裁判所において、観護措置（少年鑑別所入所）を経て、第1種少年院送致決定となった。

【少年院仮退院から良好措置（退院）による保護観察終了まで】

　Aは1年後に仮退院となり、母親とともに保護観察所に出頭し、保護観察官によ

る初回面接を受けた。なお、地方更生保護委員会が仮退院決定の際、特別遵守事項に「共犯者との交際を絶ち、一切接触しないこと」「就職活動を行い、又は仕事をすること」などを設定した。

　保護観察官は、保護観察開始に当たって、少年鑑別所で実施したMJCA（法務省式ケースアセスメントツール）などの分析結果、少年院の矯正教育状況等から資質面に関する情報（個人因子）、家庭裁判所の少年調査記録から環境的側面に関する情報（環境因子）などを把握した。

　また、これらを踏まえ、CFP（Case Formulation in Probation/Parole）（3章1節参照）により、再犯・再非行に至るリスク（統計的確率）を評価し、犯罪・非行に結び付く要因（問題）、犯罪・非行を抑制して改善更生を促進する要因（強み）を分析した。Aの「強み」では、心理：「改善更生の意欲が強い」、就労：「6か月以上継続」、家庭：「家族が協力的」などがあり、「問題」では、対人関係：「素行不良者と関係」、修学：「高校中退」、余暇：「夜遊びや深夜徘徊」であった。そして、犯罪・非行に至るプロセスの仮説を立て、保護観察処遇（指導監督及び補導援護等）の対象とすべき要因を明確化した。また、類型別処遇では不良集団領域の「特殊詐欺類型」に編入し、環境に焦点を当てた処遇として家族等の支援を確保する、行動に焦点を当てた処遇として健全な金銭感覚や就労継続などの生活の安定を図る、心の状態に焦点を当てた処遇としてAの考え方に焦点を当てる、特性に適した関わりをする、危機場面に介入するなど、環境・行動・心の状態のそれぞれに焦点を当てた具体的な処遇内容を検討した。そして、リスク程度に応じた処遇区分（3章1節参照）に編入するなど、再犯リスク[1]を踏まえた処遇方針を決定した。

　Aは協力雇用主の紹介を受け、就労を開始。担当保護司との面接も毎月きちんと受け、不良交友もなく就労を継続し、健全な金銭感覚を身に付けることができた。12か月経過時点で、保護観察官がAと面接を行って、就労状況、交友関係、家庭環境、金銭管理など生活面に特段の問題が見受けられないことを確認。さらに母親と面接を行って、Aの生活状況及び保護観察について確認したところ、「息子は以前とはうって変わり、毎日仕事を頑張り、悪い仲間との付き合いもなくなりました。もう立ち直っていると感じています」との意見であった。Aは健全な生活態度を保持し改善更生することができると認められたため、保護観察所長から地方更生保護委員会に退院申出を行い、退院決定となり、保護観察が終了した。

【解　説】

　事例1は、1回目の保護観察開始から2回目の保護観察終了までの一連の流れの中で、保護観察処遇におけるアセスメントの実際など、主に保護観察官の視点から処遇内容を示したケースである（**図表3－1**参照）。保護観察官は日々の処遇において、対象者の生活状況の推移、精神状態の変化などに留意し、新たな課題が表出した場合は再アセスメントを行っている。

◆事例2：所在不明で仮釈放取消となり刑務所に再収容された事案

—————————————————————————————— **Case 2**

　B（40代男性）は電車内で乗客と肩がぶつかったことに立腹し、その乗客を電車から引きずり出し、暴行を加えて全治6か月の傷害を負わせて警察に逮捕された。裁判所で実刑判決を受け、刑務所に入ったが、刑期を4か月残して仮釈放となる。父親のもとに帰住したが、父親との口論が絶えず、居心地の悪さから、保護観察所長の許可を得ず家を飛び出し、連絡が取れなくなった。そのため、保護観察の停止[2]の手続を行い、「即時連絡[3]対象者」として警察に登録した。

　1年後、深夜にふらついていたBは、警察の職務質問を受け、仮釈放中であることが判明した。そのため、保護観察所から警察に仮留置を依頼し、翌朝保護観察官4名が手錠を用いてBを保護観察所に連れて行き（引致[4]）、事情聴取して質問調書を作成。保護観察所長は、無断転居の遵守事項違反で地方更生保護委員会に仮釈放の取消申出を行い、取消となり、刑務所に再収容された。

【解　説】

　事例2は、刑事施設を仮釈放中の対象者について、不良措置である仮釈放取消を行い、Bを刑務所に戻したケースである。仮釈放者は、刑事施設から条件付きで出所を認められている立場であるから、遵守事項に違反した場合は厳しく対応をしている。本事例のように仮釈放者が所在不明になった場合は、保護観察を停止し、警察に協力を求め、全国に指名手配同様の扱いをして対象者確保に努めている。このように保護観察官は、実務において対象者の再犯・遵守事項違反に直面することがある。後日振り返るとその予兆が見られていることは多く、日々対象者の心情・生活の変化等に敏感であることが求められる。

◆ 事例3：薬物依存症者の家族に対する生活環境の調整、仮釈放及び刑の一部執行猶予中（保護観察中）における支援事案

Case 3

【刑事施設入所中の生活環境の調整】

　C（20代女性）は、覚せい剤の所持・自己使用により警察に逮捕され、懲役3年・うち6か月につき3年間保護観察付執行猶予となる（刑の一部執行猶予判決）。生活環境の調整における引受人は母親で、引受け意思は認められたが、出所後の再犯を懸念していた。そのため、保護観察官及び保護司が母親に対して働きかけを行った結果、母親は保護観察所が開催している引受人会（薬物依存症者を持つ家族を支援するための集まり）に毎回参加し、薬物依存や地域の支援機関等について有益な情報を得ることができた。そして、精神保健福祉センターが主催する家族会（家族に対する相談支援及び必要な支援に結び付けるための集まり）にも繋がることができた。母親は自身の不安や悩みを吐露できるようになり、具体的な場面に応じたCへの有効な対応方法を知ることができた。

　一方、Cは刑務所の中で特別改善指導の一つである薬物依存離脱指導を受け、自身の薬物依存問題について正面から向き合うようになった。

【仮釈放及び刑の一部執行猶予中の保護観察】

　Cは2年3か月受刑し、3か月間の仮釈放となり、母親のもとに帰住して保護観察が始まった。まず、再犯・遵守事項の違反がなく3か月経過し、仮釈放期間満了となる。続いて、刑の一部執行猶予の3年間の保護観察が始まった。

　地方更生保護委員会が特別遵守事項に「薬物再乱用防止プログラムを受けること」を設定したため、Cは2週間に1回、保護観察所に出頭してコアプログラムを5回受講し、その後は保護観察終了まで毎月1回ステップアッププログラムを受講した。Cはプログラムを通して、自身の薬物再使用の引き金となる「場所」「人」「物」「状況」などを理解でき、日常生活において引き金を避ける行動をすること、再使用を正当化する考えをしないことなどを意識できるようになった。そして、自身の行動上の変化・考え方の変化など再発のサインに気付き、危険な状況においては信頼できる人に連絡をして、その場から離れるなど適切な対処法を実践できるようになった。そして、保護観察中に、母親や保護司の勧めもあり、薬物依存症のリハビリ施設であるダルクへの通所を開始。再犯・遵守事項の違反がなく3年経過し、一部執行猶予期間満了となった。

　これにより合計3年3か月（仮釈放3か月、刑の一部執行猶予3年）の保護観察が全て終了となり、以後、薬物依存からの回復の道を歩んでいる。

【解　説】

　事例3は、生活環境の調整において、覚せい剤事犯者の環境に焦点を当て、引受人である母親への支援・調整を行ったケースである。家族の関わり方を把握し、心情や家族関係を踏まえた助言をし、薬害教育などの心理教育により知識を提供することで、家族は本人の薬物使用の問題への認識を深めることができる。覚せい剤事犯者の多くは薬物への依存が形成され、薬物使用をコントロールできない状態が生じている。薬物依存は精神科医療の診断基準でも疾病として扱われ、人によって程度の差があるため、医療情報や生活歴等のエピソードから依存程度を想定し、精神的不調などの後遺症の状況等を踏まえ、的確な処遇方針を立てる必要がある。薬物使用を止めるには、特別遵守事項や生活行動指針で薬物の使用や薬物使用を誘発する行動を規制し、有効なプログラムを受けるなどの行動を求めることが有効といえる。

　保護観察処遇においては、薬物依存の改善が重要であるため、医療機関、保健福祉機関等との緊密な連携を確保している（法65条の2）。回復は長期的プロセスであり、保護観察期間終了後も地域で支援者を確保することを意識し、ダルクのほか、薬物依存症のセルフヘルプグループであるNA、精神保健福祉センター、保健所、医療機関等の支援への橋渡しをすることが重要といえる。

　また、関係機関を活用すると同時に保護観察所が関係機関から活用してもらえることが肝要であり、保護観察所は刑事司法機関としての抑止力を発揮すること、対象者及びその家族に対して指導力を発揮し、関係機関への関わりを軌道に乗せるように働きかけることが期待されている。

　保護観察官、保護司が接する対象者は10代から80代、男性、女性など幅広く、成育歴、個性も様々である。異なる人生を歩んできた彼ら彼女らを一人の人として尊重する姿勢を意識し、立ち直りに向けて働きかけを行っている。

◆事例4：刑務所を満期釈放となったが身寄りもなく生活に困窮した事案（更生緊急保護）

─────────────────────────── Case 4

　D（50代男性）は、失職後に家賃滞納でアパートを追い出され、ネットカフェで生活をしていた。所持金が尽きたため、建設会社の事務所に夜間侵入し、金庫や工具等を盗んだため、逮捕される。裁判で懲役2年の実刑判決となり、刑事施設

に収容されたが、身寄りがないため仮釈放にならず、刑期終了日まで受刑した。

　Dは満期釈放後、所持金がわずかで住むところもないため、保護観察所に出向いて更生緊急保護の申出を行った。保護観察官がDと面接を行い、保護の必要性及び就労できる健康状態であることを確認し、更生保護施設に委託して食事と宿泊を提供した。また、保護観察所から公共職業安定所（ハローワーク）に就労支援の協力依頼を行い、「刑務所出所者等専用求人」の窓口を活用。さらに更生保護就労支援事業を活用し、同事業所の就労支援員による就職活動支援を受け、協力雇用主でもある建設会社に就職。引き続き職場定着支援を受け、就労支援員がD及び協力雇用主の相談に応じ、助言等を行い支援した（**トピック「刑務所や少年院から出た人などにはどのような就労支援が必要だろうか？」**参照）。

　Dは毎月給料日に施設にお金を預けて貯蓄を続けた。3か月後には貯金が貯まり、近所にアパートを借りて転居でき施設退所となった。その後も再犯することなく、就労を続けて地域生活を送っている。

【解　説】

　事例4は、満期釈放者に対して、更生保護施設への委託、就労支援、金銭管理指導を行って自立に繋げた更生緊急保護のケースである。更生緊急保護は刑事手続等から釈放されて原則として6か月以内に限り、緊急に刑事政策的観点からなされる限定的、補完的な福祉的措置である。更生保護施設や自立準備ホームに委託するだけでなく、食料、作業衣、親族宅までの交通費の支給など、個々の対象者に応じて保護の必要性や最適な方法を判断している。

　なお、満期釈放者はいきなり保護観察所に出向くため、短時間で適切な支援、調整を行う必要がある。保護観察官は、社会の底辺に陥った人の刑務所と社会の往復の繰り返しを防ぐことを意識して、日々更生緊急保護の業務を担っている。

◆事例5：更生保護における犯罪被害者等施策を利用した、詐欺事件に遭った被害者の事案

Case 5

　Ｖさん（60代女性）は特殊詐欺の被害に遭ったが、加害者はすぐに捕まり実刑判決を受けた。家族にも話せず一人で悩んでいたが、次第に加害者から謝罪と被害弁償を求めたい気持ちが強くなった。そこで法テラスに相談したところ、犯罪被害者等施策について説明を受け、地方更生保護委員会に「意見等聴取制度」の

申出を行った。2年後、加害者の仮釈放審理が始まったとの通知を受け、「謝罪と被害弁償を求めたい」との意見を提出した。その後、加害者は仮釈放になり、保護観察が始まった。Vさんは「被害者等通知制度」の申出を行い、定期的に通知（特別遵守事項の内容、各月の面接実施回数などの情報）をもらっていた。しかし、加害者側からの謝罪及び被害弁償が一向にないため、保護観察所で「相談・支援」を何度か利用し、被害者担当の保護観察官及び保護司から「「心情等伝達制度」を利用して、Vさんの気持ちを加害者に伝えたらどうでしょうか」と助言を受けた。Vさんは同制度利用を申出、保護観察所で自身の思いや求めることを述べ、被害者担当官がその場で確認をし、Vさんの納得いく内容に文書をまとめた。後日、加害者の担当保護観察官が加害者にその文章を読み上げ説諭したところ、「厳しい生活状況ですが、Vさんへの謝罪・被害弁償の意思はずっと持っています。大変申し訳ありませんでした」との回答があった。翌月から、わずかな金額であるが毎月被害弁償が行われるようになった。保護観察終了後も被害弁償は毎月継続され、Vさんは加害者の誠意が感じられるようになった。

　これにより、Vさんは気持ちを整理することができ、加害者の更生についても関心が向くようになるなど、前向きな生活を送れるようになった。

【解　説】

　事例5は、更生保護における犯罪被害者等施策の制度を利用した被害者に対する支援内容と加害者に対する処遇を示したケースである。このケースのような詐欺事件被害の場合、民間支援団体の支援対象とはならないため、被害者からの申出に基づき保護観察所で丁寧に対応する必要がある。同施策を通して被害者の気持ちや置かれた状況を直接知ることができ、加害者処遇に活かすことができる。被害者への真摯な謝罪は、加害者にとって真の更生に向かう一歩といえる。加害者処遇を効果的に行うためにも、全ての保護観察官が早い時期に一度は被害者担当官を経験することが望ましい。なお、実際に同施策を利用した被害者の方の体験談が法務省のHPに掲載されている[5]。

3　刑事司法ソーシャルワーカーとして

　本節では、更生保護制度の実践事例を紹介し、各制度・処遇内容について解説してきた。その中で、保護観察は指導監督及び補導援護を行うことにより実

施されるが、この指導監督と補導援護の併存が一般のソーシャルワークとの大きな違いといえる。しかし、対象者（クライエント）がどのような課題に直面しているか、どのような支援制度や社会資源を活用すべきかなど、アセスメントの視点は一般のソーシャルワークと共通している点も多い。刑事司法と社会福祉の接点といえるのが更生保護である。実践現場では、面接や不良措置場面における言葉かけ、関係機関の調整など一つひとつの支援場面の判断が、彼ら彼女らのその後の人生に大きな影響を与え得る。再犯・再非行に至るなど期待を裏切られることもあるが、それでもクライエントの未来を考え、日々の処遇を実践している。事例を通して、刑事司法ソーシャルワーカーとしての視点で更生保護の実践現場をイメージすることができれば幸いである。

〈注〉

⑴　再犯リスク：再犯の危険性。年齢、性別、犯罪歴など処遇によって変更できない再犯リスク要因である静的リスクと住居、就労、家族の安定、物質乱用の有無と程度など処遇によって改善・変更可能な再犯リスク要因である動的リスクに分けられる。

⑵　保護観察の停止：仮釈放者が所在不明になった場合、刑期の進行をストップし、時効が完成するまで仮釈放の身分が続く制度。

⑶　即時連絡：所在不明になった仮釈放者等を警察で登録し、職務質問などで所在が発見された際に保護観察所に通報してもらう制度。

⑷　引致：正当な理由がなく指定された住居に居住しないとき、又は遵守事項違反の疑いが強く、出頭命令に応じない（おそれがある）とき、裁判官に事前請求して引致状を発してもらい、対象者を強制的に（手錠使用等で）保護観察所に連れてくること。

⑸　法務省「実際に制度を利用した方々の体験談」（https://www.moj.go.jp/hogo1/soumu/hogo08_00011.html、2021年8月1日アクセス）

〈参考文献〉

・法務省保護局作成資料（通達、通知、事務連絡、研修資料、説明資料、HP等）
・中村秀郷（2015）「更生保護の現場から」伊藤冨士江編著『司法福祉入門〔第2版増補〕』上智大学出版、237－273頁

TOPIC

薬物依存は病気？　それとも刑罰の対象？

相良　翔（埼玉県立大学助教）

　近年、薬物依存への対応に関する啓発が広がり、薬物依存に関する情報を耳にする人も増えている。その中で「薬物依存は病気？　それとも刑罰の対象？」という疑問を持つ人も少なくないだろう。それに対して、筆者は「薬物依存は病気である」と答えたい。それと同時に注意も必要であることも述べたい。

　まず、薬物乱用と薬物依存の違いについて、簡潔に押さえておきたい。薬物乱用とは、一定の基準や限度を超えた使用、また治療以外での目的による使用、違法薬物の使用を指す。他方で、薬物依存とは「やめようとしてもやめられない」状況を指す。つまり、健康状態を管理した上で薬物を乱用する人が一定数いることになる。また、薬物依存の対象となる薬物は、違法薬物だけでなく、市販薬などの合法薬物も含まれる。以下では、違法薬物に対する依存を前提において、話を進めていく。

　『令和２年度版犯罪白書』によると、薬物犯罪が減少傾向にあることが確認できる。他方で、薬物事犯者の中には薬物依存を抱える人も少なくなく、刑事司法関係機関において様々な対応がとられている。例えば、刑事施設において特別改善指導として薬物依存離脱指導が取り組まれている。また、少年院において特別生活指導として薬物非行防止指導も行われている。そして、保護観察所において薬物再乱用防止プログラムが実施されている。加えて、精神保健福祉センター・医療機関・自助グループなどとの連携も行われ、薬物依存者への手厚い対応が試みられている。このように、刑事司法制度における薬物依存者への対応が、懲罰的アプローチから治療・支援的アプローチへと変化しつつある。

　治療・支援的アプローチが台頭してきたことによって、「薬物依存が病気である」という認識が人々の間で徐々に高まってきた。それは望ましいと考えるが、注意も必要である。例えば、「薬物依存は病気である」というレッテルをめぐる問題である。もちろん「薬物依存は病気である」というレッテルは、「薬物依存は犯罪である」というレッテルよりも生きやすさをもたらし得るが、逆に生きづらさに繋がる可能性も否定できない。薬物依存は「完治（restitution）はないが、回復（recovery）はある」と表されるように、いわば慢性疾患として扱われることになる。それゆえに「薬物依存は治らない」とされる。他方で、「薬物依存は治らない」という言説は排除を生むきっかけにもなり得る。つまり、「薬物依存者」と「それ以外の健康な人」というような区別を生み、それが薬

物依存者に対する差別的なまなざしに繋がってしまうこともあり得る。

　ここで「薬物依存は病気である」という主張がどのような背景をもとに生まれたのかを確認したい。そのような主張はNarcotics Anonymous（NA）などの自助グループやダルク（DARC: Drug Addiction Rehabilitation Center）などの当事者によって運営されているリハビリテーション施設を中心になされてきた。治療・支援的アプローチが広がりつつある大きな要因の一つに、NAやダルクの活動があるといっても過言ではない。

　筆者はダルクにおいて長期間にわたるフィールドワークを行ってきたが（相良 2019）、そこで出会ったメンバーも「薬物依存は治らない」という旨をよく話していた。しかし、ダルクメンバーが述べる「薬物依存は治らない」という言説は、差別的なまなざしに繋がるようなものとは異なっている。NAやダルクが日本で活動し始めた頃の薬物依存者に対する世間からのまなざしは、今よりも差別的なものが多かったといえよう。その中で、NAやダルクのメンバーはあえて「薬物依存者」として自らを名乗ることを選択したと考えられる。それは一見妙に思えるかもしれないが、「病気を抱える者」として主張することによって、世間からの差別的なまなざしに抵抗していたともいえるのだ。つまり、薬物依存当事者にとって「病気」とは、医療者や支援者による診断によって与えられるものではなく、自分の人生を生きやすくするために用いたものであるといえる（平井 2004）。

　治療・支援的アプローチの導入は確かに薬物依存者だけでなく、一般社会にとっても望ましいといえるだろう。しかし、その場合でも薬物依存者に対して差別的なまなざしを生むなど、その当事者の生きづらさに繋がってしまう可能性がある。そのため「薬物依存は病気」と主張されている背景には、その当事者が自身の生きづらさを解放するがために、あえて主張したことがあることを理解する必要があろう。

■参考文献

・平井秀幸（2004）「『医療化』論再考」『現代社会理論研究』14巻、252–264頁
・相良翔（2019）『薬物依存からの「回復」：ダルクにおけるフィールドワークを通じた社会学的研究』ちとせプレス

TOPIC

刑務所や少年院から出た人などにはどのような就労支援が必要だろうか？

井坂　巧（特定非営利活動法人 愛知県就労支援事業者機構 事務局長）

　刑務所に再度入所した者は、再犯時に70.9％が無職であり（『令和元年矯正統計年報』）、保護観察終了者のうち再犯で保護観察を終了した者の割合は、有職者の7.8％に対し無職者は25.2％と3倍以上高くなっている（『平成30年版再犯防止推進白書』）。刑務所や少年院を出た者のほか、それらに収容されていない保護観察対象者及び更生緊急保護対象者（以下「刑務所出所者等」）が安定した職に就くことは、経済的に自立するだけでなく、職場の上司・同僚から必要とされる存在となって社会の中で自分の「出番」を見付けることにもなり、それが再犯・再非行を抑止する大きな要因となると考えられる。

　一方で、刑務所出所者等は、その犯罪・非行歴に加え、成育環境から、社会性が未熟で円満な対人関係が築き難い上、大半の者はさしたる職歴もなく自らの職業適性も認識できずにいる。そのため、刑務所出所者等の就職は容易でない。これを自己責任の一言で一蹴しても、彼らを社会で孤立させ、再犯・再非行に陥らせるだけである。刑務所出所者等の就労を支援して立ち直りを助けることは、再犯・再非行により新たな被害者を生むことを防ぐことにもなり、安全・安心な地域社会作りに繋がると考えられる。刑務所出所者等に対する就労支援を必要とする所以である。

　こうしたことから、平成18（2006）年度から法務省と厚生労働省による「刑務所出所者等に対する総合的就労支援対策」が始まり、加えて法務省においては、雇用主に損害を与えたときに補償する身元保証や、平成27（2015）年度からは協力雇用主に年間最高72万円を支給できる就労奨励金も創設された。他方で、平成23（2011）年度から、民間団体の持つ企業ネットワークや就労のノウハウを活用する「更生保護就労支援事業」という法務省の委託事業も始まった。

　ここで筆者が関わっている愛知県就労支援事業者機構が、平成24（2012）年度以降受託している法務省の更生保護就労支援事業及び同機構が行っている県独自の職場定着支援事業について紹介したい。

　更生保護就労支援事業では、就労支援員が、刑務所出所者等（時には矯正施設に入所中から）に対し、面談を通じて、職業適性の把握、模擬採用面接、履歴書の書き方の助言等を行う。そして、ハローワークへの同行、協力雇用主との調整等をし、協力雇用主の採用面接には必ず同伴して就職を後押ししている。

こうして、毎年、百数十人の刑務所出所者等の就職活動を支援し、支援開始から1か月前後で初出勤に至る者が多く、就職率は例年80%前後となっている。

しかし、刑務所出所者等の社会性の未熟さ等から、就職しても短期で離職する者が少なくなかった。愛知県就労支援事業者機構が法務省・愛知県から受託したモデル事業において、平成27（2015）年度から2年間に愛知県内の協力雇用主へ就職した者に対し、名古屋保護観察所の協力のもとで実態調査を行ったところ、3か月以内に離職した者が59.4%にも及んでいた。また、刑務所出所者等も協力雇用主も、職場定着のためには第三者へ継続的に相談できる体制を望んでいることが明らかとなった。そこで、前記モデル事業において、平成31（2019）年4月～令和2（2020）年9月まで、協力雇用主のもとへ就職した刑務所出所者等112人と協力雇用主の双方に対し、就労支援員が毎月欠かさず訪問して面談等をし、対人関係のトラブル解消の助言、給料・雇用関係の調整、業務に関する悩みの調整等を行う職場定着支援を実施した。その結果、保護観察官でも保護司でもない立場の就労支援員が、刑務所出所者等と協力雇用主の緩衝役を果たすことが奏功し、3か月以内の離職者が24.7%に減少する等の効果を検証できた（この事業は愛知県庁ホームページ〔https://www.pref.aichi.jp/uploaded/life/312881_1205521_misc.pdf〕及び法務省のホームページ〔http://www.moj.go.jp/content/001348757.pdf〕で公表）。

これに同調して令和2（2020）年度からは、「更生保護就労支援事業」にも職場定着支援が加えられた。同事業は令和3（2021）年度現在、23の保護観察所で実施され、早期に適職へ就かせるだけでなく、その後の職場定着も目指すようになった。

さらには、法務省（保護観察所）が関わることのできる職場定着支援は、保護観察又は更生緊急保護の期間内に限られるため、令和3（2021）年度から愛知県では、これらの期間経過後は県の事業として職場定着支援を継続することとなった。国と県の役割分担に応じた、全国でも類例の少ない職場定着支援事業が新設され、愛知県就労支援事業者機構がこの事業実施に当たっている。

こうして、刑務所出所者等に対する就労支援は、再犯防止を目的として、就職支援に始まり、その後も途切れることなく、息の長い支援を行うという方向へ進展しているといえる。

第4章

医療観察制度の機能・課題と現場

医療観察の制度・機能・課題

中村　秀郷

　平成15（2003）年7月10日、「心神喪失等の状態で重大な他害行為を行った者の医療及び観察等に関する法律」（以下「医療観察法」又は「法」）が成立し、平成17（2005）年7月15日に施行された。これにより始まった医療観察制度は、心神喪失又は心神耗弱の状態で、殺人、放火等の重大な他害行為を行った人の社会復帰を促進することを目的とした処遇制度である。

　医療観察制度は、医療観察法に基づき適切な処遇を決定するための審判手続が設けられ、処遇の開始及び終了等の決定、適切な鑑定や専門家の意見の導入など裁判所（司法）が関与している。入院決定を受けた人については、「入院処遇ガイドライン」に基づき厚生労働省所管の指定入院医療機関による専門的な医療が提供され、保護観察所は退院後の生活環境の調整を行う。また、通院決定を受けた人及び退院を許可された人については、原則3年間（最長5年間）、「地域処遇ガイドライン」に基づき厚生労働省所管の指定通院医療機関による医療が提供されるとともに、保護観察所が都道府県等と連携の上、処遇実施計画を定め、精神保健観察・指導等を行い、必要な医療と援助の確保が図られている。

　本節では、このような特徴を有する医療観察制度について取り上げる。まず、医療観察制度導入の背景について振り返る。次に医療観察制度の概要、審判・処遇の流れと内容などについて概説する。その上で医療観察制度の課題について考察していきたい。

1　医療観察制度導入の背景

　医療観察法が創設される前までは、医療観察法の対象となる人たちは、「精神保健及び精神障害者福祉に関する法律」（以下「精神保健福祉法」）の規定に基づく措置入院等による対応がなされていた。すなわち、刑法39条の規定により刑事司法手続から外れていたのである。

　精神保健福祉法に基づく措置入院等の対応については、(1)入退院の判断が医師に委ねられている、(2)専門的な処遇体制が確保されていない、(3)退院後の医療の継続を確保するシステムが不十分、(4)全国で統一した処遇が行われておらず都道府県を超えての連携が困難など様々な課題が指摘されていた（生島・三浦 2017、弥永 2016、弥永 2017、鶴見 2019 など）。

　触法精神障害者の処遇に関しては、1950 年代に法務省による刑法改正議論の中で制度創設が検討され、昭和 49（1974）年の改正刑法草案では保安処分制度が提案された。昭和 55（1980）年 8 月 19 日、新宿西口バス放火事件[1]が発生し、翌年の昭和 56（1981）年に改正刑法草案より対象者を縮小する法務省刑事局案が公表されたが、これらの動きは保安処分に対する反対運動により頓挫していた。一方、厚生省（現、厚生労働省）では、以前から、精神医療の観点から精神科病院で治療が著しく困難である者（処遇困難患者）の対応について検討されていた。そして、平成 3（1991）年 7 月 15 日に公衆衛生審議会精神障害者部会において処遇困難者専用病棟の設置について中間報告がなされたが、こちらも各方面からの強い反対運動により制度創設には至らなかった。

　昭和 61（1986）年 4 月 23 日、北陽病院事件[2]が起き、遺族が岩手県を提訴し、平成 6（1994）年に県・病院に 1 億 2000 万円の賠償責任を認めた民事訴訟判決が確定した。この判決は、入院患者の事件の責任を病院に負わせるものであり、精神医療に大きな衝撃を与え、これにより保安処分導入の主張や触法精神障害者の処遇に司法が関与する仕組みの導入を求める声が大きくなった。

　平成 11（1999）年 5 月 21 日、精神保健福祉法の改正の際に、「11. 重大な犯罪を犯した精神障害者の処遇の在り方については、幅広い観点から検討を早急に進めること」などの付帯決議がなされた。これにより、平成 13（2001）年 1 月 29 日、法務省・厚労省合同検討会が発足し、「重大な犯罪行為をした精神障害者の処遇決定及び処遇システムの在り方などについて」をテーマに検討が始まった。この検討のさなかの同年 6 月 8 日、大阪教育大学付属池田小学校事件[3]が発生し、触法精神障害者の処遇について一気に議論が進んだ。

　事件翌日、当時の小泉純一郎首相は刑法改正オプションを含む触法心神喪失者等に対する特別な対策の検討を行うことを表明し、「心神喪失者等の触法及

び精神医療に関するプロジェクトチーム（以下「自民党PT」）」が発足した。同年10月30日に自民党PT報告書「心神喪失者等の触法及び精神医療に関する施策の改革について」が、続いて同年11月12日に与党三党（自民党、公明党、保守党）の政策責任者会議において、「心神喪失者等の触法及び精神医療に関するプロジェクトチーム報告書」が公表された。

　そして、平成14（2002）年3月に法律案が閣議決定され、国会で2度の修正を経て、平成15（2003）年7月10日に医療観察法が成立し、同年7月16日に公布された。その後、制度面、指定医療機関、保護観察所などの制度導入に向けての準備期間を経て、平成17（2005）年7月15日に施行された。

2　医療観察制度の概要

1）医療観察制度の目的

　医療観察制度の目的は、心神喪失等の状態で重大な他害行為を行った者に対し、適切な処遇を決定するための手続等を定めることにより、継続的かつ適切な医療の実施と確保のために必要な観察及び指導を行うことで、病状の改善及びこれに伴う同様の行為の再発の防止を図り、社会復帰を促進することである（法1条）。医療観察法の対象者は他の精神障害者より医療確保の必要性が高いため、特別な医療や通院の確保、指導など、より大きな権利利益の制約を課す必要がある。また、再他害行為防止のためには通常医療では不十分であり、専門的医療機関への強制的入院、通院の確保その間の指導等をしなければ医療の実施と確保、再他害行為の防止が困難といえる。このような理由から、医療観察法では対象者に様々な制約が課されている。

2）医療観察制度の対象者

　我が国では、心神喪失者の行為は罰せられず、心神耗弱者は減刑される（刑法39条）。医療観察制度の対象は、心神喪失等の状態で重大な他害行為（放火、強制わいせつ、強制性交等、殺人、傷害、強盗）を行った者である（法2条）。

　具体的には次に該当する者で、検察官が地方裁判所に医療観察の審判申立てをすることにより、刑法から医療観察法の領域に移行する（法33条）。

⑴　心神喪失者又は心神耗弱者と認められて不起訴処分となった者。

⑵　心神喪失を理由として無罪の確定裁判を受けた者。

⑶　心神耗弱を理由として刑を減軽する旨の確定裁判を受けた者（懲役又は禁錮の刑の執行を受けるものを除く）。

3) 医療観察制度の位置付け

　医療観察制度の対象は、⑴医療が必要な精神障害者、かつ、⑵犯罪行為をした人、の2つの側面があり、これらの調和・解決を図ったものが医療観察法といえる。医療観察法成立以前は、心神喪失等の状態で重大な他害行為を行った者は、精神医療が必要な人には精神保健福祉法23条から26条の通報がなされていた。通報を受けた都道府県知事は、精神保健指定医に診察・判定を行わせ、自傷他害のおそれが認められると措置入院で対応していた（精神保健福祉法29条）。一方、医療観察法は、裁判官の命令により入院鑑定を行い、精神障害の改善と、改善によって重大な他害行為をしなくなるための医療が必要と認められたときに、裁判所が入院又は通院の決定をする仕組みになっている。

　精神保健福祉法と比較すると、医療観察法は、⑴裁判所が鑑定などを踏まえて適切な処遇を決定すること、⑵医療の必要がある場合には入院決定、通院決定を義務付けていること、⑶精神保健観察で遵守する義務があるなど対象者に一定の権利利益の制約があること、⑷厚生労働省の指定した医療機関で対象者に特化した専門的治療を行うこと、などが大きな違いといえる。精神保健福祉法及び医療観察法はどちらも精神障害者を対象とするが、医療観察法の方が権利利益の制約の必要性と相当性が高いため、より強い制約が課されている。

4) 医療観察法と精神保健福祉法との関係

　医療観察法の地域処遇は、精神保健福祉法に基づく精神保健福祉サービスを基盤として、医療観察法に基づく処遇の体制が形付けられている。医療観察法の通院医療中の対象者は、精神保健福祉法に基づく任意入院、医療保護入院、措置入院などを行うことが可能であり、関係機関は病状に応じて入院が適切に

行われるように配慮している。病状が悪化した場合は、医療観察法による必要な医療の確保や入院医療の必要性の判断のためにも、精神保健福祉法による入院等を適切に活用している。また、処遇終了時においては、精神保健福祉法及び「障害者の日常生活及び社会生活を総合的に支援するための法律」（以下「障害者総合支援法」）による一般の精神医療及び精神保健福祉サービス等が確保されるように配慮している。

5）医療観察制度の実施状況

医療観察法の施行状況については、平成17（2005）年7月15日の制度施行から令和元（2019）年12月31日までの地方裁判所の終局処理人員の状況は図表4-1、令和3（2021）年4月1日現在の医療観察法の入院対象者の状況は図表4-2のとおりである。令和3（2021）年4月1日現在、781人が指定入院医療機関に入院しており、国際疾病分類第10（ICD-10）改訂版による主診断名をみると、F2「統合失調症、統合失調型障害および妄想性障害」が638人と多数を占め、F3「気分（感情）障害」が47人、F1「精神作用物質使用による精神および行動の障害」が35人で、これらの3障害で781人中720人を占めている。また、同日現在の指定入院医療機関は33か所（827床）、指定通院医療機関の指定数は3854か所である。なお、指定入院医療機関は18道県にはなく、地方別にみると北海道（設置準備中）、四国の各県には1か所も整備されていない。

令和2（2020）年12月末現在、観察中の精神保健観察事件は576件、調整中の生活環境調整事件は793件である。

図表4-1　地方裁判所の終局人員

終局処理人員	入院決定	通院決定	不処遇決定	却下（対象行為不認定）	却下（心神喪失等不認定）	審判取下げ	却下（申立て不適法）
計5,098人	3,459人	645人	798人	13人	150人	30人	3人

（平成17年7月15日から令和元年12月31日まで）

出典：厚生労働省ホームページ（https://www.mhlw.go.jp/stf/seisakunitsuite/bunya/hukushi_kaigo/shougaishahukushi/sinsin/kettei.html）

図表4－2　入院対象者の状況

入院対象者数	急性期（3か月）	回復期（9か月）	社会復帰期（6か月）
計781人	116人	441人	224人

（令和3年4月1日現在）

出典：厚生労働省ホームページ（https://www.mhlw.go.jp/stf/seisakunitsuite/bunya/hukushi_kaigo/shougaishahukushi/sinsin/nyuin.html）

3　医療観察制度の主な流れ─審判を中心に

図表4－3　医療観察制度の主な流れ─司法手続

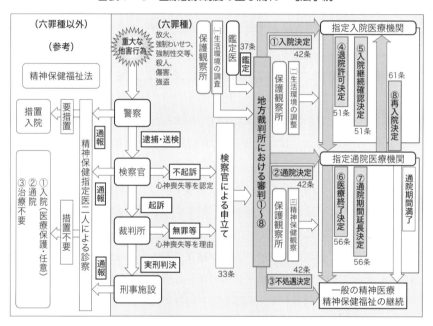

1）司法手続（審判）のプロセス

　図表4－3は、医療観察制度の開始から終了までの一連のプロセスのうち、主に司法手続（審判）に焦点を当てたものである。ここでは医療観察制度の当初の審判手続（**図表4－3①②③**）を中心に述べる。

　医療観察法は処遇事件の審判方式を定めており、対象者の権利利益に関わる重大な決定として、大きく分けて次の4種類が規定されている。⑴検察官の申立てによる当初の入院・通院・不処遇の決定（**図表4－3①②③**）、⑵入院中

の退院又は入院継続の決定（**図表４−３④⑤**）、⑶通院中の処遇の終了又は通院期間の延長の決定（**図表４−３⑥⑦**）、⑷再入院の申立てに対する入院等の決定（**図表４−３⑧**）。これらの審判手続は、「申立て→鑑定→審判→決定」という流れが共通している。以下、当初審判の流れをみていく。

　重大な他害行為が起きると、警察が犯罪の捜査を行い、最終的に事件を検察庁に送致する。検察官は、心神喪失又は心神耗弱のため、不起訴処分をしたとき、裁判所に公訴を提起（起訴）して無罪又は刑の減軽の確定裁判があった場合は、原則、地方裁判所に医療観察の審判申立てを行う（法33条）。地方裁判所では一人の裁判官と一人の精神保健審判員の合議体で処遇事件を取り扱い、必要に応じて精神保健参与員を審判に関与させて意見を聴いた上、処遇の要否、内容を判断している。

　裁判官は、原則として2か月以内の鑑定入院を命令し、精神保健判定医等（以下「鑑定医」）に鑑定を行わせる。鑑定に当たっては、精神障害の類型、過去の病歴、現在及び対象行為を行った当時の病状、治療状況、病状及び治療状況から予測される将来の症状、対象行為の内容、過去の他害行為の有無・内容、対象者の性格などが考慮されている。鑑定医は、鑑定の結果に対象者の病状に基づき入院による医療の必要性に関する意見を付して裁判所に報告する。

　また、裁判所は保護観察所長に対し、対象者の生活環境の調査を行い、その結果の報告を求めることができる（法38条）。保護観察所は生活環境の調査を行い、生活環境に照らし継続的な医療が確保できるかどうか等の意見を付して裁判所に報告を行う。裁判所は鑑定の結果を基礎とし、鑑定意見及び対象者の生活環境を考慮し、対象行為を行った際の精神障害が改善し、同様の行為を行うことなく社会復帰を促進するため、医療観察法の入院による医療又は通院による医療を受けさせる必要があるかを判断し、審判において次の3種類の決定を行う（法42条）。

　⑴　**入院決定**：医療を受けさせるために入院をさせる旨の決定。

　⑵　**通院決定**：入院によらない医療を受けさせる旨の決定。

　⑶　**不処遇決定**：医療観察法による医療を行わない旨の決定。

　以上が、法42条に規定する当初審判の一般的な流れである。なお、刑事訴訟法上の鑑定は責任能力の判断等の目的で行われるが、医療観察法上の鑑定は

同法による医療の必要性の判断と医療的観察が目的で行われる点で異なっている。

2) 医療観察法の審判

医療観察法の審判は、医療の確保と病状改善による再他害行為防止のために、入院、通院、不処遇のどれがより適切であるかを判断する場である。審判では、裁判官は法律に関する学識経験に基づき法的判断を行い、精神保健審判員は精神障害者の医療に関する学識経験に基づき医療的判断を行い、それぞれ意見を述べる。審判は裁判官及び精神保健審判員の両者の意見の一致で決定し、法的にも医療的にも適切と認められたことだけが審判の結果になり、意見が相違した場合は一致する範囲で最も非制限的な決定を行う。一人が不処遇決定意見で一人が通院決定意見の場合は、一人が医療の必要性を認めていないので不処遇決定となる。また、一人が入院決定意見で一人が通院決定意見の場合は、二人とも医療の必要性を認めているが、一人が入院の必要性を認めていないので通院決定となる。

また、医療観察法による処遇を行う入院決定、通院決定をする要件としては、⑴疾病性、⑵治療反応性、⑶社会復帰要因の3つが定められている（**図表4－4**）。

図表4－4　医療観察処遇のための3要件

(1) 疾病性	対象者が対象行為を行った際の心神喪失又は心神耗弱の状態の原因となった精神障害と同様の精神障害を有していること
(2) 治療反応性	そのような精神障害を改善（病状の憎悪の抑制を含む）するために、医療観察法による医療を行うことが必要であること、すなわち、その精神障害が治療可能性のあるものであること
(3) 社会復帰要因	医療観察法の医療を受けさせなければ、その精神障害のために社会復帰の妨げとなる同様の行為を行う具体的・現実的な可能性があること

出典：法務省保護局（2014）「平成26年版　医療観察」

図表4-5　医療観察制度の主な流れ—処遇

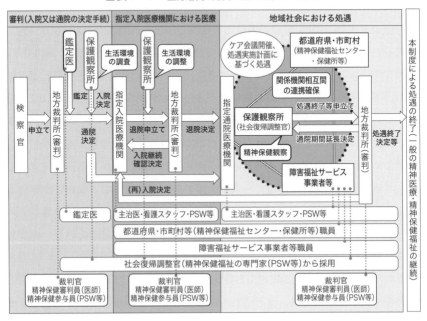

　図表4-5は、医療観察制度の開始から終了までの一連のプロセスのうち、主に処遇の流れにおける関係機関、専門職の関わりに焦点を当てたものである。ここでは本制度の処遇内容、保護観察所の役割等について具体的に説明する。

　保護観察所は法務省の地方支分部局で、全国の各地方裁判所の管轄区域ごとに置かれている。本制度においては当初審判の段階から一貫して対象者に関与する立場にあり、地域社会における処遇のコーディネーターとしての役割を担っている。具体的には、生活環境の調査、生活環境の調整、処遇実施計画の作成及び見直し、精神保健観察の実施等を行っており、平素からの連携やケア会議の開催等を通じ、関係機関と緊密な連携体制を築いている。なお、保護観察所が本制度に関与することになったのは、国の機関のため統一的な働きかけが可能で、全国的ネットワークを有し、対象者の退院や転居による他都道府県への移動に適切に対応できることなどが考慮されたためである（弥永 2016）。

　保護観察所には本制度におけるコーディネート業務の担い手である社会復帰調整官が配置されている。社会復帰調整官は精神障害者の保健及び福祉その他同法に基づく対象者の処遇に関する専門的知識に基づき、生活環境の調査（審判の処遇決定の資料）、生活環境の調整（退院に向けての準備）、精神保健観察（通院期間の見守り）の実施、関係機関相互間の連携の確保（地域支援体制のコーディネート）等の事務に従事しており（法19、20条）、精神保健福祉士の他に保健師、看護師、作業療法士、社会福祉士、臨床心理士、公認心理師などの有資格者で精神障害者に関する実務経験者等から任用されている。

1）生活環境の調査（審判の処遇決定の資料）

　裁判所は、処遇の要否及び内容を決定するに当たって、鑑定を基礎とし、鑑定医の意見及び対象者の生活環境を考慮しなければならない。そのため、裁判所は保護観察所長に対し、対象者の生活環境の調査を行い、その結果の報告を求めることができる（法38条）。保護観察所長は、裁判所から命じられた調査項目を中心としつつ、居住地の状況、経済状況、家族の状況、地域の状況、本件に至るまでの生活状況、過去の治療状況等、想定される指定通院医療機関の状況、利用可能な精神保健福祉サービス等の現況などの生活環境の調査を行う。また、必要に応じて地方厚生局、指定医療機関、都道府県・市町村などと協議等を行い、生活環境に照らし継続的な医療が確保できるかどうか検討している。

　このように生活環境の調査は、社会復帰調整官が初めて対象者に関わるものであり、その後の審判で処遇対象になったときの関係性も考えながら調査を行う必要がある。また、審判までの短期間のうちに多くの調査が必要なため、調査計画を綿密に立て、本人や家族等の関係者と面接を行うなどして、本制度について丁寧に説明を行い、正確な情報収集に努め、調査結果を審判の資料として裁判所に提供している。

2）生活環境の調整（退院に向けての準備）

⑴　生活環境の調整と保護観察所の役割

　保護観察所長は、入院決定があったときは、対象者の社会復帰の促進を図るため、本人や家族等の相談に応じ、指定入院医療機関の援助、都道府県・市町

村による精神保健福祉法、障害者総合支援法の援助を受けられるよう、あっせん、調整するなどして、退院後の生活環境の調整を行っている（法101条）。

　保護観察所は、指定入院医療機関との協議、生活環境の調査結果、関係機関からの資料等に基づくほか、入院地の保護観察所を通じ、対象者の病状など必要な情報を得るなどして調整計画を立案する。社会復帰調整官は、入院当初から定期又は必要に応じ指定入院医療機関を訪問し、対象者から生活環境の調整に関する希望を聴取するほか、スタッフと協議を行って調整計画を定め、状況に応じて必要な見直しを行っている。なお、調整計画には退院後の住居・生計の確保、保護者や家族との関係、退院後に必要となる医療・援助の内容などに関する調整の方針が記載されている。

　このように生活環境の調整は、社会復帰の促進を図るために行うが、単に早期に退院することだけでなく、社会での自立や社会参加の促進を含むものである。そのため、帰住地確保だけでなく、自立や社会参加のために必要な相談やあっせんも生活環境の調整の概念に含まれると考えられる。社会復帰調整官は指定入院医療機関と退院予定地を繋ぐ役割を担っているといえる。

⑵　指定入院医療機関における入院処遇

　指定入院医療機関には医療観察法の専門病棟が設置され、一般の精神科病院より手厚い人員配置になっている。また、MDT（多職種チーム）による手厚い治療、標準的な薬物療法の他に各種の心理社会的な治療プログラムなど、適切かつ効率的な専門医療の提供が行われている。指定入院医療機関における治療の目標は、入院対象者の社会復帰であり、具体的には次の4点である。①病状の改善と継続的かつ適切な医療の確保、②様々な問題を前向きに解決する意欲や社会で安定して生活する能力を高める、③他害行為の問題を認識し自ら防止できる力を高める、④被害者に対する共感性を養う。なお、入院期間は定められていないが、おおむね18か月以内の退院を目指している。入院期間は、以下のとおり、急性期（3か月）、回復期（9か月）、社会復帰期（6か月）の3期に分けて目標を設定し、定期的評価に基づき治療を計画的に行っている。

- ・急　性　期：病的体験・精神状態の改善、身体的回復と精神的安定、治療
　　　　　　　　への動機付けの確認、対象者との信頼関係の構築。
- ・回　復　期：病識の獲得と自己コントロール能力の獲得、治療プログラム

への参加による日常生活能力の回復、病状の安定により院内散歩、院外外出ができる。

・**社会復帰期**：病状の安定により院外外出と外泊ができる、治療プログラムへの参加による障害の受容、社会生活能力（服薬管理、金銭管理等）の回復と社会参加の準備。

3) 地域社会における処遇

　裁判所の通院決定の効果は、主に次の3点である。⑴対象者に通院医療を受ける義務が生じる、⑵対象者が精神保健観察に付され、守るべき遵守義務が課せられる、⑶対象者が次の援助の対象となる、①指定通院医療機関による医療、②都道府県・市町村、保健所等による精神障害者等の相談や指導（精神保健福祉法47条）、③相談支援事業等による相談、助言、調整等（精神保健福祉法49条）、④介護給付費や訓練等給付費の支給（障害者総合支援法29条）。

　地域社会における処遇は、保護観察所長が指定通院医療機関、都道府県・市町村、地域処遇に携わる関係機関とケア会議で定めた処遇実施計画に基づき、⑴指定通院医療機関による「通院医療」、⑵保護観察所の社会復帰調整官による「精神保健観察」、⑶都道府県・市町村、障害福祉サービス事業者等による「援助」を行うことにより実施される。この3つをまとめて「処遇」と呼び、「通院医療」「精神保健観察」「援助」は処遇の三本柱といわれている。地域社会における処遇は、処遇の三本柱の相互連携を確保しながら本人の地域生活を支えていくものである。

　社会復帰調整官は、対象者の入院医療中は調整時間が十分確保できるため、課題の整理やクライシスプランの作成（後述）などに時間をかけている。地域処遇は、指定通院医療機関の他に障害福祉サービス事業者、福祉事務所等も関与するため、包括的な医療体制を構築することができる。また、ケア会議を通して対象者の情報や評価を共有し、課題整理を行い、治療・支援環境を整えている。さらに処遇終了段階においても、一般の精神保健福祉に移行する際に残された課題を確認する機会となり、対象者や家族、関係機関の気持ちの整理に繋げている。このように地域処遇も含めて各段階における生活環境へのアプローチが対象者の処遇の安定に重要と考えられる。

(1) 指定通院医療機関における通院処遇

　通院医療では、主に指定通院医療機関内の多職種チームが対象者ごとに個別の治療計画を作成し、定期的に対象者の評価を行うなど各職種が連携を図りながら医療を提供している。多職種チーム会議には、必要に応じて対象者、地域の医療・保健・福祉関係者及び社会復帰調整官も参加している。

　指定通院医療機関における治療の目標は、通院対象者の社会復帰（退院許可決定から36か月で処遇終了、最大60か月）である。具体的には、①病状の改善と継続的かつ適切な医療の確保、②病状の再発防止と一般医療への移行の2点である。指定通院医療機関の治療は外来診療の他にデイケアや訪問看護が併用されている。なお、精神症状の一時的な悪化に備え、精神保健福祉法の規定に基づく入院も含めた危機介入の計画を個別に立てている。通院期間は、以下のとおり、前期（6か月まで）、中期（7〜24か月）、後期（25〜36か月）の3期に分けて目標を設定し、3年以内に一般精神医療への移行を目指している。

- **前期**：通院開始後6か月で中期通院医療へ移行、通院医療への適切かつ円滑な導入、例えば1週間に1回の指定通院医療機関への外来通院・訪問看護の開始、金銭管理等社会生活能力の維持。
- **中期**：通院24か月で後期通院医療へ移行、限定的な社会活動への参加と定着、例えば2週間に1回の指定通院医療機関への外来通院・訪問看護、疾病の自己管理（確実な服薬）、金銭管理等社会生活能力の維持。
- **後期**：退院許可決定から36か月で処遇終了（通院期間延長決定があれば最大60か月まで延長）、例えば2週間に1回の指定通院医療機関への外来通院・訪問看護、確実な服薬と社会参加の促進、処遇終了後の準備。

(2) ケア会議

　ケア会議とは、個々の対象者（入院医療を受けている者を含む）に対する地域社会における処遇の実施体制、実施状況等に関する情報の共有と処遇方針の統一を図るため、保護観察所が指定通院医療機関、都道府県・市町村（その設置する保健所等の専門機関を含む）のほか、必要に応じ、障害福祉サービス事業者等の参加を得て主催する会議をいう。保護観察所は、対象者が入院医療中は生活環境の調整や処遇実施計画案の作成のため、通院医療中は処遇実施計画の作成・見直しやそれに基づく処遇の実施のため、定期的又は必要に応じて開

催し、対象者・保護者も出席して意見を述べている。

ケア会議の開催頻度は、入院中は退院の目途が立った段階から、退院直後は1か月に1回程度、地域処遇開始当初は1〜2か月に1回程度、生活環境に問題がなければその後は3か月に1回程度開催される場合が多い。

(3) 処遇実施計画の策定（4章2節・図表4−6参照）

医療観察制度の処遇は、処遇実施計画に基づいて行わなければならない（法105条）。保護観察所長は指定通院医療機関、都道府県・市町村と協議の上、処遇実施計画を作成する（法104条）。実施計画には、指定通院医療機関による医療、社会復帰調整官が実施する精神保健観察、指定通院医療機関による援助、都道府県・市町村による精神保健福祉法、障害者総合支援法等の援助等の処遇の内容及び方法が網羅的に記載されており、必要に応じて見直しが行われる。保護観察所長は、処遇実施計画に基づいて、処遇が適正かつ円滑に実施されるよう関係機関との間で必要な情報交換を行うなどして協力体制を整備し、実施状況を常に把握し、関係機関相互間の緊密な連携の確保に努めている。

(4) クライシスプラン

地域処遇は処遇実施計画に基づいて実施されるが、この重要な項目の一つがクライシスプランである。これは病状悪化に伴う変化への対応をまとめたもので、病状悪化のサイン、基本的な対応方法を病状悪化の段階に応じて定め、方針や連絡先を共有するために作成されている。

(5) 精神保健観察（通院期間の見守り）

審判で入院によらない医療の決定があった者は、その通院期間中は精神保健観察に付される。精神保健観察とは、対象者と適当な接触を保ち、指定通院医療機関、都道府県・市町村から報告を求めるなどして、必要な医療を受けているか否か及びその生活の状況を見守り、継続的な医療を受けさせるために必要な指導その他の措置を講ずるものである（法106条）。

精神保健観察に付された対象者は、速やかに居住地を管轄する保護観察所長に居住地を届け出るほか、①一定の住居に居住、②転居・旅行の事前届出、③保護観察所長から出頭又は面接の求めに応じること、の3点の遵守義務が課されている（法107条）。精神保健観察の指導は、保護観察所長の権限で行うが、社会復帰調整官が事務従事者として具体的な指導を行っている（法20条）。ま

た、指定通院医療機関、都道府県・市町村は、対象者が通院医療を受ける義務や守るべき事項を守る義務を果たしていないときは、速やかに保護観察所長に通報する義務を負っている（法111条）。対象者が守るべき事項の違反は再入院の申立ての事由となり得るが、不遵守そのものが入院決定の理由になるわけではなく、再他害行為を防止しつつ医療の確保を図るために入院を検討するきっかけとなるものである。

(6) 処遇終了等裁判所への申立て

① 再入院等の申立て（法59条）

保護観察所長は、対象者が指定通院医療機関の医療を受けていないために継続的な医療を確保できない場合（法43条違反）、守るべき事項を遵守していないために継続的な医療を確保できない場合（法107条違反）には、再入院の申立てをしなければならない（法59条）。

② 処遇の終了の申立て（法54条1項）

保護観察所長は、通院医療の決定を受けた者について、本法の医療の必要性がなくなった場合は、指定通院医療機関と協議し、その意見を付して直ちに地方裁判所に対し、医療の終了の申立てをしなければならない。「通院処遇ガイドライン」には、処遇終了の指標として、次の5点が示されている。

- ・病状が改善し、通院後期において一定期間病状の再発が見られない。
- ・処遇終了後、継続的な治療（通院、訪問看護等）が安定して実施できる。
- ・処遇終了後、服薬管理、金銭管理等の社会生活能力が確保されている。
- ・処遇終了後、安定した治療を継続できるための環境整備、支援体制が確立している。
- ・緊急時の介入方法について地域における支援体制が確立している。

③ 通院期間の延長の申立て（法54条2項）

保護観察所長は、通院医療の決定を受けた者について、通院医療を行う期間を延長して同法による医療を受けさせる必要が認められる場合は、指定通院医療機関と協議し、その意見を付して期間満了日までに地方裁判所に対して期間延長の申立てをしなければならない。

4）関係機関の役割

　地域処遇には、保護観察所、都道府県、精神保健福祉センター、保健所、市町村、福祉事務所、指定通院医療機関、障害福祉サービス事業者など、多くの関係機関が関わっている。「地域処遇ガイドライン」には関係機関の基本的な役割がそれぞれ規定されており、さらに共通の役割として次の4点が定められている。⑴処遇実施計画の作成及び見直しに携わる、⑵処遇実施計画に基づく処遇を実施する、⑶ケア会議への参加などを通じ、関係機関等との緊密な連携に努め、処遇を実施する上で必要となる情報の共有を図る、⑷生活環境の調査・調整及び精神保健観察をはじめとする地域社会における処遇の実施に関し、保護観察所からの要請に応じ、必要な協力を行う。

5　医療観察制度の対象者の権利

　医療観察法の対象者は、精神保健福祉法に比べてより強い権利利益の制約が課されるため、権利擁護に関する観点から、同法の条文には次の規定が設けられている。⑴意見の陳述及び資料の提出（法25条）、⑵対象者・保護者の付添人選任（法30条）、⑶鑑定入院時の任意供述、付添人選任、陳述機会の確保等（法34条）、⑷退院の許可又は医療終了の申立て（法50条）、⑸医療の終了の申立て（法56条）、⑹抗告（法64条）、⑺処分に対する不服申立て（法72条）、⑻処分に対する異議（法73条）、⑼処遇改善の請求（法95条）。

6　医療観察制度の課題

　医療観察法の対象者の主診断名の多くは統合失調症であるが、知的障害、発達障害、さらには物質使用障害などを重複する者もおり、処遇に困難を伴うことは多い。また、治療反応性がない者はそもそも医療観察法の対象とならないため、従来から精神科病院で治療が著しく困難であった者が本制度の対象になっていないことなども課題といえる。

　地域処遇の期間は原則3年（最長5年）と規定されており、処遇期間が終了すると、一般の精神医療・精神保健福祉に移行することになる。社会復帰調整官は、処遇終了後には関与できないため、精神保健観察中に培った地域との関係性を維持できるように意識している。対象者の地域生活を支えていくために

も、地域支援のコーディネーターの役割を関係機関が引き継いでいくことが望ましいといえ、処遇終了後の地域支援体制の仕組み作りが課題と考えられる。

また、平成30（2018）年から、医療観察制度においても被害者への配慮が始まり、保護観察所から対象者の処遇状況等に関する情報提供が受けられるようになった。令和2（2020）年は15件の情報提供があり、今後は制度周知、提供内容、新たな支援内容の導入も含め、被害者等へのさらなる配慮が求められる。

平成24（2012）年に取りまとめられた「心神喪失等の状態で重大な他害行為を行った者の医療及び観察等に関する法律の施行の状況についての検討結果」では、⑴入院対象者の住居、受入れ先の確保、⑵指定通院医療機関の確保、⑶保護観察所における医療観察実施体制の整備に関する事項が課題として挙げられている。以下、医療観察制度の実施体制の現状及び社会復帰調整官が直面する困難性などから、本制度の課題について考察していきたい。

1）医療観察制度の実施体制の現状

家族の協力が得られない場合や、対象者の重複障害のため対応困難な場合、先入観・地域の偏見などから入所施設が難色を示す場合など、退院時期になっても退院先の目途が立たず、居住地確保に困難を伴うケースは多い。同様に障害福祉サービス事業所等の受入れが消極的であるケースは多い。指定入院医療機関では入院期間は定められていないが、入院処遇ガイドラインにはおおむね18か月以内での退院を目指すこととされている。しかし、「第1回 医療観察法の医療体制に関する懇談会」資料によると、平成29（2017）年4月の入院対象者741人中、入院3年以上が136人、うち6年以上は37人いるなど、入院期間が長期化している現状がある（資料2「医療観察法医療の現状について」）。また、入院・通院ともに家族との調整が不可欠であり、家族関係の修復など環境の整備に時間を要することや、地域処遇では裁判所の手続の関係上、関係機関の求めに即応しにくいことも課題といえる。

指定通院医療機関については、制度開始当初から量的不足と地域偏在が大きな課題である。医療観察対象者に特化した専門的プログラムがあり、処方が限定される非定型抗精神病薬を扱う指定通院医療機関が近くにない場合、対象者の身体的・金銭的負担等は大きく、通院継続の動機付けの低下に繋が

り得る。

2) 社会復帰調整官が直面する困難性

　社会復帰調整官は、医療、精神保健観察、援助という処遇の三本柱を俯瞰し、全体の動きに配慮しながら緊急時等、必要に応じて直接的・間接的に介入する対人援助を展開している。また、対象者の強み・長所に焦点を当て、それを活用することでパワーを高めようとするストレングスモデルと、再他害行為防止のリスクマネジメントのバランスを考慮しながら、関係機関と連携して介入を行う介入型ケアマネジメントを担っている。さらに関係機関の連携体制が有効に機能し、各機関の役割が発揮できるよう処遇全体を俯瞰し、適宜協議などして地域ネットワークを構築している。

　社会復帰調整官が処遇で困難を感じる要因としては、社会復帰調整官の数の少なさや業務負担、社会資源の整備状況、地域移行の課題や地域の連携阻害要因、さらに支援拒否、自殺企図、暴行等の対象者の言動などが挙げられる。また、調査結果によれば、医療観察制度の実施体制などから、地域処遇への調整において指定医療機関、福祉機関、家族との対応に社会復帰調整官が困難を感じていることが明らかになっている（中村 2020）。

　また、現場では再他害行為の防止を目的としたリスクマネジメントと社会復帰を促進するケースマネジメントが混在している（脇田 2012）。ソーシャルワークの価値を重視する専門職であるがゆえに、生活環境の調査における入院意見、生活環境の調整中の入院期間延長申立て、精神保健観察中の再入院申立てなど、対象者（クライエント）の権利制限にかかる業務にジレンマを感じることがある。クライエントの医療の強制を特徴とする医療観察制度を社会復帰調整官として担うことにソーシャルワーカーとしてのアイデンティティにゆらぎを感じ、これが処遇困難性に大きな影響を与えている。また、司法からは医療・福祉の役割、医療・福祉からは司法の役割を過度に期待されることに困惑を感じることもあり、これらは医療観察制度及び司法と精神保健福祉の両面に関わる社会復帰調整官の立ち位置の影響が大きいと考えられる（中村 2020）。

　ストレングスモデルとリスクマネジメントの融合は、医療観察制度の導入当初から社会復帰調整官にとって大きなテーマ・課題として継続している。

7　今後の展望

　医療観察制度は、指定入院医療機関の多職種チームによる適切な医療提供、入院段階から地域の関係機関との連携、処遇の三本柱（医療、精神保健観察、援助）が、処遇実施計画に基づいて的確かつ円滑に実施されている。その結果、対象者の多くは病状が改善し、地域における精神保健と障害者福祉による支援体制が整った状態で、期間満了又は処遇終了決定により、医療観察法による処遇を終了している（法務省・厚生労働省 2012）。

　医療観察制度開始以降、これまで全国的に多くの実践事例が積み上げられている。そのため、各地域で有効であった処遇実践のノウハウを共有し、処遇効果を高めることが求められる。ただし、都道府県ごとに医療観察の申立て件数（同一人口ごとの割合）、当初審判の終結事由（入院、通院、不処遇）の割合に大きな差が生じている現状があり、その地域で有効な実践ができた要因など社会資源の状況も含めて考察することが必要と考えられる。

　医療観察法の施行状況はおおむね良好であるが、処遇ケースが増えていくことで、様々な課題が表出してくるであろう。適切な制度運用を図るためにも、触法精神障害者の人権・権利擁護に配慮しつつ、有効な処遇や地域の社会資源の充実、効果的な実施体制の整備に向けて、さらなる検討が求められる。

〈注〉
⑴　新宿西口バス放火事件：東京都新宿区の新宿駅西口バスターミナルで路線バスの車両が放火され、6人が死亡し、14人が重軽傷を負った事件。被告人は裁判で心神耗弱状態と認定され、無期懲役判決となった。
⑵　北陽病院事件：岩手県立北陽病院に措置入院中であった精神病患者が、病院の作業療法の院外散歩の途中に離脱し、数日後神奈川県内で金員を奪取する目的で通行人を刺殺した事件。
⑶　大阪教育大学付属池田小学校事件：精神科病院への措置入院歴がある者が小学校に乱入し、児童8人を殺害し、児童13人と教員2人に傷害を負わせた事件。

〈参考文献〉

・法務省保護局作成資料（通達、通知、事務連絡、研修資料、説明資料、HP等）

・法務省保護局（2014）「平成26年版 医療観察」

・法務省保護局・厚生労働省社会・援護局障害保健福祉部（2005）「各種ガイドライン（入院処遇ガイドライン、地域処遇ガイドライン、通院処遇ガイドライン）」

・法務省・厚生労働省（2012）「心神喪失等の状態で重大な他害行為を行った者の医療及び観察等に関する法律の施行の状況についての検討結果」

・厚生労働省作成資料（通達、通知、説明資料、HP等）

・生島浩・三浦恵子（2017）「医療観察制度」日本司法福祉学会編『改訂新版 司法福祉』生活書院、73－82頁

・弥永理絵（2016）「医療観察制度とは」藤本哲也・生島浩・辰野文理編『よくわかる更生保護』ミネルヴァ書房、180－181頁

・弥永理絵（2017）「医療観察制度の概要」社会福祉士養成講座編集委員会編『更生保護制度〔第4版〕』中央法規、103－115頁

・鶴見隆彦（2019）「心神喪失者等医療観察制度の概要」松本勝編著『更生保護入門 第5版』成文堂、234－251頁

・中村秀郷（2020）「司法精神保健福祉領域のソーシャルワークで直面する困難性—心神喪失者等医療観察制度における社会復帰調整官へのインタビュー調査から」『社会福祉学』60巻4号、日本社会福祉学会、68－81頁

・脇田朗子（2012）「米国カリフォルニア州における触法精神障害者の処遇について」『更生保護と犯罪予防』45巻154号、日本更生保護協会、157－188頁

TOPIC

医療観察制度の「功罪」は？──精神保健福祉士の視点から

大塚　淳子（帝京平成大学教授）

　本トピックでは医療観察制度について多角的に考えてみたい。医療観察法における法案検討の直接の契機は、一度に8人の児童が刺殺され多くの負傷者が生じ、社会に大きな衝撃を与えた大阪教育大学付属池田小学校事件である。事件被害者の支援及び安心安全な教育環境整備の必要性は言うまでもないが、法成立が急がれた背景には、時の総理が事件当日、早急に対策を検討すると発表したことがある。

　加害者はかつて精神科病院に措置入院歴があったために、精神疾患により重大な他害行為を行った者に対し、再犯予防に資するべく精神科医療と司法にまたがる仕組みを作ろうというのが、法案の当初の目的であった。しかし、鑑定を通して加害者の精神科病院入院歴は詐病によるものであることが判明し、法案検討の理由は失われたが、検討は継続され、法は成立をみた。

　WHO（世界保健機関）は、世界で4人に1人が何らかの精神疾患にかかると示している。また、我が国の精神疾患り患者数、自殺者数や精神疾患による労災請求件数の推移をみるとき、現代社会における精神保健の重要性は疑う余地がない。誰もがかかり得る、ありふれた疾病だからこそ、り患したら安心してかかれる医療が求められている。我が事と思える普及啓発こそ重要で、ようやく早期予防に関する運動が実り、令和4（2022）年度から40年ぶりに高等学校の保健体育において精神疾患に関する理解を深める教育が行われる。

　刑事裁判は、過去の犯罪行為という事実をもとに罪を裁くが、「危なそう」というような未来予測での人身の拘留は人権侵害に当たる。そもそも、再犯予防は精神科医療の役割ではなく、不可能なことである。

　筆者は精神保健福祉士として同法案に反対する意見を国会で述べ、現在は廃止を求める立場をとらざるを得ない。あえて医療観察法による「功」を考えるとすれば、精神疾患による急性症状などのゆえに不幸な事件を起こすような状態を防ぐため、手厚い医療提供体制が必要だと国が考えたことであろうか。法律の目的には、「対象行為を行った際の精神障害を改善し、これに伴って同様の行為を行うことなく、社会に復帰することを促進するため」とある。まさに大事なのは、疾病や障害があっても社会で暮らせることの支援である。そこに手厚さを要することは、筆者が精神科医療や精神障害者の地域生活支援に携わった経験から揺るがない思いだ。現在の我が国の精神科医療の提供体制をみると、措置や医療保護など非自発的入院者の多さ、在院日数の長期化、マンパ

ワーの乏しさ、閉鎖的環境問題、退院支援に活用できる社会資源の少なさなど、課題はあまりにも多く、先進諸国との遅れが顕著である。これほどに精神障害者の退院や社会参加を阻んでいるのは、我が国における国民の権利に関する意識と権利擁護の弱さだろう。

　医療観察法は、確かに人員や建物設備などソフト・ハードとも手厚さが備わる専門の指定入院医療機関を設置したが、全国に数か所の指定で始まった。対象者は、居住地や関係者と遠く離れた地で治療を受け、社会復帰に臨む。従来から住まいの確保や退院後の地域生活支援、家族による支援など困難な問題があったが、さらに厚く高い壁が立ちはだかることになった。支援に携わる社会復帰調整官も今は増えたが、当初は各都道府県にほぼ一名ずつの体制で始まった。県域を超える広域での対象者支援を一人で担当する過酷さは、ひいては対象者の支援の質に影響する。処遇が終了した対象者も多いが、当初目標とされた標準入院治療期間1年半を超え、現在の平均入院期間は2年7か月となり、中には10年以上となる者など長期化している。指定入院医療機関と指定通院医療機関の予算の格差も顕著だ。また、治療効果のみえる人のみを対象とする規定は、治療の難しい人がマンパワーの乏しい一般精神医療の手に委ねられることになり、矛盾が大きいのではないか。また、同法の施行状況、特に自殺者割合や離院などに関するネガティブなデータ公表がなされず、課題が顕在化せず、外部の目による改善や議論に繋がりにくい。海外では類似の法制度の施行状況のネガティブデータも開示され、改善のための検討がなされていると聞く。

　筆者は同法成立以前に重大な他害行為をした方の治療や生活支援に携わった経験から、特別な法制度創設より、一般の精神科医療と地域支援体制の充実を図ることが喫緊の課題であると考え、そう訴えた。精神障害のある人にとって重要なのは孤立による再発や悪化の防止である。同法の対象者の約半数程度は、一般精神科医療の利用者であり、地域生活支援とそのための医療体制は量・質とも不足している。ここを充実強化することが、重大な他害行為による不幸の防止にも、初めて精神疾患にり患した人々の相談や治療にも資すると確信する。同法の附則3条には、医療の手厚さ等の医療水準を一般医療にも整備していくとあるが、未だ果たされていない。

　同法では、医療観察の対象となる人は、加害者や犯罪者ではなく対象者という位置付けだ。他害行為は家庭内で起こる事案が多く、加害者と被害者が同じ家族・同居家族という現象が生じるなど非常に複雑で、より専門的な支援が求められる。家族であれ他人であれ、「犯罪」被害者支援の枠組みに位置付けられにくい人々の存在があることも重要課題といえよう。

第2節

医療観察の現状—事例をもとに

関谷　紀裕

1　医療観察制度の諸制度及び社会復帰調整官の役割

　本節では、心神喪失者等医療観察制度（以下「医療観察制度」）における現場の処遇事例を紹介していく。ここでは後述の架空事例に関わる諸制度、社会復帰調整官の役割などについて先に触れておきたい。

　医療観察制度の目的は、心神喪失等の状態で重大な他害行為を行った者（以下「対象者」）の病状改善による再発防止と社会復帰の促進であり、医療については指定医療機関が、また指導及び各種事務については保護観察所の社会復帰調整官がその役割を担っている。医療観察の開始から終了までの一連のプロセスは**本章1節・図表4−3及び図表4−5**のとおりである。

　社会復帰調整官の役割は、①対象者・関係者との面接等により多面的にリサーチを行い、②アセスメントを行った上で、③対象者が通院処遇をする場合に必要となるもの（機関、人物、考え方等）をコーディネートし、④対象者・関係者への指導・援助を行うことなどである。また、⑤対象者や関係者が必要となる可能性のある社会資源の発掘、⑥医療観察制度の普及啓発、さらに、⑦危機介入計画（以下「クライシスプラン」）を活用した危機場面の対応、⑧関係機関との平素からの連携・調整など処遇の実行・介入（インターベンション）の場面において幅広い役割を担っている。

　生活環境調査とは、地方裁判所から保護観察所に当初審判のために必要な本人の社会的情報の収集を嘱託(依頼)されるものである。医療観察法(以下「法」)の処遇申立てを受理してから当初審判までの1か月程度の期間で行われる。同調査は、本人の生活全般について、本人や家族だけでなく、関係機関等にも照会をすることで作成する。また、自宅や対象行為の現場等を確認し、居住希望地から見込まれる通院先までの距離や交通機関なども実際に歩くなどして調査することがある。調査対象は本人の静的情報が多く、調査時点で本人や家族が、

社会内で通院医療を受けさせ、適切な福祉サービス等の援助を選択できるかの評価をし、意見を付して提出する。なお、今後の医療や援助に必要となる情報については、その後の本法処遇時において引き続き調査を行っている。

　生活環境調整とは、裁判所により「本法入院による医療（以下「入院医療」）」の決定を受けた者に対して、本人が希望する帰住地で医療及び援助の調整を行うものである。具体的には、帰住地での居住可否の確認だけでなく、通院利用を受けることを前提とし、居住形態、活動場所、経済的支援に関する調整や、帰住先で医療を受ける場合の具体的内容（医療の詳細、通院方法、通院継続の可能性等）を確認している。その際は、行政機関（特に「市区町村」が主となる）や障害者基幹相談支援センターと連携し、将来的な処遇も見越して広く情報を収集し、指定入院医療機関に入院中の本人に対して、退院後の処遇の希望を確認しながら情報提供し、通院処遇のイメージを構築していく。本人は医療だけでなく、各種教育プログラムを通じて疾病理解を深め、心理カウンセリング等による内省洞察プログラム等で対象行為を振り返り、再他害行為をしないための行動ができるよう、クライシスプランを立て、病棟内での生活や外出、外泊訓練時に使用して、地域処遇開始直後から使えるツールとしてブラッシュアップを行っている。

　精神保健観察とは、裁判所において「入院によらない医療」の決定（以下「通院決定」）を受けた者に、社会復帰調整官が地域内で医療及び援助を円滑に受けられるよう指導・調整を行う業務で、本法における地域処遇の三本柱に位置付けられている。本人や家族等に対して定期的に接触して面接等により指導を行うだけでなく、援助機関等との連絡調整やケア会議を開催するなど処遇の方向性を決めている。

　筆者は、平成31（2019）年3月まで保護観察所の社会復帰調整官として13年の実務経験があり、これまで多くのケースを担当してきた。本節では社会復帰調整官がどのようにケースに関わっているのか、対象者はどのような処遇を受けているかなど、実際の処遇内容をイメージできるように提示していきたい。

　なお、掲載事例は個人情報保護の観点から、著者の経験をもとにした架空事例であり、本文中意見にわたる部分は筆者の私見であることをお断りしておく。

◆架空事例１：当初審判において入院決定を受けたのち、通院決定となり期間満了となった事案（統合失調症　父親への殺人未遂）

(1)　生活環境の調査

──────────── **Case 1**

　Ａ（30代男性）は深夜に、就寝中の父親の首を包丁で刺し、目覚めた父親と取っ組み合いになった。別室で就寝していた母親が物音に気付き、止めるように言ったところ、Ａは枕元に座り、ぶつぶつと独り言を繰り返した。母親の通報で駆け付けた警察官に逮捕され、検察庁に送検された。取調べ時に意味不明な言動が見られたため、精神科医による簡易鑑定をした結果、心神喪失状態とみなされ、不起訴処分となり、検察官により地方裁判所に対して医療観察法の申立てがなされた。裁判官はＡを鑑定入院させ、保護観察所に生活環境の調査を依頼した。社会復帰調整官は、鑑定入院医療機関においてＡと面接を行い、成育歴や家族構成、動機や今後の希望を複数回確認の上、自宅に訪問して両親と面接を行い、対象行為の経緯や過去の成育歴について聴取した。さらに、Ａの居住する市の障害福祉窓口や管轄保健所に対して照会を行い、過去に相談履歴等の関与がないとの回答であった。

　調査の結果、以下の状況を確認することができた。

①　両親によると、Ａは事件の１年ほど前から自室に引きこもり、両親との接触はほとんどなかった。突然仕事を休みだし、部屋から外出をしたがらなくなったことから引きこもりが始まった。そこで、母親が総合病院の精神科外来に連れて行ったところ、医師から「うつ状態」であると言われたが、Ａは服薬も通院も拒否し、部屋から出なくなったため、会社を退職することとなり、両親が面倒をみていた。

②　Ａはスマートフォンで情報検索することを日課としていた。数日前、ある国が秘密裏に日本を征服し、日本人を拷問・殺害するといったネット情報を見て、その情報を信じ切ってしまい、家族が捕まり苦しんで死ぬよりは、自分が殺害し、その後を追うつもりであった。

③　現在もその情報は正しく、近いうちに攻め込まれると信じている。

④　両親はＡが希望するならば、引き受けて引き続き面倒をみていきたいが、どのような対応をしたらよいか悩んでいる。

　鑑定入院医療機関では、医師の診察及び服薬治療、看護師等による生活状況の

確認や検査等が行われた結果、Aは統合失調症にり患しており、服薬治療によって幻覚妄想状態の改善は見られるが、病識や治療の必要性の理解は低いとの鑑定結果が提出された。

　社会復帰調整官は、これらの状況を踏まえ、「現時点で安定して通院治療を受けることは難しい」といった内容の保護観察所長の意見を付して、生活環境調査結果報告書を地方裁判所に提出した。その後、地方裁判所の審判では審判体（裁判官及び精神保健審判員）と精神保健参与員からAへの質問を行い、さらに提出された鑑定書をもとに生活環境調査結果報告書を参考とし、「入院による医療」の決定の審判結果となった。

(2) 生活環境の調整（本法による入院決定）

— **Case 1**

　地方厚生局が、Aの所在する場所から最も近く、かつ入院可能な指定入院医療機関にAを移送して、本法に基づく入院治療（以下「指定入院」）が開始された。社会復帰調整官が、Aに面接を行い、帰住先の希望等を確認した上で、居住先の確保等の生活環境の調整を開始した。また、指定入院医療機関が開催するCPA（Care Program Approach）会議に出席し、治療の進捗状況の確認と調整の経過等の報告を行ったところ、Aは病識が低いが、確信された被害等が見られないため、インターネット上の情報が間違っているかもしれないと考えつつあるとのことだった。また、Aは実家で両親と生活したいと希望したため、両親の心情確認を行い、両親の同居希望を確認した。しかし、父親は、同居後のAに対する対応方法について不安を感じていたため、父親の不安等に対する対応と実家での援助体制の構築のため、実家のある市担当窓口に退院後にAが利用できる可能性がある障害福祉サービス等について確認と協力依頼を行い、保健所にも援助依頼を行った。

　指定入院から約4か月後にCPA会議が開催され、市担当者とともに出席。治療状況等は服薬治療により、病感は表現できるようになっていた。しかし、病識はいまだに低いが、通院による治療の必要性を認めるようになったことや、対象行為については、心理教育の効果として、内省の言葉が聞かれるようになってきた等の報告があった。そのため、退院後の居住形態を「両親との同居」と定めて、通院医療の準備をすることを確認した。また、母親に家族教育を行うことを確認し、母親からも了承を得た。その後の調整の結果、実家から最も近くにある指定通院医療機関にAの受入れを打診をしたところ、承諾を得ることができた。

指定入院から約10か月後、CPA会議が開催され、市、保健所、指定通院医療機関が出席した。Aは、統合失調症のり患を認めた上で、対象行為を引き起こしたことや、その結果で生じた影響に直面することへの不安を理由に継続した医療を受けることを希望するようになった。また、福祉的援助の必要性について、精神障害者保健福祉手帳の取得や障害年金の取得申請を希望した。

　両親については、家族教室により、疾患教育が行われたことにより、精神疾患及び障害への理解が進んだことや、Aに抱く不安を述べられるようになったことを踏まえ、両親の不安への援助が検討課題であると認識された。

　そこで、退院後の医療については、今後開催予定の外出、外泊訓練（指定通院医療機関でのデイケア、訪問看護等）で、診察や精神科デイケアや訪問看護等の体験利用を確認した。また、福祉的援助については、市担当者と共同して障害福祉サービス利用関係者への連携を、両親の心理的不安については保健所担当者を中心に相談体制を検討するなどの方向性を確認した。

　3回目の外泊訓練の際には、指定通院医療機関で、保護観察所が主催する地域ケア会議を開催、退院後の医療及び援助について検討を行った。

　医療については指定通院医療機関での主治医診察を週1回、精神科デイケア通所を週4回、訪問看護を週1回受けることとし、援助については継続的に市担当者が月1回程度の訪問面接を行うことや、家族支援を含めて保健所保健師が市担当者と同行して面接することとした。

　社会復帰調整官は、精神保健観察として月1回以上の往訪面接とし、その内容をもとに「第1回処遇実施計画書（案）」（**図表4−6**参照）を作成した。

　また、退院して地域での医療及び福祉を受けることが可能であり、指定入院医療機関の治療がおおむね完了していることが確認されたことから、指定入院医療機関が保護観察所の意見を付して、地方裁判所に対して「退院許可の申立て」がなされた。裁判所は審判体を作り、審判においてAへの聞き取りと申立書を参考にして、通院決定を出すこととなった。

図表4-6　処遇実施計画書（抜粋）の記載例

(1)　処遇の目標

・必要な医療を継続的に受けることができるよう支援する。
・通院処遇開始して間もないことから、安定した生活を送ることができるよう支援を行う。

(2)　本人の希望

・グループホームでの生活になれるため、しばらくの間は通院とデイケアを利用したい。
・将来的には就労継続支援B型事業所などの福祉就労に就きたい。
・離れて暮らす両親とも定期的に連絡を取り、仲良くしていきたい。

(3)　ケア会議等

開催回数	当面は月1回程度の開催	開催場所	原則は○○病院で行うが、適宜場所は検討
検討事項	①指定通院医療機関における医療の状況 ②各関係機関による援助の関りについての状況 ③処遇の実施計画の見直し等について ④各種申立ての必要性について		
留意事項	家族の会議への参加を促す。		
連携方法	原則、月1回適宜方法により観察所へ報告してもらい、情報共有する。		

(4)　処遇の内容・方法

		目　標	本人との関係構築に努め、通院や服薬の安定を目指す。また、本人の疾病理解の向上を目指す。				
① 通院医療	内　容	機関名・所在地	担当者	回数	実施方法	備考	
	通院医療	指定通院医療機関 ○市○町○番地 000-000-0000	○○医師	週1回	外来受診　月曜日		
	訪問看護		○○看護師	週1回	訪問　金曜日	必要に応じ週2回	
	デイケア		○○作業療法士	週4回	通院　月～木曜日		
	心理面接		○○臨床心理士	2週に1回	外来受診　土曜日		
	薬剤指導		○○薬剤師	月1回	適宜		
	留意事項	・連絡なく通院しない場合は、グループホーム○○施設長に連絡し、状況を確認の上、必要に応じて社会復帰調整官に連絡する。 ・当面の間はデイケア終了後に、○○精神保健福祉士と面談を行うこととする。					
② 精神保健観察	目　標	環境の変化に伴い、病状や生活状況を見守り、継続的な医療と援助の確保を図る。					
	内　容	・退院直後であるため、生活全般の見守り重点的に行い、生活上の課題について話し合う。 ・グループホーム管理者と連携し、生活状況の実態について把握する。					
	方　法	接触方法	当面は月に2回、本人の住居やデイケア等に往訪して面接を行う。				
		報　告	月1回、関係機関から連絡を受け、情報を収集し、ケア会議において共有する。				
	留意事項	・家族の心情を確認するため、保健所担当者と共同し、適宜接触する。					
	社会復帰調整官	○○保護観察所　○○社会復帰調整官					
③ 援助	目　標	・本人希望を聴取しながら、信頼関係を構築する。 ・生活の安定のため、各関係機関が役割分担し、援助を行う。					
		機関名	担当者	内容	方法	回数	備考
		○○病院 (指定通院医療機関)	○○精神保健福祉士	日常生活に関する相談、医療全般に関する相談	通院時	週4回	
		機関名	担当者	内容	方法	回数	備考
		○○保健所 ○市○町○番地○	○○相談員	全般的な状況把握と精神保健福祉に関する相談、家族等への支援	往訪・来訪	月1回程度	

〇〇市役所福祉課 〇市〇町〇番地〇	〇〇相談員	日常生活に関する相談	往訪・来訪	月1回程度	
〇〇保健センター 〇市〇町〇番地	〇〇保健師	日常生活に関する相談	往訪・来訪	月1回程度	
〇〇基幹相談支援センター 〇市〇町〇番地	〇〇センター長	障害福祉サービス利用に係る相談	往訪・来訪	月1回程度	
指定一般相談支援事業所 〇〇 〇市〇町〇番地	〇〇相談支援専門員	計画相談作成等に関する相談	往訪・来訪	月1回程度	
グループホーム〇〇 (本人所在地)	〇〇施設長	生活支援（入居）	入所	毎日	
〇〇精神保健福祉センター 〇市〇町〇番地	〇〇精神保健福祉士	処遇の実施計画や援助の在り方等の助言	ケア会議等に参加	ケア会議時	

(5) 緊急時の対応

別添クライシスプランを参考に、緊急時は対応を行う。
病状悪化時は、指定通院医療機関に連絡し、医師等の判断を確認の上、対応する。
緊急連絡先
〇病院（指定通院医療機関）000－000－0000（当直時間については「医療観察法の通院処遇中」と電話対応担当者に付け加えること）
〇市役所　000－000－0000　　　　　　　〇精神保健福祉センター　000－000－0000
〇市基幹相談支援センター　000－000－0000　　〇保健センター　000－000－0000
〇指定一般相談支援事業所　000－000－0000　　〇グループホーム　000－000－0000
〇保護観察所　000－000－0000

(3) 通院決定（本法による退院決定）

―― **Case 1**

　審判の結果、通院決定となった。社会復帰調整官がAに対して、裁判所から委託された「決定の告知」を行うとともに、保護観察所に「居住地届出書」の提出をさせ、「第1回処遇実施計画書」を使い、通院処遇における医療、援助及び精神保健観察の内容について説明を行い、通院処遇に係る手続を行った。その後、出迎えた両親とともに、Aは実家に退院し、翌日には指定通院医療機関への通院が開始された。

　通院開始3週間後に、指定通院医療機関において地域ケア会議が開催され、処遇実施計画のとおりに医療と援助が行われていることを確認。A及び両親からも生活上で特に問題はないことの報告があり、通院初期は月1回、地域ケア会議を開催して処遇経過を確認することとした。

　通院処遇4か月目の地域ケア会議では、主治医から2週に1回の頻度での受診の提案があり、通院頻度について変更し様子をみることとなった。

　通院処遇6か月目の調整官面接では、Aから福祉的就労の希望が出されたため、検討を行い、障害福祉サービス利用を進めるため、障害者基幹相談支援センターに協力を依頼することとした。同時に、ケア会議の開催頻度を月1回から2か月に1回程度とし、処遇実施計画書の診察頻度の変更及び地域ケア会議の開催頻度の変

更について見直しを行い、「第2回処遇実施計画書」を作成した。社会復帰調整官は、市担当者と一緒に障害者基幹相談支援センターにＡの基本情報を伝え協力依頼を行い、本人面接を行った。その結果、就労継続支援Ｂ型事業所（以下「Ｂ型事業所」）の見学を行うこととなり、見学後には同事業所から体験利用の提案があり、Ａは1日体験利用を複数回行うこととした。

　通院処遇8か月目のケア会議では、障害者基幹相談支援センター、Ｂ型事業所の担当者も出席し、体験利用の報告の結果、施設側も受入れ可能でＡも通所を希望したため、指定通院医療機関におけるデイケア通所の頻度を変更し、診察は2週に1回、デイケアを週2回、訪問看護を週1回とし、援助者として障害者基幹相談支援センターとＢ型事業所を加え、通所頻度を週3回として見直し、「第3回処遇実施計画書」を作成した。

　通院処遇12か月目の地域ケア会議では、就労頻度を多くしたいとのＡの希望を検討し、デイケア通所を適宜、Ｂ型事業所通所を週5日、ケア会議の頻度を3か月に1回程度に見直し、「第4回処遇実施計画書」を作成した。

　通院処遇1年6か月後、母親から社会復帰調整官に「2日前から本人の調子が悪い」との連絡があり、Ａと面接を行った。面接時に指定入院医療機関で作成されたクライシスプランを提示して、現状について話を聞いたところ、Ａ自身も緊急時の手前状態であると認識しており、指定通院医療機関に連絡し、臨時で診察を受け、Ａは休息も兼ねて精神保健福祉法による任意入院となった。入院して2週間後、病状が落ち着いたため、緊急地域ケア会議を開催したところ、以下のことが判明した。

① 病状悪化の2週間ほど前に、将来のことについて母親と口論となり、今まで控えていたインターネット掲示板を閲覧するようになった。

② そこで精神科の薬に関する記事を見たことで、処方薬を飲まずにいたところ、幻聴がひどくなったため、母親に助けを求めたとのことであった。

③ Ａとしては、もともと服薬することへの不信感があり、今回はインターネット掲示板を信じてしまったが、自らの行動が対象行為時と類似していたことに気が付いたため、しばらくの間入院することを希望した。そこで、当面は入院治療の経過を確認していくこととなった。

　1か月後、ケア会議を開催し、入院治療の状況と今後の処遇についての検討を行い、以下のことを確認した。

① 主治医から、入院治療により、病状については落ち着いているものの、服薬

への不信感は未だに残っている。

② 公認心理師から、心理面接等で病状悪化の要因として、家族関係について指摘があった。Aも対象行為や仕事をしていない引け目がある中で、母親の愚痴に反応し、心理的な負担を感じていたが、なかなか口に出せなかった。

③ 両親としても、支援はしていきたいが、同居することへの不安や、将来のことも考え、自立した生活をしてもらいたいという要望があった。

そこで、障害者基幹相談支援センターの相談員から、障害福祉サービスによるグループホームの利用について提案があり、Aが利用を希望したことから、入所についての調整を行うこととした。

ケア会議終了後、福祉関係担当者と協議し、候補先グループホームへ社会復帰調整官がAの基本事項を伝え、ケア会議2週間後に、Aが入居候補のグループホームの見学をして、外泊訓練により体験入所を行った結果、入所を希望し、施設側も受入れを表明したため、地域ケア会議を開催して「処遇の実施計画」の見直しを行った。

見直しの結果、居住地を自宅からグループホーム所在地へ変更し、医療については暫定的に週1回の診察に戻し、さらに心理面接を週1回行って心理的サポートを強化することとした。援助については新たにグループホームを加えることとした。精神保健福祉法による入院の退院日に、Aから保護観察所に対して「転居届出書」を提出させ退院し、グループホームへ入所となった。

社会復帰調整官は、月1回程度、グループホームへ訪問を行い、Aへの生活指導を行うとともに、ケア会議開催前には保健所保健師とともに両親の元を訪れた。両親の心情等を確認したところ、Aと物理的な距離をとったことで、心理的負担が軽減したとの感想であった。Aも生活の考えに迷ったときなどはグループホーム管理者に相談することで心理的負担が軽減され、定期的な心理面接によって不安を解消できるようになった。約2か月後のケア会議では、現状の医療及び援助を継続していくことを確認し、症状や生活状況も安定してきたことから、本法における通院処遇継続の必要性について検討した。主治医からは、症状は安定しているが、生活環境が変わったことによる状態変化を確認する必要があるとの指摘があり、グループホーム管理者からも、本法処遇下においてAの緊急時の対応や信頼関係の構築の必要性について希望があり、残りの処遇期間を使い、クライシスプランの修正などを行い、通院処遇終了後の医療及び援助体制の検討と円滑に移行することを主とした目標を設定した。

　社会復帰調整官は公認心理師と共同し、クライシスプランの修正作業を行い、本人との面接頻度を2週間に1回に増やし、見直し時に確認されたAの行動や考え方の特徴等について、グループホーム管理者に伝えるなどしてAとの関係の深化の支援を行った。また、世話人等に対し、クライシスプランの活用法について医療観察制度の理解を深めるための研修会を行った。

　通院開始2年6か月後のケア会議では、修正したクライシスプランの共有と残りの期間における通院処遇について確認し、主治医からは、病状は安定しているものの、Aは環境変化に弱いことから、経過観察が必要であるとの意見が出された。また公認心理師からは、修正クライシスプランの実効性についてのモニタリングの必要性、援助機関からは、本法処遇中に社会復帰調整官が担っていた処遇のコーディネート機能の引継ぎ等についてしばらく時間が必要であるとの意見が出された。そのため、地方裁判所に対して、本法通院処遇の終了の申立ては行わないこととした。また、通院処遇終了後のコーディネート機能については、市担当者、保健所、障害者基幹相談支援センターの間で意見集約を依頼し、3か月後に行うケア会議において方向性を報告してもらうこととした。生活の安定については、グループホーム管理者及びB型事業所を中心に、同事業所通所後や夕食後に、改正クライシスプランの内容を確認した面接を行うことで、Aの心情等の変化について理解する取組みを行うこととした。

　通院処遇開始から2年9か月目のケア会議では、処遇終了後のコーディネーター役を障害者基幹相談支援センターが担うことの報告があり、関係機関の総意で通院期間延長申立ての必要性はないことを確認した。また、期間満了直前にケア会議を行うこととした。

　通院開始から2年11か月が過ぎ、期間満了1週間前にケア会議を開催し、Aの病状や生活状況等は安定していることを確認。Aも任意で医療と援助を継続して受けることを希望していることを確認した。両親については、定期的に面談をしていた保健所が支援継続する意向を示しており、通院処遇終了後もA・両親に対する医療及び援助の継続が確認できた。障害者基幹相談支援センターからは、今後のモニタリングとして定期的なケア会議を開催することを確認することができた。

　終了日前日、社会復帰調整官が面接を行ったところ、Aから「3年間は長いと思っていたが、思ったより短かった。これから何か悩んだときは、まずはグループホーム施設長に相談し、障害者基幹相談支援センター相談員や病院の精神保健福祉士

に連絡していきたい」との発言が聞かれ、社会復帰調整官からは、クライシスプランを活用し、セルフモニタリングをしていくよう指導し、期間満了日を迎えることができた。

【解　説】

　本事例は、生活環境調査、生活環境調整、精神保健観察を同じ保護観察所の管轄で、社会復帰調整官の担当も変わらない状況で処遇を行ったケースである。通院処遇中は、主要となる担当者が人事異動や本人の転居等で変更することがある。その際には、本人と新しい担当者との関係性を早急に構築するために、コーディネーターである社会復帰調整官が間に入るなどして、処遇の溝を作らないよう配慮することも多い。特に、社会復帰調整官は、申立てから本法終了まで一貫して本人と関わりを持つことから、処遇開始時期には処遇の中心的役割を期待される。

　しかし、本法処遇は有期であり、処遇の中盤から終盤にかけては関係機関に対して処遇の中心を委ねるよう意識する必要がある。クライシスプランは本人の生活様式等の変化に伴い内容の変更も必要となり、作成のノウハウを伝達することも重要である。医療観察法の通院処遇は、開始時は手厚い処遇を行い、徐々にその頻度を減らしながら、一般精神医療の頻度までソフトランディングしていく調整が必要である。通院処遇開始時期から、終了までを計画しながら、早めに必要と思われる援助機関に依頼するなどの対応が必要である。

　そのため、本事例においても、Aや両親に対し、本法による入院処遇の段階から、障害福祉サービスにおけるグループホーム等の情報を伝えたり、指定入院医療機関の精神保健福祉士が行う社会復帰支援講座の内容を話題にしたりすることで、利用しやすくなったと考えられる。社会復帰調整官の立ち位置として、生活環境調査時には情報を集約する調査者として、生活環境調整では本人と指定入院医療機関からの退院を考えていく協働者の立場として、精神保健観察では処遇を円滑に行うための指導を行い、場合によっては各種申立ての判断を行う監督役にもなり得るため、状況に応じた対応が求められる。

◆架空事例２：当初審判において通院決定となり、その後通院処遇終了となった事案（感情障害 実子の殺人）

— Case 2

　B（30代女性）は出産後、夫と子どもの３人で生活をしていたが、夫の帰宅が夜中になることも多く、ある時期から育児ノイローゼになった。ある夜、子どもの夜泣きが止まらず死にたいと思い、子どもを殺害してから自分も自殺しようと考え、電気機器コードで子どもの首を絞め殺害し、自らは睡眠改善薬を多量に服薬した。その後、帰宅した夫に発見され救急搬送となった。Bは救急病院で数日間治療を受け、退院後に逮捕・送検された。

　送検後、簡易鑑定によって事件時は心神耗弱状態と考えられたため、検察官は地方裁判所に公判請求を行った。裁判で心神耗弱と認められたことから、刑を軽減され単純執行猶予判決を受けた。刑確定後、検察官による医療観察法の申立てがなされ、裁判官による鑑定入院命令により、Bは鑑定入院医療機関に入院となり、保護観察所は生活環境の調査の嘱託を受けた。

　社会復帰調整官は、Bへの面接だけでなく、夫や関係者とも面接を行い、支援者全員が公判時から一貫して今後も支えていくとの意思を示したことを確認した。また、平日は実母がB宅に宿泊した上でのサポートが見込まれるが、夫自身はBへの対応に不安を感じていた。

　また、Bは公判中から、気持ちを落ち着かせるための服薬治療の必要性を感じており、引き続き、通院治療を希望するとの発言がみられた。鑑定入院医療機関の鑑定意見として、感情障害により継続した治療が必要であることや、子どもを亡くした喪失感について、逮捕勾留・長期入院により、実感が乏しい状態であると判断された。そのため、社会復帰調整官は「引き続き心理カウンセリング等による治療が必要」であるが、「入院医療までの必要性はない」との意見とした。

　その後、審判が開催され、鑑定書と生活調査結果報告書の意見を参考とした結果、通院医療を検討するため、地方裁判所から保護観察所に対して、通院決定となった場合の医療と援助の確保について、追加で生活環境調査の嘱託がなされた。社会復帰調整官は、市担当者や保健所に対して協力依頼をし、指定通院医療機関に受入れ打診を行って、地域ケア会議を開催して、提供される医療や福祉サービス等の援助について確認し「処遇実施計画書（案）」を作成。地方裁判所に受け入れ可能な医療機関及び援助機関の準備ができたことを記載した「生活環境調査結果報告書（追加）」を提出した。

裁判所はその内容を確認し、通院決定としたため、決定日に社会復帰調整官に決定の告知が依頼され、社会復帰調整官が通院処遇の手続を行った後、B・夫が指定通院医療機関で主治医による診察を受けた後、地域ケア会議が開催された。

　そこで、当面の処遇内容を反映した「処遇実施計画書」を作成した。処遇内容は、医療として主治医の診察を週1回、公認心理師の心理面接を週1回、訪問看護を週1回受けることと、援助は市担当者と保健所保健師による往訪面接を月1回とし、精神保健観察は社会復帰調整官の面接を月2回行うこととした。また、公認心理師と社会復帰調整官が共同してクライシスプランを作成していくことも確認した。

　3か月経過後、ケア会議で公認心理師作成のクライシスプランの活用が決まった。また、近日中に子どもの誕生日が来るため、実際にクライシスプランを活用してBの心理状態の変化に注視し、訪問看護と医療支援を増やした。

　8か月経過後、Bから短時間のパート勤務をしたいとの希望があり、主治医からは勤務時間等を考慮したら問題ないとの意見があったため、近所の店舗で週3日午前中のみの就労を行うこととなった。

　就労開始後3か月過ぎた頃、公認心理師面接の際にBから気持ちの落ち込みがあり、心情が不安定になっているとの訴えがあった。社会復帰調整官との面接時に、Bがパート先の先輩から子どもについて聞かれ、返答に悩み眠れなくなったが、入院への不安があり主治医に言い出せなかったと述べたため、クライシスプランを確認し、自らの状態が事件前の状態に近いことに気付くことができた。そこで、予定を早め診察を受け、服薬調整が行われたことで、睡眠状態が改善され、しばらくして元の安定した生活に戻ることができた。

　1年2か月後、現状と今後の処遇について地域ケア会議で検討を行った。主治医から、病状も安定し、医療が必要であると考えているとの意見であった。一方、公認心理師から、現状は安定しているが、今後、妊娠・出産するなどの生活の変化があった場合の援助体制の構築が必要との意見であった。市担当者から、今後の妊娠・出産の可能性を考えて市保健センターの保健師との関係性の構築等に努めるなど課題があり、まずは心理カウンセリングにおいて妊娠・出産時のクライシスプランを作成することとした。

　1年6か月後のケア会議において、将来的に妊娠・出産について夫もBの気持ちを尊重するとの意向を示した。そこで、通院処遇の必要性について検討し、地方裁判所に対して、「本法における医療の終了」の申立てを行うこととした。そこで、

保護観察所の求めにより、指定通院医療機関の長から通院処遇の終了について「意見書」が提出され、保護観察所長は法54条に基づき、「意見書」を付して「処遇終了申立書」を地方裁判所に提出した。地方裁判所の審判において、本法による処遇についての検討が行われ、指定通院開始から1年11か月が過ぎ、「本法による入院によらない医療の終了」の決定がなされた。これによりBの精神保健観察は終了し、医療観察法による医療から一般精神科医療に移行した。以後、地域の関係者等の見守りのもと、再他害行為なく地域生活を送っている。

【解　説】

　本事例は、当初審判でいわゆる「即通院決定」となったものである。指定入院による治療や教育プログラムを受けることなく、通院処遇となるため、通院開始時には精神科治療の理解や家族等の支援が重要となってくる。指定入院医療機関では相応の期間を使い、クライシスプランを作成できるが、即通院決定の場合は通院処遇中に作成する必要があり、より処遇関係者との連携が重要となってくる。

　また、本人や家族も処遇関係者との関係が構築されない中での処遇開始であり、地域処遇開始当初は生活環境調査を行った社会復帰調整官が診察や面接場面に立ち会って情報共有を行うこともある。今回の事例では病状悪化時にBの行動や考え方の傾向が分かり、共有できたことが信頼関係の構築や、本法通院処遇終了後の医療や援助について検討するきっかけとなった。これにより早期の処遇終了申立てが可能となったと考えられた。

3　司法精神保健福祉領域のソーシャルワーカーとして

　本節では、医療観察制度における架空事例を紹介し、各制度・処遇内容について解説してきた。その中であくまで処遇の中心は医療及び援助であるが、医療、福祉、司法と連携し処遇を円滑に進める役割を社会復帰調整官が担っている。

　また、精神保健観察では、本人が守るべき事項（医療を受けているか等）を遵守しているか確認（監督）して、適切な司法手続を進めていく役割と、生活指導を行い、援助機関の利用への橋渡しをするなどソーシャルワークの視点を

持って対象者の支援を行う役割を担っている。このようにコーディネーターとして関係者と協働し、調整する役割は一般の精神保健福祉のソーシャルワーカーと共通しているといえよう。

第5章

犯罪被害者に対する支援

本章では、犯罪被害に遭われた方やその家族もしくは遺族に対する支援について解説する。我が国では被害者に対する支援は長い間見過ごされ、刑事司法手続では被害者は「証拠」の一つとしてしか扱われてこなかったが、平成12（2000）年以降、被害者支援は大幅に整備されてきている。

　第1節では、被害者がおかれる状況と支援策について、第2節では、被害者支援の実際について架空事例をもとに説明する。第3節では、地方公共団体における被害者支援について詳説する。第1節・第2節は、民間被害者支援団体で犯罪被害相談員として勤務する石井・木村・森が担当する。第3節は「被害者が創る条例研究会」で活動する尾﨑（白梅学園大学）が担当する。

　なお、本章では断りがない限り、犯罪被害者とその家族及び遺族を「被害者」とする。

第1節

犯罪被害者がおかれる状況と支援策

石井　涼子　　木村　夏海　　森　響子

1　犯罪被害がもたらす心身への影響と問題

　犯罪被害には、殺人、傷害、交通事件、性犯罪、ドメスティック・バイオレンス、ストーカー、虐待、財産犯など様々なものがあるが、ここでは生命を奪われたり心身を傷つけられたりする被害に焦点を当てる。

　犯罪被害は、本人のみならずその家族にも大きな衝撃を与える。その衝撃は心身に不調をもたらし、トラウマ体験として脳や心に深く刻まれる場合が多い。そして、図表5−1に示すように、被害直後から多岐にわたる問題を抱える。

　心身の不調については、特に被害直後は茫然自失の状態になり、感覚や感情、思考が麻痺してしまう場合がある。不眠や食欲の低下、動悸、過呼吸などの身体的な反応や、フラッシュバック、回避（出来事を思い出させるものを避ける）、解離（離人感や現実感の喪失など）、感情のコントロール不全、集中力の低下などの精神的な反応も現れやすい。このような心身に生じる反応は、強い衝撃を受ける体験をすれば「誰にでも起きる当然の反応」である。また、

図表5−1　被害者が抱える問題

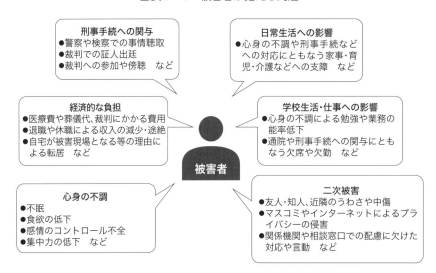

刑事手続への関与
●警察や検察での事情聴取
●裁判での証人出廷
●裁判への参加や傍聴　など

日常生活への影響
●心身の不調や刑事手続など
　への対応にともなう家事・育
　児・介護などへの支障　など

経済的な負担
●医療費や葬儀代、裁判にかかる費用
●退職や休職による収入の減少・途絶
●自宅が被害現場となる等の理由に
　よる転居　など

学校生活・仕事への影響
●心身の不調による勉強や業務の
　能率低下
●通院や刑事手続への関与にとも
　なう欠席や欠勤　など

心身の不調
●不眠
●食欲の低下
●感情のコントロール不全
●集中力の低下　など

二次被害
●友人・知人、近隣のうわさや中傷
●マスコミやインターネットによるプラ
　イバシーの侵害
●関係機関や相談窓口での配慮に欠けた
　対応や言動　など

被害者

出典：被害者支援都民センター広報啓発用パネルをもとに筆者作成

　遺族の場合、突然の暴力的な死別体験となるため、病死や自然死のような死別における悲嘆より複雑な反応になる。多くの場合、時間の経過とともに適切な支援を受けることで軽減していくが、長期化すると専門的なトラウマ治療が必要となる。

　また、社会への安全感や他者への信頼感が失われやすく、自責感を持ったり、周囲からの配慮のない言動によって二次被害を受けたりするのも、犯罪被害の特徴といえる。

　刑事手続の関与については、被害直後から否応なく関わらなくてはならない場合がほとんどであり、時間的にも精神的にも負担が大きい。司法機関での事情聴取や裁判手続など初めてのことに不安を抱く。

　経済的な負担については、犯罪被害者等給付金などの経済的な支援制度（**図表5−3**）があるが、支給されるまでに時間がかかる、出費の全てがカバーされないなど課題がある。医療費・療養費や転居費用などの出費が生じる場合もある。

　その他、日常生活への影響や就労・就学への影響など、実に様々な問題を抱

えることになる。

2 犯罪被害者のための制度と支援策——発展経緯と現在の法制度

1) 発展経緯

　我が国の被害者に対する支援はどのように発展してきたのだろうか。昭和55（1980）年に「犯罪被害者等給付金支給法」が成立したことにより経済的支援が始まり、平成4（1992）年の東京医科歯科大学における犯罪被害者相談室の開設[(1)]により精神的支援が始動した。1990年代後半には、警察、検察庁、弁護士会などの司法機関で、被害者への対応が組織化され始めた。民間でも平成10（1998）年に被害者支援を行う民間支援団体が連携し、全国被害者支援ネットワーク（以下「全国ネットワーク」）が結成され、被害者の地位向上や司法制度の改革を訴える被害当事者らの運動組織も活動を始めた。

　2000年代に入り、いわゆる「犯罪被害者保護関連二法」が制定され、刑事裁判で被害者が証言する際の負担が軽減され意見陳述などが認められた。そして、「全国犯罪被害者の会」をはじめとする被害当事者組織の全国的な運動の高まりを受けて、平成16（2004）年、「犯罪被害者等基本法」（以下「基本法」）が成立した。基本法は、被害者の権利利益の保護を図ることを目的とした画期的な法律である。基本理念として「被害者は個人の尊厳が重んぜられ、その尊厳にふさわしい処遇を保障される権利を有する」ことなどを定め、国・地方公共団体（以下「自治体」）・国民の責務や、総合的・計画的な施策の基本事項を規定している。

　翌年には基本法に基づき、「犯罪被害者等基本計画」（以下「基本計画」）が策定された。基本計画は、4つの基本方針——①尊厳にふさわしい処遇を権利として保障すること、②個々の事情に応じて適切に行われること、③途切れることなく行われること、④国民の総意を形成しながら展開されること——及び5つの重点課題——①損害回復・経済的支援等への取組、②精神的・身体的被害の回復・防止への取組、③刑事手続への関与拡充への取組、④支援等のための体制整備への取組、⑤国民の理解の増進と配慮・協力の確保への取組——を定めた。関係府省庁が横断的に取り組む258の具体的施策が明記されている。この基本方針と重点課題は、被害者のニーズを網羅的に反映しており、現在の

第4次基本計画まで引き継がれている（伊藤 2021）。

　基本計画を受けて平成20（2008）年には、被害当事者が強く求めていた被害者参加制度が導入され、同時に損害賠償命令制度なども始まり、民事手続などに関して被害者側の負担が軽くなった（**図表5−2参照**）。

　基本計画の推進状況は5年ごとに見直され、平成23（2011）年には第2次基本計画が策定された。同計画のもとでは、犯罪被害給付制度の拡充、性犯罪・性暴力被害者のためのワンストップ支援センター[2]（以下「ワンストップ支援センター」）の設置などが進められた。

　平成28（2016）年に策定された第3次基本計画では、中長期的な生活支援が重視されるようになり、社会福祉士、精神保健福祉士、臨床心理士等の専門職の活用などが明記された。同計画の成果としては、犯罪被害給付制度の一層の拡充、カウンセリング費用の公費負担制度の全国整備、ワンストップ支援センターの全都道府県への設置、被害者のための総合的対応窓口の全自治体への設置などが挙げられる。

　平成29（2017）年には性犯罪に関する刑法改正が行われた。性犯罪は非親告罪化され、被害者の性別は問わないことになり、強姦罪の罪名は「強制性交等罪」に改められて「監護者性交等罪」等も新設された。この刑法改正では、性暴力被害の当事者たちが声を上げたことが大きい。この改正法の附則に基づき、令和2（2020）年から法務省にて「性犯罪に関する刑事法検討会」が開催された。検討会では、被害者の意思に反して行う性交等が被害者に与える影響の深刻さには理解が得られたが、強制性交等罪などの構成要件を不同意のみとするには課題が残るとされた。また、地位・関係性を利用した性犯罪の創設、性交同意年齢の引き上げ、公訴時効の撤廃・延長なども議論された。今後の法案化に向けた議論を期待したい。

　令和3（2021）年4月にスタートした第4次基本計画では、ワンストップ支援センターの体制強化、弁護士による支援に対する経済的援助に関する検討、被害にあった児童生徒やその兄弟姉妹に対する支援の充実等が盛り込まれた。また、法務省の「更生保護の犯罪被害者等施策の在り方を考える検討会」の提言[3]や法制審議会答申[4]を受けて、加害者の施設内・社会内処遇において、被害者の状況や心情を加害者が理解することや、加害者が被害者に対し謝罪

や賠償を行うことを促す指導・教育を充実させることなどが明記された[5]。さらに、同計画には、最近の事件を反映してSNSを含むインターネット上の誹謗中傷に関する相談体制の充実と、そのための広報啓発活動の強化などが入った。

　このように、平成16（2004）年の基本法制定以降、我が国の被害者のための制度や支援体制は急速に進展してきたといえるが、新たに起こる被害者の問題に迅速に対応し、社会情勢に応じた支援を展開することが求められている。

2）被害者のための支援制度・施策

　現在、被害者が利用できる制度や施策にはどのようなものがあるだろうか。図表5-2は、刑事手続において利用できるものをその流れに沿ってまとめたものである。捜査段階から起訴、公判、裁判後まで被害者が申請することによって利用できる制度は様々用意されているが、その多くは平成12（2000）年以降、刑事手続における被害者の地位向上、権利利益の保護の観点から導入されたものである。

　図表5-3は、主な経済的な支援制度等をまとめたものである。近年は精神的ケアや性被害にかかわる経費の支援が整い、また自治体においても被害者のための経済的支援策を講じるところが増えている。

図表5-2 刑事手続における被害者のための制度等

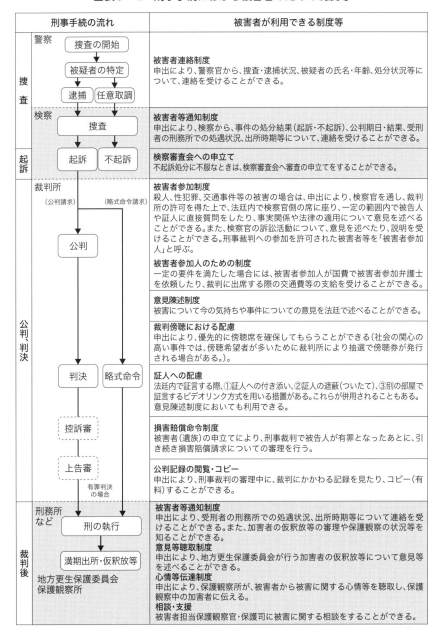

刑事手続の流れ	被害者が利用できる制度等
捜査 警察 捜査の開始 → 被疑者の特定 → 逮捕／任意取調	**被害者連絡制度** 申出により、警察官から、捜査・逮捕状況、被疑者の氏名・年齢、処分状況等について、連絡を受けることができる。
検察 捜査	**被害者等通知制度** 申出により、検察から、事件の処分結果（起訴・不起訴）、公判期日・結果、受刑者の刑務所での処遇状況、出所時期等について、連絡を受けることができる。
起訴 起訴／不起訴	**検察審査会への申立て** 不起訴処分に不服なときは、検察審査会へ審査の申立てをすることができる。
公判、判決 裁判所（公判請求）（略式命令請求）公判	**被害者参加制度** 殺人、性犯罪、交通事件等の被害の場合は、申出により、検察官を通し、裁判所の許可を得た上で、法廷内で検察官側の席に座り、一定の範囲内で被告人や証人に直接質問をしたり、事実関係や法律の適用について意見を述べることができる。また、検察官の訴訟活動について、意見を述べたり、説明を受けることができる。刑事裁判への参加を許可された被害者等を「被害者参加人」と呼ぶ。
	被害者参加人のための制度 一定の要件を満たした場合には、被害者参加人が国費で被害者参加弁護士を依頼したり、裁判に出席する際の交通費等の支給を受けることができる。
	意見陳述制度 被害について今の気持ちや事件についての意見を法廷で述べることができる。
	裁判傍聴における配慮 申出により、優先的に傍聴席を確保してもらうことができる（社会の関心の高い事件では、傍聴希望者が多いために裁判所により抽選で傍聴券が発行される場合がある。）。
判決／略式命令	**証人への配慮** 法廷内で証言する際、①証人への付き添い、②証人の遮蔽（ついたて）、③別の部屋で証言するビデオリンク方式を用いる措置がある。これらが併用されることもある。意見陳述制度においても利用できる。
控訴審	**損害賠償命令制度** 被害者（遺族）の申立てにより、刑事裁判で被告人が有罪となったあとに、引き続き損害賠償請求についての審理を行う。
上告審 有罪判決の場合	**公判記録の閲覧・コピー** 申出により、刑事裁判の審理中に、裁判にかかわる記録を見たり、コピー（有料）することができる。
裁判後 刑務所など 刑の執行 → 満期出所・仮釈放等 地方更生保護委員会 保護観察所	**被害者等通知制度** 申出により、受刑者の刑務所での処遇状況、出所時期等について連絡を受けることができる。また、加害者の仮釈放等の審理や保護観察の状況等を知ることができる。 **意見等聴取制度** 申出により、地方更生保護委員会が行う加害者の仮釈放等について意見等を述べることができる。 **心情等伝達制度** 申出により、保護観察所が、被害者から被害に関する心情等を聴取し、保護観察中の加害者に伝える。 **相談・支援** 被害者担当保護観察官・保護司に被害に関する相談をすることができる。

注) 1　少年事件の場合、刑事手続の流れは異なる
　　2　個別の事案によって、関わる手続・利用できる制度等は異なる

図表5－3　経済的支援に関連する主な制度等

●犯罪被害給付制度

　故意の犯罪行為により死亡した被害者の遺族又は重傷病もしくは障害という重大な被害を受けた被害者に対して、国が犯罪被害者等給付金を支給する制度。
「遺族給付金」「重傷病給付金」「障害給付金」の３種類がある。

●国外犯罪被害弔慰金等支給制度

　日本国外での故意の犯罪行為により死亡した日本国民の遺族に対しては国外犯罪被害弔慰金を、障害が残った日本国民には国外犯罪被害障害見舞金を支給する制度。

●被害回復給付金支給制度

　犯人よりはく奪（没収・追徴）した「犯罪被害財産」を金銭化して「給付資金」として保管し、そこからその事件により被害を受けた者等に給付金を支給する制度。
　詐欺罪や高金利受領罪（出資法違反）といった財産犯等の犯罪行為により犯人が得た財産（犯罪被害財産）は、その犯罪が組織的に行われた場合やいわゆるマネーロンダリングが行われた場合のみ、刑事裁判により犯人からはく奪することができる。

●性犯罪被害者の緊急避妊等に要する経費の公費負担制度

　性犯罪被害者の緊急避妊等に要する経費（初診料、診断書料、性感染症等の検査費用、人工妊娠中絶費用等を含む）を公費で負担する制度。
　身体犯被害についても、犯罪被害に係る診断書料、死体検案書料及び初診料の費用を負担している。

●カウンセリング費用の公費負担制度

　精神科医、臨床心理士等を受診した際の診療料又はカウンセリング料を公費により負担する制度。

●その他：
　一時居所の提供
　転居費用の助成／家賃補助
　弁護士費用の補助・立替
　見舞金支給制度／生活資金貸付制度　　など

　　　　　　　　　　　　　　　　　　　　　　　　　　詳細は、本章３節を参照。

注）自治体によって、制度の内容や条件等が異なる場合もある。

3　支援活動の現状

1）被害者支援に関わる機関・団体

　被害者支援を担う機関・団体としては、警察、検察庁、裁判所、弁護士会、日本司法支援センター（法テラス）、保護観察所、自治体の総合的対応窓口のほか、民間被害者支援団体、性犯罪・性暴力のためのワンストップ支援センター、配偶者暴力相談支援センター、民間シェルター、医療機関、保健所、精神保健センターなどがある。また、被害当事者による運動組織や自助グループ

などの団体も多く設立され、被害者の権利向上に向けて活動している。

2) 民間支援団体における支援活動

　被害者に対応する様々な機関・団体の中で、全国ネットワークに加盟する民間支援団体（被害者支援センターとも呼ばれる）は、被害者支援において中核的な役割を果たしている。前述の犯罪被害者相談室の開設から始まり、平成7（1995）年以降、民間支援団体は各地に設立され始め、平成21（2009）年に全都道府県に設置された（現在、北海道に2団体あり計48団体）。

　民間支援団体の主な支援対象は、いわゆる生命身体犯（殺人、強盗、暴行傷害、交通事件、性犯罪等）の被害者やその家族・遺族等である。支援内容は、情報提供、電話・面接等での相談、心理的ケア、直接的支援（関係機関への付添いや被害者宅訪問等）、自助グループの支援などで、このほか、広報啓発や人材育成、調査研究なども行う。ただし、支援活動の内容は、各団体の設立や発展の経緯によって異なる。平成30（2018）年には、全国ネットワークに犯罪被害者等電話サポートセンターが開設され、早朝・夜間や休日の電話相談が可能となった。

　令和2（2020）年度に全国ネットワーク加盟団体が取り扱った犯罪被害に関わる相談総件数は3万7624件である。被害種別では、性犯罪被害が最も多く（60.6%）、殺人や暴行傷害等の身体犯被害（19.9%）、交通事件の被害（11.4%）と続く。ここ数年は性犯罪被害の相談が過半数を占める（全国被害者支援ネットワーク 2021）。

　また、平成13（2001）年に犯罪被害者等早期援助団体（以下「早期援助団体」）[6]の指定制度が開始され、事件後早い段階に、警察が被害者の同意を得た上で、被害者の個人情報を早期援助団体に提供し繋ぐという仕組みができた。平成27（2015）年には全国の民間支援団体が指定を受け、民間支援団体から被害者に早期にアプローチすることが可能になった。

3) 民間支援団体の存在意義

　民間支援団体の利点は「中長期的な支援ができること、利便性・融通性、きめ細かな支援、無償の支援サービス」（伊藤 2016）のほか、「（被害者が）支援

者とのフラットな関係性の中で、社会や人間関係への信頼を取り戻すことができる」（伊藤 2018）などが挙げられる。支援実績も積んでおり、長期にわたる総合的な支援を提供している点で大きな役割を担っている。

　ただし、民間支援団体は北海道を除き都府県に1か所しかなく広域支援に限界があり、財政的基盤が弱い（伊藤 2021）などの課題も抱えている。

第2節

被害者支援の現場

石井　涼子　　木村　夏海　　森　響子

　本節では、民間支援団体の支援活動の一例として、筆者らの勤務する被害者支援都民センターの支援内容について、架空事例に基づき解説する。

1　支援活動の実際─被害者支援都民センターにおける支援から

1）被害者支援都民センターの支援内容と支援の流れ

　公益社団法人被害者支援都民センター（以下「都民センター」）は、前述の犯罪被害者相談室を改組し、平成12（2000）年に被害者を総合的に支援する民間支援団体として東京都に設立された。

　令和2（2020）年の都内における刑法犯の認知件数は8万2764件で、全国の13％を占めており、他府県に比べて高い。交通事故（人身事故）の発生件数は2万5642件となっており、全国の8％を東京都が占めている[7]。

　都民センターの支援内容は、全国ネットワーク加盟の民間支援団体の活動内容に沿ったもので、主に以下の5点である。

⑴　電話・面接等での相談

　電話、メール、手紙、FAXや面接で、刑事手続や生活の困り事などの相談を受け、刑事手続の説明や心理的サポートを行う。

⑵　心理的ケア

　カウンセリングや、トラウマに関する専門の心理療法プログラムなどを行う。

⑶　直接的支援

　被害者宅訪問や、警察、検察、裁判、病院などの付添いを行い、その場での心理的サポートや手続面でのフォローを行う。

⑷　自助グループの支援

　殺人、傷害致死、交通死亡事件等のご遺族の語り合いの場（自助グループ）が、毎月1回開催され、そのグループをサポートする。遺族の手記集を毎年発行しており、自助グループのご遺族も寄稿している。

⑸　広報啓発・人材育成

　被害者支援キャンペーンや講演などを行う。また、一般向けセミナーの実施や、他の地域の民間支援団体・市区町村・検察庁などの関係機関からの実地研修生の受入れも行う。

図表5－4　被害者支援都民センターの支援の流れ

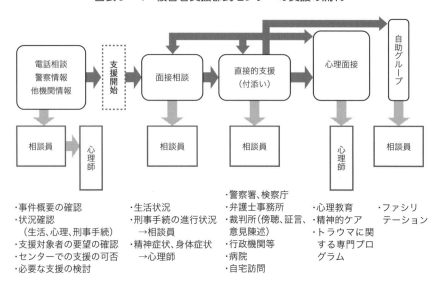

出典：被害者支援都民センター広報啓発用スライドをもとに筆者作成

　都民センターにおける支援の流れを示したのが、**図表5－4**である。基本的に被害者からの電話相談で支援が始まるが、警察・検察庁の被害者支援室、検事、弁護士、病院などから情報が入ることもある。次に面接を行い、犯罪被害相談員及び犯罪被害者直接支援員等（以下「相談員」）と公認心理師等（以下「心理師」）が車の両輪のように協働して支援を進める。都民センターでは、東京都との協働事業により心理師が配置され、相談員と日常的にコミュケーションをとり刑事手続の進み具合を見て心理面接を実施するスタイルが確立している。

② 相談員の役割─被害者支援の基本的な姿勢と対応

　筆者らは社会福祉士の資格を持ち、ソーシャルワークの視点から日々被害者のための支援に当たっている。以下、相談員としての姿勢や役割を整理する。

　まず大切なのは、受容、共感、傾聴である。衝撃的な出来事を体験した被害者を前に、全面的に寄り添い安心感を持っていただけるよう対応する。よい助言をしなければなどと気負わず、被害者と対等な立場で、思いを受けとめることを心がけている。

　また、被害者が本来もっている「強み」を大事にする視点も重要である。被害者は被害に遭ったことで一時的に力を失っているだけであり、困難に対処する力や培ってきた経験、人間関係などの強みを持っている。被害前の状況も伺い、本人の強みを引き出すよう努めている。同時に、被害者自身が様々な課題について決断することを尊重し、側面的に支えることも重要である。特に、刑事手続については十分に情報を提供し、適宜被害者自らが決断できるよう支援する。それが、被害者の力を「回復」することにも役立つからである。

　そして、守秘義務の徹底も大切である。犯罪による被害に遭ったことを知られたくないと思う方は多い。家族にすら心配をかけたくないと話すことをためらう方も少なくない。相談員としての守秘義務は、被害者の思いを尊重し安心して相談していただくための重要なポイントである。また、被害者に関する情報を関係機関と共有する場合には、必ず被害者の了解を得ており、書面での情報提供においても被害者が直に目を通し、了解のサインのある書類を提出している。

③）刑事手続のサポート

　刑事手続の検察・裁判段階は、主に都民センターが支援していくことになる。相談員が前述の基本的姿勢を保ち、どのようなことに気配りし刑事手続の支援を行うか具体的に示したい。

　図表5−5に示すように、被害者の精神状態は事件によって激しく落ち込み、刑事手続に関わる間も局面ごとに揺れ動く。その中で被害者は、心理的サポートを受けることで手続に主体的に関わることができるようになる。そして、様々な関係者に適切に支えられて乗り切る経験が「回復」に繋がる。それが、刑事手続の付添支援において目標にしていることである。

図表5−5　刑事手続の流れと被害者の精神状態

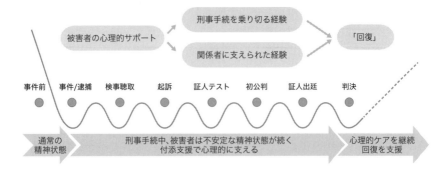

注）1　刑事手続の流れは個別の事案によって異なる。
　　2　証人テストとは、検察官又は弁護人が事前に証人と面談し、事実関係を確認し、証人尋問の
　　　準備をすること。
出典：被害者支援都民センター広報啓発用スライドをもとに筆者作成

付添支援における相談員の役割には、主に以下の5点がある。

(1)　司法機関の担当者との関係構築

多くの被害者にとって司法関係者と関わることは慣れておらず、その関係が
スムーズに築けるよう相談員として支援する。例えば、司法関係者に何か尋ね
るときは、被害者が自らのことばで質問できるよう促したり、法的判断に影響
が出ない範囲に限られるが、アドボケイト（代弁・擁護者）の役割を担ったり
する。実際に被害者が質問していくことで司法関係者との信頼関係が深まる。
被害者のサポーターを増やす意味でも司法関係者との関係構築は重要である。

(2)　情報提供

被害者の心情に配慮して、必要な情報についてタイミングを計りながら伝え
ていく。一度に多くの情報を示すのではなく、被害者が今後の見通しを持てる
ように情報提供の仕方を工夫する。

(3)　心理的サポート

被害者の状況や心情を理解する相談員が付き添っていることは、被害者の安
心感に繋がる。被害者の体験を相談員が全く同じように体験することはできな
いが、同じ法廷に入り、加害者を見たり加害者の発言を聞いたりといった緊張
場面を共有し、その心情を聴く。被害者は事情聴取や裁判の証言等の後は、自
分の発言内容は適切だったかなどの思いが頭をめぐり、疲れきって集中力が低

下していることもある。付添いの終わりには被害者を労い、安全に帰宅できるように、現実感覚を取り戻せるような会話をして別れることも大切である（阿久津 2008）。

(4) 道具的サポート

飲み物、筆記用具など必要なものを準備し、適宜被害者に提供する。裁判の終了時間や今後のスケジュールの確認も行う。また、法廷では基本的に水を飲むことができないので、事前に裁判所から水の持ち込み許可を得てもらうよう調整することもある。

(5) 記　録

必要書類、スケジュール、時間、裁判内容などの記録をする。被害者のために、記録したメモを渡したり、メモが取れない状況では記憶して伝えたりすることもある。

例えば、検事は加害者の有罪立証、弁護士は法廷活動が主な役割になろうが、相談員はその中で唯一「被害者に寄り添う」役割を貫く立場にある。刑事裁判の結果が被害者の望むものでないことも多々あるが、司法関係者に配慮され尊重されたと実感できることは大きな意味を持つ。被害者は「やれるだけのことはやった」「助けてもらった」と感じ、被害によって失っていた力を取り戻すきっかけを得るとともに、それが司法制度や社会への信頼にも繋がるといえる。

2　事　例

以下4つの架空事例をもとに、支援過程について説明する。事例は都民センターで実際に支援をした複数の事例をもとに作成したものである。

◆架空事例1：性被害に遭った女性（20代）に対する支援

Case 1

職場から帰宅し玄関を開けたところ、背後から見ず知らずの男に押し入られ、性犯罪被害に遭った。事件後すぐに110番通報し、後日犯人は逮捕された。事件から1か月後、警察から都民センターに支援依頼が入った。

初回面接では相談員と心理師が対応した。「犯人の弁護士が話したいと言っていると検事さんから聞き、どうしたらいいか分からない。裁判になると言われたが、今後どうなるのか不安でたまらない。怖くて自宅に居られず、すぐに姉の家に引っ

越した。外出が怖く暗くなると一人で歩けない。事件のことが頭から離れず、仕事が手につかない」と話した。転居費用は後日行政の助成制度を申請した。

　刑事手続の支援としては、被害者が弁護士と面接する際に相談員が同行した。弁護士からの説明を聞き、示談交渉と公判の被害者参加制度について弁護を依頼した（弁護士費用の助成制度を利用）。その後、弁護士、検察庁と連携し、被害者の意向が最大限に尊重されるよう準備を進めた。裁判では遮蔽措置（被害者と被告人との間に衝立を置くなど）をとった法廷で被害者自身が意見陳述を読み上げ、相談員は遮蔽の中で付き添った。加害者の懲役刑が確定し、賠償金は弁護士を通じて支払われた。被害者は「裁判にちゃんと向き合ってよかった。刑は軽すぎると思うが、たくさんの人に支えられ最後までできた」と語った。

　心理面については、都民センターで心理師がカウンセリングを実施した。強い不眠症状があったため、心理師から精神科受診を勧め、受診の際には相談員が付添いを行った（医療費は警察の助成制度を利用）。主治医と連携しながら、都民センター内でカウンセリングを行い裁判中の心理的ケアを行った。裁判終了後、トラウマ反応が残っていたため、都民センターでトラウマ焦点化認知行動療法[8]を行った。3か月後、日常生活に支障がなくなるまでに回復した。職場では上司等の理解があり、一時的に業務負担を減らしてもらっていたが、心身の回復にともない元のポストに戻ることができた。

　4年後、被害者から加害者の仮釈放審理開始の連絡があり戸惑っているとの連絡があった。心理師が心理的な動揺をフォローするとともに、相談員が仮釈放の情報提供を行い被害者の意向を確認した。地方更生保護委員会と連携し、仮釈放に対する意見等聴取制度（書面）を利用した。その後、都民センターに「元気で過ごしています。事件直後に諦めた資格試験に合格しました」と報告があった。

【解　説】

　架空事例1は、被害後の比較的早い時期に警察から依頼があり支援を開始し、刑事手続と心理面両方の支援を行ったもので、代表的な支援の形といえる。

　性犯罪被害を取り巻く状況は、**本章1節**で述べたようにこの数年で大きく変化しており、今後も変化が予想される。都民センターでも近年は性被害の相談が全体の約半数を占める。性犯罪被害者は刑事手続の支援と並行して、心理的ケアのニーズが高い傾向にある。

① ニーズの聞き取りと支援計画

　被害者は、自身に起こるトラウマ反応に戸惑うとともに、刑事手続は専門用語が多く難解で、この先どう進むのか見通せない。さらに、一度に多くの問題が降りかかるため、どの問題から対処すべきか自身では優先順位をつけることも難しい。被害者がその時に訴えるニーズだけでなく、心理面、刑事手続ともに今後予測される事態を想定してニーズを聞き取る必要がある。刑事手続は時間的制約があり被害者の意向では時期を動かせないものも多いため、支援計画を立てる際にはその点に留意する。

② 被害者にとっての刑事手続の意味

　刑事手続は大きな負担や苦痛を伴うが、被害者にとって「回復」の機会となることもある。多くの人に支えられて刑事手続を乗り越えたと感じることは、自尊心や社会への信頼を取り戻すきっかけになり得る。刑事手続は定められた時期を逃すと二度と関わることができない。被害者の意思を尊重し状態を配慮した上で、どのように刑事手続と関わることが「回復」に役立つかを検討する。刑事手続は法律上の制約も大きいが、被害者自身が決断できるよう十分なサポートを提供することが重要である。

③ 刑事手続と心理的ケアの連携の重要性

　都民センターの支援は大きく分けて刑事手続の支援とトラウマ反応やPTSDなどへの心理的ケアがある（心理的ケアについては参考文献を参照）。両者は車の両輪のように適切に機能することが非常に重要である。心理的なケアを受けることで安心して刑事手続に臨むことができ、適切なサポートを受け刑事手続を乗り越えることが心理的な回復にも繋がる。心理師と相談員が協働していく必要がある。

◆架空事例2：娘を殺害された遺族（両親 60代）に対する支援

Case 2

　一人暮らしの女性が元交際相手に殺害された。犯人はすぐに逮捕された。事件直後から事件現場となった女性のマンションや、両親の自宅にもマスコミが押しかけたため、警察から紹介を受けた弁護士がマスコミ対応を開始した。その弁護士から都民センターに支援依頼が入った。

　相談員は弁護士事務所で両親と対面。両親は「加害者は何としても厳罰に。娘の

ためにできることは何でもしたい」と、被害者参加制度を使うことを望み、その準備に積極的に関わった。両親は他の事件の遺族が書いた意見陳述書を繰り返し読み、弁護士と相談し時間をかけて意見陳述書を書き上げた。また、相談員とともに事前に裁判所に出向き、裁判傍聴を経験して自分の裁判に備えた。裁判当日は、被害者参加人として父親、弁護士が検察官の脇に着席し、母親とほかの親族は相談員とともに傍聴席で裁判に臨んだ。殺人事件のため裁判員裁判となり、裁判は朝から夕方まで連日続き、次第に遺族の疲労の色が濃くなった。母親は何度も嗚咽していたが、最後まで傍聴した。父親は被告人や弁護人の主張に憤り、休憩中に声を荒らげることもあった。両親とも意見陳述を自ら行った。判決後、「判決に納得はできないがみんなが尽力してくれた」と語った。その後控訴審へ移行し、両親は被害者参加制度を利用したが、相談員は全てに付き添った。控訴は棄却、原審判決のまま確定した。

　裁判終了後、両親は都民センターに来所し「娘の墓前に、力は及ばなかったけどやれるだけのことをやったよと報告した」「寂しさは変わらない。生きていたら今頃、結婚して孫も生まれていたのかなと思うと、どうしようもなく悲しい。この気持ちは一生変わらないと思う」と話した。

　その後、母親は面接にて心理的ケアを受けたのち、「同じような境遇の人と話したい」と都民センターの自助グループに参加するようになった。毎月開催される自助グループに足を運び「自分だけじゃないと思える。ここに来るとまた1か月頑張れる」という。また、両親とも「誰かの役に立つなら」と裁判の意見陳述のために書き上げた文章を都民センターの遺族手記集に載せることに同意。手記集は多くの司法機関や行政機関に配布され、被害者の声を広める役割を担っている。さらに父親は、警察署などでの研修において、講師として自身の経験を語り始めた。事件を通して考えたこと、裁判に参加した意見などを伝えている。

【解　説】

　殺人事件や交通事件の遺族は、裁判所への付添いなどの直接的支援へのニーズが高い。耳目を集める事件の裁判ではマスコミが入り、傍聴が抽選になるので留意が必要である。また、遺族の居住地が事件発生地から遠方の場合は都道府県を超えた連携が必要になる。

①　遺族にとっての刑事手続

　多くの遺族にとって裁判参加は大きな意味を持つ。架空事例2のように「亡

くなった家族のためにできる限りのことをしよう」と熱心に取り組む遺族も少なくないが、手続への関与を通して事件の様子を詳細に知ることになり心理的苦痛を感じたり、被告人の主張や刑に改めて傷つき、感情を揺さぶられたりすることも多い。また、裁判員裁判の導入で遺族は連日の裁判に臨むことになり、身体的負担も大きい。遺族が少しでも悔いを残さずに裁判を乗り越えられるように、相談員は司法機関や弁護士と打合せを行い、マスコミへの対応、裁判所への移動手段、裁判所控室の手配、検察官から説明を受けられるよう手筈を整えるなど、様々な状況を想定して事前準備をする。

②　広報啓発

　被害者のおかれる現状や周囲の対応などについての理解が、現在社会の中に浸透しているとはいい難い。都民センターの役割として、被害者が暮らしやすい社会、適切な支援を受けられる社会を実現するため、被害者の声を世の中に届けていくことは重要だと考えている。社会に働きかける活動が「回復」の一助になる被害者もいる。二次被害を受けたり、不本意に利用されたりすることのないように、被害者の発言の場を整えることが大切である。

◆架空事例3：性被害に遭った女児（小学生）とその母親（40代）に対する支援

Case 3

　小学生の女児が習い事先の講師にトイレに連れ込まれ、性犯罪被害に遭った。帰宅した娘の様子がおかしいことに気付いた母親が話を聞き、警察に通報した。講師（被疑者）が事件を否認したため女児の証人出廷が必要となり、検察庁から証人出廷の際の付添いとして、都民センターに支援依頼が入った。

　検察庁で女児と検事の顔合わせに相談員が同席。女児はひどく緊張した様子で言葉数も少なかった。別の相談員が待機している母親から話を聞くと「証人出廷させることがとても不安。事件後、一人で寝られない、母親のそばを離れない、癇癪を起こすなど、対応に困っている」とのこと。

　相談員は、検事との打合せに全て同席し、裁判や証言についての女児の疑問や不安を検事に伝え、女児と信頼関係を築けるよう努めた。裁判当日、女児は裁判所でビデオリンク方式を利用して証言した。相談員はその場面に同席し、途中女児が泣き出して尋問に応じられなくなった際には、一時休廷を申し出た。女児に対応するとともに、検事と相談して裁判所にできるだけの配慮を求めた。証言が終わると、女児は「私、ちゃんとできたのかな」と不安そうだった。検事にその

旨を伝えると、検事は「よくできていた、裁判に協力してくれてありがとう」と女児に話しかけ、女児はほっとした表情を見せた。

　裁判終了後、母親の希望もあり女児の精神的なケアのために母子で都民センターに来所。心理師は女児に対し気持ちに寄り添いながら、事件による影響を聞き、母親に対しても女児の様子を聞き取り対応の仕方を教えた。女児にトラウマ反応が見られ、母子ともに継続のカウンセリングを希望したため、トラウマ焦点化認知行動療法を行った。半年間母子で都民センターに通い、トラウマ反応はほぼ消失。フォローアップで来所した女児は「毎日学校が楽しい。ママがよく頑張ったねって言ってくれた」と笑顔で語った。

【解　説】

　子どもが被害に遭った場合、年齢や発達段階に応じて工夫して支援を行う必要がある。都民センターではぬいぐるみ、粘土、ボードゲームなどのおもちゃ、トラウマや死別を扱った子ども向けの絵本、動物の絵柄がある法廷見取り図など様々なツールを用意している。

①　子どものトラウマ反応

　子どものトラウマ反応の表出の仕方は大人とは異なり、言語能力が未発達なため、身体の不調や行動の変化として表出することが多い。また、周囲の大人の事件に対する動揺が強い場合など、被害直後にはトラウマ反応を表さず、遅れてから複雑化して出てくることもある。

　子どもに多いトラウマ反応としては、不眠、悪夢、食欲不振、発熱、頭痛、腹痛、赤ちゃん返り、癇癪や情緒不安定、登園・登校しぶり、友人やきょうだいとのトラブル、ゲームやインターネットへの没頭、自傷行為、性的問題行動などがある。周囲の大人にはトラウマ反応であることが分かりにくい場合もあり、いわゆる問題行動と捉えられてしまうこともある。学齢期の子どもの場合は、子どもへの心理的ケアと並行して、学校と連携をとって子どもの状態、今後の見通し、対応などを共有しておくことが重要になる。

②　保護者への対応

　子どもが被害に遭うと保護者の傷つきも大きい。「守れなかった」「気が付けなかった」と自身を責め、子どものトラウマ反応に悩み、保護者としての自信が揺らいでしまうことも珍しくない。保護者自身が子どもの被害によって深刻

なトラウマ反応を呈することもある。心配のあまり、子どもの回復にとって望ましくない対応をしてしまう場合もある。また、司法手続では保護者が矢面に立つことが多く、心理的負担と疲労を感じる。子どもの「回復」を支援するには、同時に保護者に介入し支えていくことが重要である。

③　子どもと刑事手続の関わり

　年齢が低い子どもでも被害に遭うと刑事手続への協力を求められる。説明を工夫し子どもの考えや意思を丁寧に聞き取る必要がある。子どもでも事件によっては裁判で証言を行う必要があり、検事や弁護士からの尋問を受けることもある。関係機関は配慮を行うようになっており、子どもに対する司法面接の導入も進んでいるが、特段の措置をさらに検討する必要がある。

◆架空事例４：交通事件で夫を失った遺族（妻 50代）に対する地域連携による支援

―― Case 4

　夫婦で横断歩道を歩いていたところ、左折してきたトラックに夫が轢かれ、車体の下に巻き込まれた。夫は同日に亡くなり、トラック運転手は逮捕された。警察から都民センターに連絡が入り、事件から２週間後に妻が警察官に同行されて都民センターに来所した。

　相談員と心理師が初回面接を行ったところ「夫は車両の下に巻き込まれ、なかなか救出できなかった。悪夢だったのではという気がする。夫と二人家族なので一人ぼっちになってしまった」と無表情で淡々と語った。弁護士は夫の知人に依頼し、保険会社との交渉を既に始めているとのこと。運転手が事件を認めたため裁判は数回で終了し、裁判には弁護士と相談員が同行した。

　心理面について当初は取り乱すこともなかったが、詳しく話を聴くと不眠症状があることが分かった。悲惨な事件現場を目撃していることや親族関係が希薄でサポートがないことを踏まえ、早期に相談員が同行して医療機関を受診し、都民センター内での心理師によるカウンセリングを実施した。２か月ほど経つと不眠や食欲不振が顕著になり、周囲との人間関係も悪化していった。事件から半年が過ぎ、裁判が終了すると「生きている意味がなくなった」などの発言が聞かれるようになった。遺族向けのトラウマ焦点化認知行動療法は、抑うつ状態が強かったため導入は見送られた。都民センターでは精神科医と密に連携をとりながら心身面のサポートを行った。

　１年経過したが、依然として強い抑うつ状態が続き、社会生活に支障をきたして

いた。本人、精神科医と相談し、保健所の保健師と連携して今後の方針を検討した。精神保健福祉手帳を申請し訪問看護を利用するため、相談員が役所に同行して諸手続きを行った。訪問看護の担当者からは被害者遺族に対応することの不安が寄せられたが、都民センター、精神科医、保健師、訪問看護師でケース会議を開いて話し合い、支援を継続した。地域連携による支援体制ができ、都民センターが担っていた支援を徐々に地域の支援機関に引き継いでいった。

【解　説】

　架空事例4は地域の関係機関と連携して支援したケースである。都民センターでの地域連携の事例数はまだ多くはないが、被害者の地域での生活を支えるためどんな機関と連携すべきか、ケースごとに試行錯誤しつつ地域連携を進めている。

①　関係機関との連携

　被害者に対する支援は、様々な関連機関との連携が不可欠である。単なる情報提供にとどまらず、互いの業務を理解した上で相互に意見交換できる関係が望ましい。また、被害者が各関係機関と良好な関係を築けるよう調整することも、都民センターの役割の一つである。被害者の了解を得て事前に関係機関と情報共有しておく、初めて被害者と関係機関の担当者が会う場には同席する、引き続いてフォローするなど努めている。

②　都民センターの支援終了と地域への移行

　都民センターでの被害に関する相談が終了した後も何らかの支援が必要な場合、地域支援へ移行することになる。行政、クリニック、地域の福祉事業所など、ケースごとに多様な繋がりをつくり対応をしている。自治体における犯罪被害者対応総合窓口が充実し、地域へのスムーズな移行と長期的に被害者を支える体制の構築が期待される。

3　被害者支援の現場から思うこと

　民間支援団体の相談員として現場で働いてきて、近年は関係機関の支援体制が整い連携もとりやすくなっていることを肌で感じる。しかし、被害者のための制度・施策が整備されただけでは十分とはいえない。制度・施策というハー

ド面とともに、ソフト面である支援者の育成や専門性の向上を続けることが必須である。

　実際に被害者に寄り添って支援に当たっている中で、加害者側の身勝手と思えるような言い分に憤りを感じ、理不尽さにやるせなさを覚えることも少なくない。また、次から次へと悲惨な事件が起こり、悲しさや虚しさを感じたり、被害者の絶望や嘆きの前に自分の無力さを思ったりすることもある。「もっとよい支援ができたのではないか」と自分の未熟さも痛感する。そうした大変さと隣り合わせの現場ではあるが、同僚らと悩みを共有し合いながら一人ひとりの被害者の方に真摯に向き合う中で、支援をした方々が前を向き、自分の人生を再び歩み出す姿に接するのは、勇気付けられる。

　これからも、被害者の権利を守りニーズにきめ細かく対応するというソーシャルワークの専門性を活かして、支援活動に取り組んでいきたい。関係機関との調整やネットワークの構築といったメゾレベルのソーシャルワークも重視したいと考えている。また、こうした被害者支援の重要性が社会に広まることを願ってやまない。

〈注〉

⑴　平成3（1991）年の犯罪被害給付制度発足10周年記念シンポジウムで、被害者遺族の大久保恵美子氏が被害者への精神的支援を求めたことを契機に、この犯罪被害者相談室が開設された（トピック「被害者支援を訴え続けて30年余、今思うこと」参照）。

⑵　性犯罪・性暴力被害者のためのワンストップ支援センター（以下「ワンストップ支援センター」）は、性暴力被害者に、被害直後から医療、心理、法的支援などを可能な限り1か所で提供し、被害者の負担を軽減するための機関である。平成22（2010）年に全国で初めて開設された性暴力救援センター・大阪（SACHICO）がモデルの一つとなった。内閣府が設置を推進し、平成30（2018）年に全都道府県に設置された。運営形態は、病院拠点型、相談センター拠点型、相談センターが医療機関と連携する連携型がある。被害者支援センターがワンストップ支援センターを兼ねているところもある。

⑶　更生保護の犯罪被害者等施策は平成19（2007）年より施行。詳しくは**図表5−2**参照。令和元（2019）年度、法務省保護局に「更生保護の犯罪被害者等施策の在り方を考える検討会」が設置され、報告書では「アクセスの向上」「犯罪被害

者等の思いに応える制度運用の実現」等が提言された（http://www.moj.go.jp/hogo1/soumu/hogo08_00002.html、2021年7月26日アクセス）。

⑷　法制審議会第188回会議の諮問第103号に対する答申（http://www.moj.go.jp/content/001332182.pdf、2021年7月26日アクセス）。

⑸　具体的には以下の項目など。矯正施設の被収容者を対象に、謝罪・被害弁償等の具体的行動を促す改善指導・矯正教育等を充実させる。指導効果の検証について検討。刑の執行段階等における被害者等の心情等の聴取・伝達制度について検討。更生保護における心情等伝達制度へのアクセスの向上、しょく罪指導プログラムの充実化等について検討。保護観察対象者が、被害を回復すべき責任を自覚するための指導に関する事実について申告・資料提示することを、遵守事項の類型に追加。保護観察において、具体的な賠償計画を立て、被害者等に対して慰謝の措置を講ずることを生活行動指針として設定。

⑹　「犯罪被害者等給付金の支給等による犯罪被害者等の支援に関する法律」に基づき、都道府県の公安委員会が、被害者に対する援助活動を適正かつ確実に行うことができる非営利法人を、犯罪被害者等早期援助団体として指定している。

⑺　警視庁「東京の犯罪（令和2年版）」（https://www.keishicho.metro.tokyo.jp/about_mpd/jokyo_tokei/jokyo/hanzai.files/tokyo.pdf、2021年8月1日アクセス）
警察庁「令和2年の犯罪情勢」（https://www.npa.go.jp/publications/statistics/crime/situation/R02hanzaijousei.pdf、2021年8月1日アクセス）
警視庁「東京都内の交通人身事故発生状況（令和2年中）」（https://www.keishicho.metro.tokyo.jp/about_mpd/jokyo_tokei/tokei_jokyo/jiko5.files/R2.pdf、2021年8月1日アクセス）
警察庁交通局「令和2年中の交通事故の発生状況」（https://www.e-stat.go.jp/stat-search/files?page=1&layout=datalist&toukei=00130002&tstat=000001027457&cycle=7&year=20200&month=0、2021年8月1日アクセス）

⑻　トラウマ焦点化認知行動療法は、PTSDに対する心理療法であり、トラウマに焦点化して行う。避けているものに徐々に向き合っていく手法や、トラウマ体験により変化した考え方について話し合っていく手法がある。

〈引用・参考文献〉

・阿久津照美（2008）「関係機関との連携の実例」全国被害者支援ネットワーク編『犯罪被害者支援必携』東京法令出版、48－55頁
・新井陽子（2021）「令和3年度東京都主催犯罪被害者等支援に関する研修会　被害のあとの心の状態と接する際の基本について」
・飛鳥井望（2008）『PTSDの臨床研究―理論と実践』金剛出版

・犯罪被害者等暮らし・支援検討会（くらしえん）（2016）「犯罪被害者等相談支援マニュアル―はじめて担当になったあなたへ〈行政職員編（第一版）〉」
・法務省「犯罪被害者の方々へ」（http://www.moj.go.jp/keiji1/keiji_keiji11.html、2021年7月26日アクセス）
・法テラス「犯罪の被害にあわれた方へ」（https://www.houterasu.or.jp/higaishashien/、2021年7月26日アクセス）
・伊藤冨士江（2016）「犯罪被害者のための総合的支援システムの構築―官民協働体制を目指して―平成24年度～平成27年度科学研究費助成事業基盤研究（C）研究成果報告書」143頁
・伊藤冨士江（2018）「犯罪被害者支援とソーシャルワーク」『ソーシャルワーク研究』44巻3号、185－192頁
・伊藤冨士江（2021）「犯罪被害者に対する支援の取り組みの現状と課題―「第4次犯罪被害者等基本計画」施行にあたって―」『社会福祉研究』140号、2－11頁
・警察庁「犯罪被害者等施策」（https://www.npa.go.jp/hanzaihigai/index.html、2021年7月26日アクセス）
・警察庁「警察による犯罪被害者支援ホームページ」（https://www.npa.go.jp/higaisya/index.html、2021年7月26日アクセス）
・木村夏海（2017）「犯罪被害相談員として働いて」伊藤冨士江編著『福祉が世界を変えてゆく―社会の課題に取り組む現場の声』上智大学出版、204－214頁
・小西聖子（2016）「性暴力被害者支援の歴史と展望」小西聖子・上田鼓編『性暴力被害者への支援―臨床実践の現場から』誠信書房、193－213頁
・森響子（2015）「被害者支援の現場から」伊藤冨士江編著『司法福祉入門 第2版〈増補〉―非行・犯罪への対応と被害者支援』上智大学出版、281－312頁
・西崎勝則（2015）「更生保護における犯罪被害者等施策について」伊藤冨士江編著『司法福祉入門第2版〈増補〉―非行・犯罪への対応と被害者支援』上智大学出版、322－355頁
・野坂祐子・浅野恭子（2016）『マイステップ―性被害を受けた子どもと支援者のための心理教育』誠信書房
・齋藤梓（2016）「民間支援団体における臨床実践」小西聖子・上田鼓編『性暴力被害者への支援―臨床実践の現場から』誠信書房、67－104頁
・全国被害者支援ネットワーク（2021）「全国被害者支援ネットワーク2020年度活動報告書」

TOPIC

「性暴力被害」の実際とは？——最近の研究成果から

齋藤　梓（目白大学心理学部専任講師）

　筆者は、大学で性暴力被害について研究を重ね、また民間被害者支援団体や大学の心理相談室で、性被害に遭われた方の心理臨床に長年携わってきた。ここでは研究結果や臨床経験をもとに、性暴力被害の実態と支援についてまとめる。

1. 性暴力はどのようなプロセスで行われるのか？

　性暴力は様々な状況で起こりうるが、最近の調査から、主に次の4つのプロセスの存在が明らかになった。①突然被害者を襲う「奇襲型」、②アルコールや薬物を被害者に摂取させて意識が朦朧としている、あるいは酩酊している状態に乗じて行われる「飲酒や薬物使用を伴う型」、③子どもの頃に家族などから継続して行われる「性虐待型」、④力関係の上下を作り出し、被害者を抵抗できない状況に追い込んで行われる「エントラップメント型」である（齋藤・大竹 2020）。特に④の「エントラップメント型」は多く見られる。これは、加害者が被害者に対して上下関係を作り出し、被害者が断れない状況を作って物理的・精神的死角に追い込んでいき、抵抗を抑圧した状態で性暴力に及ぶというプロセスである。加害者が道端で会った人やSNSを通じて出会った関係などの場合は言葉のやり取りによって、上司と部下、教員と生徒のようにもともと上下関係があった場合にはその上下関係を利用して、あるいは加害者が交際相手だった場合等には、事前に身体的暴力や心理的暴力で被害者に対し上下関係を作った上で、性暴力が行われる。

　内閣府男女共同参画局（2020）によると、性暴力の加害者が「まったく知らない人」だったと回答した人は、男性が17.6%、女性が11.2%、あわせて12%であった。性暴力は家族を含む見知った人が加害者であることが多く、上下関係を利用して行われることが推察される。

2. 性暴力被害に直面すると、どのような状態になるのだろう？

　性暴力被害に直面した際、人がとる反応は多様であるが、「身体が凍り付いたように動かなかった」「抵抗が出来なかった」と述べる被害当事者は多い。

　人が恐怖に直面した時に、①まず身体が凍り付いたように動かなくなり（Freeze）、②その後、戦うか逃げるかという反応が生じ（Fight and Flight）、③そのどちらも成功しない状況では、意識はあるが身体が動かない状態（Tonic immobility）になる。Möllerら（2017）の調査では、レイプ被害に遭った女性の70%が、このTonic immobilityの状態を示していた。性暴力という衝撃的な出来事は人に強い恐怖をもたらす体験であり、このように身体が動かない

という状態が生じることは決して稀ではない。

　加えて、被害者と加害者の間に上下関係がある場合は、被害者と加害者を取り巻く社会的状況によっても抵抗ができない状況が生じうる。非対等な関係性がある場合には、「上の人に逆らってはいけない」「この人に逆らったら、今のコミュニティで生活していけないかもしれない」といった社会規範や逆らうことによる人生へのリスクによって、暴力や脅迫がなくとも抵抗が抑圧される。さらに継続的な性暴力では、同意のない性交であったにもかかわらず、一度性交があったという事実自体によって被害者に自責感が生じるなどし、その後抵抗が難しい状態になる。ましてや、被害者が子どもで加害者が大人だった場合には、子どもにとって抵抗することは非常に困難である。

3. 性暴力被害のあと、どのような精神的影響が現れる？

　性暴力は、被害後にPTSDとなりやすく（Kessler, et a. 1995）、自殺企図も引き起こされる（Tomasula, et al. 2012）など、深刻な精神的影響をもたらす。アメリカ疾病対策予防管理センター（Centers for Disease Control and Prevention 2021）においても、性暴力は身体的な怪我のみならず、うつ病や不安、自殺念慮、PTSD、物質乱用など様々な状態を引き起こす可能性が高いとされる。

　さらに性暴力被害は被害者にとって、「意思や感情をないがしろにされた」という体験、尊厳が傷つけられる体験であり、被害後に、被害者には自尊心の低下や自責感、希死念慮などが見られる（齋藤・大竹、2020）。また、望まない性交を繰り返すなど親密な関係や性的関係に影響が及ぶ場合もある。これらは、たとえ被害者が、未成年などで自分の身に起きたことを被害だと認識できなくとも生じうる。

4. 性暴力被害からの「回復」は？

　現在、PTSDにはエビデンスのある心理療法が存在し、性暴力被害に対する心理支援も様々示されている。性暴力被害の精神的後遺症からの回復は、容易な道のりではないかもしれないが、不可能なことではない。心理臨床現場では、性暴力の被害に遭われた方々が、自分の中で体験を整理して、PTSDの状態から回復し、被害に振り回されずにご自分の人生を歩んでいく姿も見てきている。被害を受けた人が適切な支援に繋がるためにも、周囲の人々、そして支援者が、性暴力被害について適切な理解をもつことが重要である。

■参考文献

・内閣府男女共同参画局（2020）『男女間における暴力に関する調査』
・齋藤梓・大竹裕子編著（2020）『性暴力被害の実際―被害はどのように起き、どう回復するのか―』金剛出版（※同書に、トピック内の英語文献記載）

地方公共団体における被害者支援

尾﨑　万帆子

1　被害者支援における地方公共団体の責務

　被害者に対する支援や施策の基本的事項を定めた「犯罪被害者等基本法」（以下「基本法」）5条には、「地方公共団体は、基本理念にのっとり、犯罪被害者等の支援等に関し、国との適切な役割分担を踏まえて、その地方公共団体の地域の状況に応じた施策を策定し、及び実施する責務を有する。」として、地方公共団体（以下「自治体」）には国と同様に、犯罪被害者の権利と利益を守り、犯罪被害者等支援施策を策定、実施する責務があると明記されている。そして、基本法11条から22条までに挙げられている基本的施策に関する条文は、全て「国及び地方公共団体は……必要な施策を講ずるものとする。」とされていることから、幅広い施策、支援が自治体に求められているということが読み取れる。

1) 地方公共団体が被害者支援を行う意義

　前述のように、基本法では国と同様の責務を自治体に求める一方で、具体的にどのような施策、支援が求められているかについては、「犯罪被害者等基本計画」や、平成20（2008）年に内閣府が自治体の総合的対応窓口の職員を対象に執務参考資料として作成した『犯罪被害者等施策の手引き』においても示されていない。自治体からも具体的に何が求められているか分からないという声がある。

　また、自治体が被害者支援に取り組む必要性について疑問を持つ自治体も少なからずあるようである。我が国の被害者支援は実質的には1990年代半ばに始まった（**本章1節**参照）とみることができ、主に警察[(1)]と民間支援団体が担ってきた。改めて自治体が被害者のための支援を行う余地や必要があるのかという疑問が生じるのは当然かもしれない。小さな自治体であれば、マスコミで報道されるような重大事件の発生数は少なく、支援体制を整備しても活用される

のかと疑問を持つこともあろう。

そこでまず、これらの疑問に答え、被害者支援における自治体の役割と責務を明らかにするため、被害者が必要とする支援とそれを担う機関を再確認する。

(1) 被害者が必要とする支援

被害者が必要な支援について、ここでは次の4つに分類する。①被害によって傷つけられた心身に対する「心理・医療的支援」、②被害により失われた経済的基盤や治療費等の出費に対する「経済的支援」、③刑事手続への関与や、加害者への民事賠償請求など「司法に関わる上での支援」、④被害に遭った直後から一変する住宅、雇用、家事、育児、介護などに関する「生活支援」である。

①から③については、当初から被害者の必要とする支援として認識されてきたが、④生活支援については第3次基本計画から注目されるようになった点である。**本章2節**の事例からも、被害直後から食事、洗濯、掃除といった日常の家事ができない、家族内の育児や介護に手が回らなくなるなどは容易に想像できる。

(2) 4つの支援を担う機関・団体

「経済的支援」は、国が犯罪被害給付制度を整備しており、被害者は各都道府県警察本部又は警察署を通じて申請し裁定の後、支援を受けることができる。「司法に関わる上での支援」は、主に民間支援団体が制度説明、裁判の付添い、代理傍聴などを行っている。また弁護士も、民間支援団体や弁護士会などを通じて、法律相談や弁護人の依頼を受けている。「心理・医療的支援」は、警察においてカウンセリング費用に関する公費負担制度を設けているほか、心理専門職を配置しカウンセリングを実施している。民間支援団体でも病院への付添い支援や、カウンセラーによる相談を行うところもある。「生活支援」は、一部の地域の民間支援団体が被害者宅訪問や日常生活の支援を行っているのみである。

(3) 地方公共団体の行う住民サービスの利用可能性

以上のように、「心理・医療的支援」や「生活支援」は必要とする被害者に対して十分な支援が届いているとはいえないのが現状である。それに対して自治体は前記の支援を補完できるだけの社会資源を持っている。

例えば、ひとり親家庭や障害者、要介護者などを対象とした日常生活を支援

する制度や乳幼児や児童の一時預かり制度があり、医療費助成制度（国民健康保険加入者を対象）のような医療を支える仕組み、公営住宅の提供なども整備されている。これらは適用条件が合えば被害者も利用が可能であり[2]、「被害を受けた住民の話を聴き、地域にある制度やサービスが使えるように支援することは、被害者を特別扱いしているのではなく、通常の住民サービスの延長線上にある」（被害者が創る条例研究会 2020）といえる。

　地域の関係機関における社会資源も活用が可能である。例えば、住民の地域福祉向上のための民間組織である社会福祉協議会は、福祉・介護サービス事業や要援護者の生活相談事業を行っており、適用条件が合致すれば被害者の日常生活支援が可能である。その際には、自治体が地域の関係機関と連携することも重要である。

　また、子ども自身が被害を受けた場合や、家族が被害を受けた場合は、学校や教育委員会、そこに配置されるスクールカウンセラーやソーシャルワーカーといった子どもに関わる機関や専門職と連携した支援も想定される。被害後登校が難しくなったり、修学を続ける上での支援が必要となったりする子どもは多い。子どもが被害に遭い亡くなった場合、その保護者は衝撃の大きさで遺されたきょうだいのフォローが十分にできる状態にはないといわれている[3]。そのような場合には、子どもに関わる機関が専門的知識に基づいた心理的サポートを行い、被害前と同様に通学できるための支援をする必要がある。**本章2節・架空事例3**で、被害女児が「毎日学校が楽しい」と発言するようになったのは学校の支援もあったからであろう。

(4) 支援対象の拡大可能性

　警察によるカウンセリング等の支援を受けるためには、警察に被害届を出していることが前提となる。性被害などで被害者が届出を躊躇した場合は、支援の対象とはならない。また、被害届を出しても不起訴により刑事司法手続が終了した場合など、早期に警察の支援対象から外れる可能性もある。

　一方、民間支援団体の多くは、司法に関わる上での支援とともに心理・医療的支援や生活支援も実施しているが、支援対象は前述のとおり生命身体犯の被害者に限られる。詐欺のような財産犯被害で精神的に大きなダメージを受けたとしても、民間支援団体で支援を受けることはできない。

　こうした場合、自治体は住民の困り事に広く対応する機関として存在するので、他の機関の受け皿として機能することが期待される。筆者が行ったヒアリング調査では、既に被害者支援体制を確立している自治体の相談者には、警察への届出をためらう性被害者や民間支援団体の支援対象とならない財産犯被害者が多く含まれていた（尾﨑 2019）。もちろん、被害内容、被害者の状況、支援の必要性や緊急性などの要件により、一部の被害者にしか支援が適用できないという場合もあろう。しかし、相談に訪れた被害者に対して「住民の話を聴き、地域にある制度やサービスが使えるように支援する」（被害者が創る条例研究会 2020）ためにぜひ知恵を絞ってほしい。

⑸　身近な地方公共団体が被害者支援を行う重要性

　被害者の多くは、被害後も住み慣れた地域で生活したいと望んでいる。基本法3条3項が求める、被害を受けたときから途切れることなく必要な支援を行うには、身近な存在である自治体が中心となるべきである。

　被害者にとって身近な存在というのは、支援者との物理的距離においても同様である。民間支援団体が全国に48か所であるのに対し、市町村（特別区を含む。以下同じ）は全国に1700以上あり、アクセスが容易である。被害者が何度も相談で足を運んだり、逆に支援者が被害者のもとを定期的に訪れて支援を行ったりすることを考えると、物理的距離が近いのは大きな利点といえる。

2）都道府県と市区町村の役割分担

　自治体による被害者支援と一口に言っても、都道府県と市町村では求められる役割が異なる。

　前記の『犯罪被害者等施策の手引き』をみると、市町村は一次的な相談窓口としての役割を、都道府県は窓口としての役割だけでなく研修や啓発など市町村との連絡調整や支援、精通専門家の確保や紹介、調査研究など市町村単位では対応が難しい取組を重点的に実施することが望まれるとある（内閣府2008）。つまり、市町村は被害者支援を実際に行う役割を、都道府県は市町村のバックアップ、困難事例への対応を求められているといえる。困難事例とは、例えば被害が広域にわたり市町村での対応が難しいことが想定される事例である。

自治体における被害者支援を住民に向けた福祉・保健サービスがベースであると考えるなら、主な提供者は市町村で、一次的窓口も市町村となることは当然である。

　なお、都道府県による市町村のバックアップの例として、埼玉県では県が被害者の居住する市町村の社会福祉協議会へ生活支援を依頼し、その利用料の一部を負担することが行われている（埼玉県 2020）。大分県では「第2次大分県犯罪被害者等支援推進指針」において、市町村が実施する見舞金制度の補助制度として、県が見舞金額の半額を負担することが定められた（大分県 2021）。

2　地方公共団体における被害者支援の現状

　自治体において、被害者から相談や問合せがあった際に、被害者のおかれている状況を整理しつつ、そのニーズを的確に把握し、適切な情報提供を行い必要な支援をスムーズに受けられるよう、関係機関や団体との連絡・調整などを行う部署を総合的対応窓口（以下「対応窓口」）という（被害者が創る条例研究会 2020）。『令和3年版犯罪被害者白書』によれば、令和3（2021）年4月1日時点で、全国全ての都道府県、政令指定都市と、その他市町村において対応窓口が設置されている。平成19（2007）年の内閣府による全都道府県・市町村を対象としたアンケート結果では、設置率は都道府県63.8%、政令指定都市17.8%、市区町村17.7%であった。約15年間で自治体における対応窓口の整備は大きく進展したといえる。

　しかし、実際に対応窓口がどれだけ機能しているかは疑問が残る。少々古いデータになるが、平成28（2016）年に犯罪被害者等暮らし・支援検討会が対応窓口を対象に実施した全国調査によると、過去1年間で相談があったところは2割未満、対人援助職等の資格を有する担当職員の配置は約1割、担当職員への被害者支援に関わる指導（スーパーバイズ）体制は「なし」が9割であった。また、有資格者が配置されている対応窓口は、配置されていない窓口と比べ「相談あり」の傾向が有意でみられ、様々な関係機関と連携している傾向が明らかであった。有資格者を配置することの必要性が示唆された。

　第4次基本計画においても自治体の支援の充実は明記され、徐々に改善されてはいるが、対応窓口がより専門性のある支援を提供できるように一層の工夫

と努力が必要である。また、前記のような対応窓口に関わる実態調査を国が定期的に行い、改善策を提示するなど検討してほしい。

3 「被害者支援条例」制定の意義

1）被害者支援条例の制定の現状

　『令和3年版犯罪被害者白書』によると、令和3（2021）年4月1日時点での被害者支援条例の制定率は、都道府県91.5%、政令指定都市65.0%、その他市町村36.2%である。市町村レベルでの制定率は高くないが、都道府県ではほぼ整備されているようにみえる。しかし、この数字には「安全・安心まちづくり条例」等に被害者支援の条文を盛り込んだものが含まれている。

　「安全・安心まちづくり条例」とは、文字どおり安全で安心なまちづくりを進め、住民が安全で安心して生活できる社会を作ることを目的とする条例である。自治体の中には早い段階から「安全・安心まちづくり条例」を制定し、その中に被害者を支援する条文を設けるところがみられた。しかし、「安全・安心まちづくり条例」に被害者支援の条文を盛り込んだだけでは不十分である。被害者のための具体的な支援内容、他機関との連携、支援の広報・啓発を定めた条例にする必要がある。こうした被害者支援に関する事項を詳しく定めた条例のことを「特化条例」と表現するが、特化条例であれば具体的に20数条にわたって示すことができ、「安全・安心まちづくり条例」等との違いが明らかであろう。

　つまり本来、被害者支援条例とは特化条例のみを指すべきであり、「安全・安心まちづくり条例」等のみの場合は、そのほかに特化条例を制定すべきである。前記の白書では特化条例について、32都道府県、8政令指定都市、384市区町村で制定（令和3（2021）年4月1日時点）とあり、「本来の」被害者支援条例の制定率は、都道府県68.1%、政令指定都市40.0%、その他市町村22.3%となる。第4次基本計画では「犯罪被害者等支援を目的とした条例等」の制定促進を明記しており（施策番号166）、特化条例の制定は自治体にとって最優先課題といえる。

2) 条例制定によって生じる変化

　では、被害者支援条例を制定する必要性はどこにあるのか。条例制定によって自治体に起こる変化として、次の3点を挙げたい。

　1点目は被害者の権利が明確化されるということである。かつては条例を未制定でも被害者支援が実施できているという自治体もあったが、担当職員の意識と労力によって実現できていたところが大きく、また職員の異動などにより支援が継続できなくなるおそれがある（被害者が創る条例研究会 2020）ことから、現在はそれらの自治体でも条例が制定されるに至っている。条例制定によって、被害者が自治体から支援を受ける権利があること、自治体は被害者支援を行う義務を負うことを明文化することとなり、被害者は確実に支援を受けられるようになる。また条例で示された一定の水準の施策が守られることで、支援の質も担保されることとなる（前掲書 2020）。

　2点目は、自治体による被害者支援の法的根拠が明らかになることで、担当職員においても動きやすくなるということである。対応窓口を担当する課が中心となり、関連部署に被害者支援について周知し、協力と各種制度やサービスの柔軟な運用を求めることがスムーズに行われるようになる。また、自治体職員を対象とする被害者支援に関する研修を定期的に実施することもでき、職員の知識や関心を高めることに繋がる（前掲書 2020）。

　3点目は、既存の住民サービスを超えた、「被害者」を対象とする支援が行えるということである。実は、「条例がなければ、自治体は被害者支援を行うことはできない」ということはなく、むしろ条例が未整備であることを理由に被害者支援を行わないことは断じてあってはならない。前述したとおり、被害者支援は自治体における住民サービスの延長であるからである。ただ、既存の住民サービスの場合、適用条件に被害者が合致しない場合には適用が難しい場合もあり、支援の限界が表出する。これに対し、「被害者」であることを要件とした支援を条例によって整備すれば、より確実に被害者に支援を届けることが可能になるのである。

　特化条例の制定により自治体に大きな変化が起こった例として、三重県の例を取り上げる。三重県の条例は令和3（2021）年現在施行されている条例の中で最もよくできた条例の一つである。三重県では、娘を殺害された被害者遺族

と、事件直後からその家族の支援にあたった支援者の活動が条例制定に向けての大きな原動力となった。

　平成30（2018）年にその被害者が直接知事に支援条例の制定を求める手紙を送り、知事との面会が実現したことで、条例制定に向けての動きが加速し、平成31（2019）年特化条例制定に至った（前掲書 2020）。三重県条例の特筆すべき内容として、まず見舞金制度の手厚さが挙げられる。遺族見舞金60万円、重傷病見舞金20万円と、他県（遺族見舞金30万円、重傷病見舞金10万円が多い）と比べ手厚い額を補償するほか、殺人未遂罪、強盗罪、強制性交等罪、強制わいせつ罪などの被害者にも精神療養見舞金5万円を給付している。また、県内の全市町村にも条例制定を促し、県とは別の見舞金制度をつくる動きがあり、被害者は県と市町村から重ねて補償が受けられる仕組みとなっている。民間支援団体とも連携し、市町村の支援体制の強化、支援従事者の育成などにも取り組んでいる。また、「県民の理解の促進」として「犯罪被害を考える週間」（11月25日から12月1日）を規定し、「学校における教育の促進」や「二次被害を防止するための教育」の促進を規定するなど、被害者支援を「我が事」として捉え、被害者を孤立させない地域づくりにも力を入れている。これらは、被害当事者の声と、長年の実践に裏打ちされた支援者の助言をもとに形になったものである。

３）条例に盛り込むべき事項

　では、自治体が被害者支援条例を策定する場合、具体的にどのような事項を盛り込むべきだろうか。特に重要な点に焦点を絞って挙げてみたい。

⑴　支援体制に関する内容

　前述したように、自治体の対応窓口には社会福祉士、精神保健福祉士、保健師、臨床心理士、公認心理士など対人援助の専門的資格を有する専門職の職員配置することが求められる。しかし、令和3（2021）年4月1日現在、専門職が窓口に配置されているのは、17都道府県・政令指定都市、89市区町村のみである。この点は、第3・第4次基本計画においても、専門職の活用が施策として掲げられている（施策番号169）ところである。

　市町村窓口の専門職配置については、人材確保や予算上難しいところもある

かもしれないが、都道府県が責務としてバックアップする必要がある。都道府県単位で実施する研修やスーパーバイズを受けながら支援に取り組む体制の整備は最低限行われるべきである。

　関係機関の連携も、支援体制に関する重要な項目である。自治体内における支援の中心となるのは対応窓口であるが、支援に関わる部署は多岐にわたり、関連部署で連携して支援していくことが求められる。他機関や自治体間の連携・情報共有も必須である。被害者家族が他の自治体に居住していたり、被害者が転居することも想定され、そのような場合は他の自治体や民間支援団体などと連携し、途切れない支援を行うことが重要である。

⑵　具体的な支援に関する内容

　日常生活支援の具体的施策としては、ホームヘルパーの派遣、ヘルパー費用の補助、配食、介護ヘルパーの派遣、一時保育費の補助、教育関係費（家庭教師や通学時の送迎の費用）の補助、物品貸与、病院等への付添い、送迎などが挙げられる。なお、被害者の食を支える支援としては、配食とホームヘルパーの派遣という2つの形があるが、2つの選択肢が同じ自治体で用意されているのは、自宅内で食事を作ってほしい場合と他者に自宅内に入られることに対する躊躇などから単に配食を希望する場合とがあり、被害者のニーズに沿った支援ができる点で意味がある。

　居住支援としては、公営住宅への優先入居のほか、一時的な住居の提供、転居費用の補助、転居後の家賃の補助などが具体的施策として挙げられる。公営住宅の優先入居については、全国でも普及しつつあるところである[4]。

　経済的支援については、前述したように犯罪被害給付制度があるが、同給付金の申請には様々な条件がある上、『令和3年版犯罪被害者白書』によれば、令和2年度における裁定期間の平均は約7.0か月となっており、被害後すぐに経済的支援を必要とする被害者には届かないという実態がある。そこで、より簡易・迅速に被害者が支援を受けられる経済的支援として、自治体による見舞金の支給が求められる。見舞金制度のある自治体は、前記の白書によれば令和3（2021）年4月1日時点で、都道府県の17.0％、政令指定都市の45.0％、市町村の21.9％にとどまっているため、今後の広がりが待たれる。

　なお、経済的支援には損害賠償請求に関する支援として、加害者に対する損

害賠償請求の債務名義を得ている遺族や重症病を負った被害者、性犯罪被害者に対して、市が300万円を上限に立替支援金として支給し、加害者に取り立てる制度を持つ自治体もある。その自治体は訴訟に出席・傍聴する際に必要な費用の補助についても条例で規定している。

司法手続における支援としては、警察や検察、裁判所、保護観察所などへの付添い支援が挙げられる。これは、現在民間支援団体によって行われているが、今後自治体が担うことも必要となってくるだろう。

(3) 広報・啓発に関する内容

被害者に対する二次被害の防止には、犯罪被害や被害者に関する正しい理解を広め、偏見をなくしていくことが重要である。被害に関する対応窓口を周知するため住民に情報を発信し続けることも大切なことである。

広報紙やホームページの活用、啓発用ポスターの展示、リーフレットの配布、講演会の実施などは、他の分野においても自治体が業務として行っているが、被害者支援においても広く行われることが期待される[5]。こうした広報・啓発は地域の住民だけでなく自治体内の企業や事業所に向けても行う必要がある。

また、教育委員会と協力して学校における被害者理解教育についても規定し、二次被害や孤立が被害者に与える影響等を知る機会を教育に取り入れてほしい。

(4) 特に都道府県条例に求められる内容

都道府県条例においては、前述したとおり、市町村の施策に関する支援をすること、困難事例や被害が広域にわたる事例への支援に関する項目を明記することが求められる。なお近年では、都道府県が市町村の支援や協力をすることを明記した条例も増えてきている。

何より大切なことは、被害者に特化した条例が「全国で」制定されることである。被害者が安心して暮らすことができるように途切れない支援を受けることは、被害者の権利である。自分の居住地に条例がないから支援が受けられないということはあってはならない。全ての市民が全国どこで暮らしていても平等に支援を受けられる権利を保障するために、全国での条例制定が必須なのである。

4　今後、地方公共団体に求められること

　以上、自治体における被害者支援の重要性と、その具体的な支援策について述べてきた。さらに今後、対応窓口に専門職が配置され、支援体制が整備された自治体では、被害者支援の多機関連携においてコーディネーター役を担うことを検討すべきである。被害者支援とは、まさに被害者を地域で支えるソーシャルワークであると捉えることができよう。対応窓口に配置された対人援助専門職のコーディネーターが、行政機関内外の住民サービスに関する知識・経験を活用して、一人ひとりの被害者に対して支援を展開することにより、被害者が単なる情報提供や機関の紹介といった「たらい回し」をされることなく、必要な支援に繋がることができると考えている。もちろんその際には、被害者支援について経験豊富な民間支援団体との連携が必須なことは言うまでもない。

　最後に、被害者支援で最も大切なこととして、被害当事者の声に耳を傾けることを挙げたい。自治体においても条例の制定や支援を進める中で、積極的に被害者の意見を反映させる姿勢が求められる。被害者の意見を自治体の施策に反映することが明記されている条例もある。決して、被害者支援が支援者側の押し付けになることはあってはならない。被害者のニーズをもとに、被害者と共に支援内容を考え実践していくという姿勢も、まさに福祉的な視点が必要といえる部分ではないだろうか。

〈注〉

(1) 厳密にいえば、各都道府県警察はそれぞれの都道府県に属する組織であるが、本稿では都道府県の役割を施策主管課による施策、及び窓口部局による支援として論じるため、分けて考えることとする。

(2) 内閣府犯罪被害者等施策推進室（2008）『犯罪被害者支援ハンドブック・モデル案』35頁以下においても、各機関・団体における支援業務として、被害者支援として活用できる自治体の業務が示されている。

(3) きょうだいを亡くした子どもの受ける影響と必要とする支援については、仲律子（2018）「犯罪被害者のきょうだいへの支援について」『鈴鹿大学・鈴鹿大学短期大学部紀要 健康科学編』1号47-55頁が詳しい。

(4) 全国のデータについては、警察庁（2021）「地方公共団体における公共住宅等への入居に際しての配慮の状況」（https://www.npa.go.jp/hanzaihigai/local/

toukei/r3/shiryou_4.pdf、2021年7月12日アクセス）

(5) リーフレット等を活用した広報の充実については、第4次基本計画の施策番号167、関係機関との連携・専門職の活用については施策番号169で掲げられている。

〈引用・参考文献〉

・明石市（2020）「犯罪被害者等支援」（https://www.city.akashi.lg.jp/seisaku/soudan_shitsu/kurashi/sodan/hanzai.html、2021年7月12日アクセス）
・被害者が創る条例研究会（2020）『すべてのまちに被害者条例を〔第4版〕』
・犯罪被害者等暮らし・支援検討会（2016）『平成28年度 地方公共団体における犯罪被害者支援総合対応窓口調査報告書』
・警察庁（2021）『令和3年版犯罪被害者白書』
・神戸市（2020）「犯罪被害者等への支援」（https://www.city.kobe.lg.jp/a46152/bosai/crime/higaisyajyourei.html、2021年7月12日アクセス）
・名古屋市（2021）「名古屋市犯罪被害者等支援事業について」（https://www.city.nagoya.jp/sportsshimin/page/0000106970.html、2021年7月12日アクセス）
・内閣府（2008）『犯罪被害者等施策の手引き』（https://www.npa.go.jp/hanzaihigai/local/tebiki/mokuji.html、2021年7月12日アクセス）
・内閣府犯罪被害者等施策推進室（2008）『地方公共団体における犯罪被害者等施策に関する調査報告書』（https://www.npa.go.jp/hanzaihigai/report/h19-2/index.html、2021年7月12日アクセス）
・大分県（2021）『第2次大分県犯罪被害者等支援推進指針』（https://www.pref.oita.jp/uploaded/attachment/2107552.pdf、2021年7月12日アクセス）
・尾﨑万帆子（2019）「地方公共団体における被害者支援―基礎自治体を中心とした広域自治体及びその他関係機関との役割分担と連携―」『被害者学研究』29号
・埼玉県（2020）「犯罪被害者のための生活支援」（https://www.pref.saitama.lg.jp/a0311/hanzaihigaisya/seikatsushien.html、2021年7月12日アクセス）
・東京都（2020）「東京都犯罪被害者等支援 転居費用の助成について」（https://www.soumu.metro.tokyo.lg.jp/10jinken/base/upload/pdf/tenkyo.pdf、2021年7月12日アクセス）

TOPIC

被害者支援を訴え続けて30年余、今思うこと

大久保　惠美子（公益社団法人被害者支援都民センター　理事）

　平成2（1990）年10月、当時18歳だった長男を飲酒ひき逃げ事件で奪われた。被害者遺族であるにもかかわらず、警察や検察からの情報提供は何もなく、周囲からの謂れのない偏見にも晒された。裁判では被害者や遺族は「証拠品」としてしか扱われない刑事司法の不備に直面し、国や社会からも裏切られたという憤りは今も忘れられない。司法機関に訴えても「被害者のことは法律にない」の一言で電話も切られた。黙って耐え忍ぶしかなく、悲しみと苦しみで混乱し、家庭崩壊寸前に陥った。そんな時、欧米では1960年代から被害者を支援する制度や組織があり、被害者支援は国や社会が行うべき当然のことになっていることを知った。

　平成3（1991）年10月、東京で開催された「犯罪被害給付制度発足10周年記念シンポジウム」（以下「シンポジウム」）に出席し、「日本でも被害者支援を始めてほしい。始めてもらえるならどのような協力も惜しまない」と訴えたが、聴衆の反応は鈍く、自分が生きている間に日本では被害者支援は始まらないだろうと落胆した。しかし、シンポジストだった山上皓・東京医科歯科大学教授（当時）が警察庁の協力のもと、自分の研究室内に「犯罪被害者相談室」を創設してくださった。シンポジウムを主催した警察庁の官僚の方々も「一人の人間として困窮している被害者を放置できない」との人間愛と情熱で、立場や仕事の枠を超えて制度策定や改正等に尽力し続けてくださったことで、日本の被害者支援は今日のように発展した。全国の警察に「犯罪被害者相談室」が置かれ、民間の「被害者支援センター」も犯罪被害者等早期援助団体として全国で活動している。

　私もシンポジウム時の約束を守るため、平成12（2000）年から被害者支援都民センターに勤務した。それまでの30年間、保健所の保健師として働いてきた経験は、実際の支援活動や被害者遺族の実態調査のみならず、関係機関等との連携や広報啓発活動等にも役立った。平成16（2004）年には議員立法で「犯罪被害者等基本法」が制定され、犯罪被害者等施策推進会議委員として被害者の要望を伝えることもできた。その後、地方自治体の被害者支援条例の制定も広がりつつあり、法整備は進んでいる。

　それでも、被害者や遺族がおかれている厳しい現状や苦悩と二次被害等はなお続いている。被害に遭った衝撃は大きく、脳にも深く刻まれ一生消えることはないが、被害直後から中、長期にわたり適切な支援を受けることができれば、人への信頼感や社会への安全感を取り戻し自尊心も回復して、再び希望を持って生きていくことができるようになる。

　被害者支援の原則は、温かい人間関係の中で被害者自身が元来持っている自

己回復力を削がないように主体性を尊重し、被害者自身ができることは自分でするという積み重ねが重要である。被害に遭う前の生活を取り戻すには、下記の(1)から(3)のように支援の充実や法制度の改正等が必要である。

(1) 時機に応じた適切な支援として、①被害直後には、安全感・安心感を持つことができ、怒りや悲しみの感情を表出できることや、今後起きてくることを予測し適切に対応することができる情報の提供、②犯罪被害者等早期援助団体等による、病院、警察、検察、裁判所、地方公共団体等への付添い支援、③専門職や民間団体における身体的、精神的支援、④生活再建や社会復帰（学校・職場・地域等）するための多機関連携による総合的支援、⑤自助グループ活動（被害者が安心して心情を吐露できる場・被害者が最新の情報を得ることができる場・被害者に関わる関係者が被害者への理解を深める研修の場）の充実と拡充。

(2) 刑事司法に直面した被害者は、なぜ加害者の権利ばかりが強調され被害者は守られないのか、と考える。また、黙秘や虚偽の証言により真実を知ることができず回復の一歩を踏み出せない。否認し真実を話さない犯罪者に更生は望めない。被害者の人権と尊厳が守られる憲法や刑事司法となるような法改正が必要。

80年以上も前から日本では犯罪者の保護事業が国の制度としてあり、矯正保護事業や社会復帰支援策等が進展している。被害者も多岐にわたる社会復帰支援策と専門家の介入が必要であるが、その施策や体制には歴然たる差がある。

被害者支援研修会に参加した人が「犯罪者の更生に携わっているが被害者の実態を知った今、ショックで職業観だけでなく人生観も変わった」と言っていた。

(3) 社会全体に被害者の現状や支援の必要性を理解してもらう機運を醸成するため、学校教育、社会教育、職域教育等でさらなる啓発を図る。これからの社会を担う子供たちが被害者の体験談を聴講する「命の大切さを学ぶ教室」（警察庁主催、平成23（2011）年〜）の拡充をさらに進める等、次の世代に被害者支援への理解が浸透すれば、二次被害のない互いに支え合える社会に変化して、被害者は安心して住み慣れた地域で暮らし続けることができるようになる。

極限状態におかれた被害者が、ようやく発した小さな声を受け止め、変わる社会は、誰もが安心して暮らせる社会の構築へと繋がる。被害者支援先進国の欧米では「犯罪被害者への支援の充実度は、その国の文化のレベルと社会の成熟度を示す」ともいわれている。

人と人との繋がりが希薄となっている今、犯罪被害者への支援は人間愛の一つの理念として、さらに充実させ後世に伝え続けていかなければならない重要なことだと考えている。

第6章

地域における社会復帰支援と被害者支援の取組み

再犯防止推進の現状と社会復帰支援の現場

鷲野　明美

　我が国では再犯が深刻な問題となっている。それへの対応として、平成15（2003）年に設置された犯罪対策閣僚会議が示したいくつかの施策を進めるとともに、平成28（2016）年成立・施行の「再犯の防止等の推進に関する法律」（平成28年法律第104号。以下「再犯防止推進法」）、そして、それにより平成29（2017）年に策定された「再犯防止推進計画」に基づく施策をはじめ、官民協働による様々な取組みが国を挙げて推進されている。

　また、犯罪者の中には、福祉の支援を必要としている高齢者、障害者等が含まれており、そもそも支援があれば犯罪や再犯を行うことはなかったであろうと考えられるケースが数多く存在することから、これに対しては、「司法と福祉の連携」による社会復帰支援が進められている。ここでは、これら福祉の支援を必要としている刑事司法対象者の社会復帰に向けた支援の概要と今後の在り方について示すこととする。

　なお、本節で取り上げる事例は、筆者が支援現場のイメージを伝えるために創作した架空事例である。

1　再犯防止推進の取組み

　我が国では刑法犯の認知件数が平成8（1996）年以降毎年戦後最多を更新する等、犯罪情勢が悪化の一途を辿っていた。このことを踏まえ、政府は、平成15（2003）年9月に犯罪対策閣僚会議を開催し、同年12月に「犯罪に強い社会の実現のための行動計画―「世界一安全な国、日本」の復活を目指して―」を策定し、政府が取り組むべき具体的施策を示し、それらを講じてきた。

　その後、刑法犯の認知件数が毎年減少する等、犯罪情勢には改善の兆しが見られたが、『平成19年版犯罪白書』において「全犯罪者の約30%にとどまる再犯者によって約60%もの犯罪が行われている」ことが示され、再犯防止対策を推進する必要性と重要性が指摘された。このことに対して、政府は、平成

24（2012）年に「再犯防止に向けた総合対策」を、平成26（2014）年に「宣言：犯罪に戻らない・戻さない～立ち直りをみんなで支える明るい社会へ～」を、それぞれ犯罪対策閣僚会議で決定する等、様々な再犯防止対策が行われた。

　そして、平成28（2016）年12月に再犯防止推進法が成立、施行され、それを受け、政府は、平成29（2017）年12月に、国として初めてとなる「再犯防止推進計画」を閣議決定し、関係府省庁の連携のもとで取組みを進めている。さらには、そこからの新たな課題に対応するために、令和元（2019）年12月に「再犯防止推進加速化プラン」を決定し、満期釈放者対策の充実強化、地方公共団体との連携強化の推進、民間協力者の活動の促進に取り組んでいる。

2　社会復帰支援の現場

1）司法と福祉の連携による社会復帰支援

　これまでに、我が国の再犯防止に関する施策の概要をみてきた。これらの中には、福祉の支援を必要としている高齢者、障害者等を主要な対象とし、司法と福祉の連携によって再犯防止を推進しようとするものも含まれている。

　司法と福祉の連携による社会復帰支援が進められるようになった大きなきっかけとして、平成15（2003）年、「犯罪に強い社会の実現のための行動計画―「世界一安全な国、日本」の復活を目指して―」が策定された同年に出版された山本譲司『獄窓記』、そして、平成18（2006）年1月7日未明に起きた下関駅放火事件が挙げられる。『獄窓記』により、刑事施設入所者の中には、福祉の支援を必要としている高齢者、障害者が含まれていることが示され、福祉の支援から漏れたがために刑事司法の対象となった人たちへの関心が高まった。また、事件発生当時74歳で知的障害もある高齢者が、刑事施設出所後8日目のこの日に、帰る先、所持金、頼る人もない中で、「刑務所に戻りたい」という思いから放火し、駅を全焼させた下関駅放火事件からは、帰住先のない高齢、障害のある受刑者に対する出所に向けた支援の必要性が示された。

　これらを受け、平成18（2006）年に法務省特別調査が行われ、当時刑事施設の出所者が年間約3万人（満期釈放者、仮釈放者がそれぞれ1万5000人程度）であった中で、親族等の受入れ先がない満期釈放者が年間約7200人、そのうち、高齢又は障害を抱え自立が困難な者が約1000人であったことが明らかとなっ

た。また、『平成19年版犯罪白書』では、65歳以上の満期釈放者の5年以内刑務所再入率が70%前後であり、64歳以下の年齢層が60%前後であるのに比べて高く、しかも、65歳以上の再犯者のうち約4分の3が2年以内に再犯に及んでいることも示された。さらに、平成19（2007）年法務省矯正局公表資料によれば、平成18（2006）年10月31日の時点で、全国15庁の刑務所に収容されている調査対象受刑者2万7024人のうち知的障害者又は知的障害が疑われる者が410人、このうち療育手帳所持者はわずか26人（4.8%）であったとの結果が示された。この知的障害者又は知的障害が疑われる者410人が行った罪名は窃盗が43.4%と最も多く、次いで詐欺が6.8%、放火が6.3%であった。また、これら410人の犯罪動機で最も多かったのは困窮・生活苦で36.8%であった。さらには、この410人のうち285人が再犯者であり、この285人のうち前回の帰住先が「未定・不詳」であった者の割合は43.5%であった。

　これらの調査結果、そして、厚生労働科学研究「罪を犯した障害者の地域生活支援に関する研究」（平成18〜20年度）等から、矯正施設出所者に対する支援の必要性やその方策が指摘された。また、厚生労働科学研究「触法・被疑者となった高齢者・障害者支援の研究」（平成21〜23年度）等からは、逮捕勾留時からの支援の必要性が示された。

　以上の経緯から、我が国では、矯正施設出所者への支援及び被疑者・被告人段階での支援の必要性に関する認識が高まり、各種施策が進められた。

2）矯正施設出所者への支援【出口支援】

　矯正施設では、矯正施設出所者への支援、すなわち、出口支援の制度化以前から、自立が困難な高齢者や障害者、疾病のある者を、釈放時にその状況に合わせて福祉の支援や医療等に繋ぐということが一部なされていた。しかし、それらは統一された仕組みによってではなく、個々の対応にとどまっていた。

　矯正施設のうち、刑事施設と少年院では、平成16（2004）年以降徐々に社会福祉士、精神保健福祉士が採用され、これら専門職によって、対象者を出所時に必要に応じて福祉や医療等に繋ぐという支援がなされてきた。このような中で、法務省特別調査等により、出口支援の必要性が示されたことから、平成21（2009）年に地域生活定着支援事業（現在の地域生活定着促進事業）が開始

され、同年に地域生活定着支援センター、特別調整が新たに設けられた。また、刑事施設、少年院への福祉専門職の配置についても、平成21（2009）年からはその配置施設数と人員を大きく増加させ、多くの刑事施設と少年院で福祉専門官（常勤）、社会福祉士（非常勤）、精神保健福祉士（非常勤）による支援の充実が図られた。

先に述べた地域生活定着促進事業とは、矯正施設入所者のうち、高齢又は障害のために釈放後直ちに福祉サービスを受ける必要がある者を対象に、各都道府県ごとに設置された地域生活定着支援センターが、矯正施設入所中から、矯正施設や保護観察所、福祉関係者等と連携し、支援対象者が釈放直後から福祉サービスを受けられるように調整等を行うものである。地域生活定着支援センターの業務には、①保護観察所からの依頼に基づき、福祉サービスに係るニーズの内容の確認等を行い、受入れ先施設等のあっせん又は福祉サービスに係る申請支援等を行うコーディネート業務、②コーディネート業務を経て矯正施設から退所した後、社会福祉施設等を利用している人に関して、本人を受け入れた施設等に対して必要な助言等を行うフォローアップ業務、③懲役若しくは禁錮の刑の執行を受け、又は保護処分を受けた後、矯正施設から退所した人の福祉サービスの利用に関して、本人又はその関係者からの相談に応じて、助言その他必要な支援を行う相談支援業務がある。

また、特別調整とは、高齢又は障害により特に出所後の自立が困難な矯正施設入所者で、釈放後に帰住先がない者について、釈放後に、速やかに福祉機関等による必要な介護、医療その他の各種サービスを受けることができるように調整することであり、その円滑な社会復帰を図ることを目的としている。これは更生保護法に基づいて保護観察所が行う「生活環境の調整」の枠組みに準拠して行われるものであり、その対象となるのは、矯正施設入所者で、①高齢（おおむね65歳以上）、又は身体障害、知的障害若しくは精神障害があること、②釈放後の住居がないこと、③福祉サービス等を受けることが必要であると認められること、④円滑な社会復帰のために、特別調整の対象とすることが相当であると認められること、⑤特別調整の対象者となることを希望していること、⑥個人情報を提供することについて同意していること、という要件を全て満たす者である。

◆事例1：万引き等を繰り返し刑事施設に入所中の高齢者A

　A（70歳代・男性）は、貧しい家庭に育った。父を亡くし、中学時代には学校から帰ると地元の農家や運送業者等で仕事をし、母親とともに家計を支えた。中学卒業後に都心部の工場に就職して寮生活を始めたが、27歳の時に工場が廃業となり、仕事とともに住むところも失った。別の仕事を見つけたが、物覚えが悪く、職場での人間関係も上手くいかなくなり、職を転々とした。仕事を辞めた後、しばらくは所持金を使って宿に泊まったり、知人宅に身を寄せたが、所持金が底をついたことから賽銭盗をし、警察に逮捕された。この時は微罪処分となった。その後も食料品の万引き、無銭飲食を繰り返し行い、検察の段階で起訴猶予処分となったり、裁判で保護観察付の執行猶予判決を受けた。保護観察付執行猶予の際には、更生保護施設に入所して仕事を探し、アパートでの自立生活に繋がったが、仕事を覚えるのに時間がかかり、結局その仕事を続けることができなかった。生活に困り、再び万引きをし、31歳の時に初めて実刑判決を受け、受刑に至った。仮釈放となり、更生保護施設入所を経てアパート生活を始めたものの、仮釈放期間が過ぎたある時期に、体調を崩して仕事が続かなくなり、最終的にはホームレス生活となった。その後は、万引き、無銭飲食、賽銭盗を繰り返し、何度も受刑生活を送ることとなった。身元引受人になる親族等はなく、刑事施設からの釈放は満期釈放が続いた。釈放前指導で更生緊急保護に関する説明は受けたものの、A自身で保護観察所にまで辿り着くことができず、行く当てもなく、しばらくすると万引きをし、再び刑事施設に戻るということを繰り返した。ついには刑事施設が本人の生活の場となっていった。今回の受刑は16回目である。

　刑事施設の社会福祉士がAと面談したところ、Aは身体状況には問題はないが、高齢であり、出所後に帰る先がなく、Aが福祉の支援を受けて生活することを望んだことから、刑事施設より保護観察所に対して特別調整を依頼した。その結果、保護観察所において特別調整の対象に選定された。Aは生活保護を受給しながらアパートで生活することを希望した。そのため、地域生活定着支援センターのコーディネートにより、あらかじめ帰住先の自治体と地域包括支援センターに相談し、生活保護、健康保険、介護保険等の手続が進められ、住宅確保要配慮者居住支援法人（平成29（2017）年住宅セーフティネット法改正により、居住支援を行う法人として、都道府県が指定するもの）の協力を得て、刑事施設出所と同時にアパートで生活することとなった。その後、大家による見守りがなされるとともに、地域包括支援セ

ンターの社会福祉士より、同センターが実施している介護予防事業への参加、地元の老人福祉センターでの日中活動、シルバー人材センターでの仕事探し等の提案がなされ、Aの希望によりこれらの活動を始めることとなった。また、一人暮らしであることから民生委員もときどき訪問し、地域のボランティアが実施するふれあい昼食会に参加する等、今では地元の人たちとの交流も楽しんでいる。

　地域生活を始めた当初は、地域生活定着支援センターがフォローアップ業務による見守りや相談支援を実施していたが、地域包括支援センターを中心とした支援によりAの生活が安定してきたことから、地域生活定着支援センターによるフォローアップは終了となった。

【解　説】

　満期釈放者に対しては、釈放前指導において生活保護、健康保険に関する説明や職業案内がなされたり、更生緊急保護の必要性が認められる時、又は、本人がそれを希望する時には、更生緊急保護の必要性に関する意見等を記載した保護カードが交付されることとなっている。しかし、本事例のように、役所や保護観察所まで辿り着くことなく、じきにホームレスとなり、困窮しては犯罪行為を繰り返し、社会と刑事施設の行き来を繰り返す人がいる。

　本事例からは、犯罪をした人が適切な支援を受けることにより、その人の生活が安定し、その人らしい生活の実現を図るとともに、そのことが再犯防止にも繋がるのだということが見えてくる。その人に合った支援に繋げることが極めて重要である。

　刑事施設の福祉職は、特別調整に該当するケース以外にも、対象者が医療機関に転院する必要性がある場合や、高齢者や障害者には該当しないものの帰住先がない等の理由により支援が必要な場合には、独自に出所後の行先や支援に関する調整を行う。

　また、Aは出所後すぐに地域生活を始めたが、出所直後の地域生活が困難な場合には、指定更生保護施設に入所してから地域生活に移行することもある。

　指定更生保護施設とは、高齢又は障害により自立が困難な刑事施設出所者等を一時的に受け入れる更生保護施設である。平成21（2009）年度より始まった施策であり、社会福祉士等の福祉職を配置したり、バリアフリー等の施設整

備を行い、福祉への移行準備を行うとともに社会生活に適応するための指導・訓練を実施している。令和2（2020）年4月1日現在、全国103の更生保護施設のうち74施設が指定更生保護施設に指定されている。

3）被疑者・被告人段階での支援【入口支援】

　これまで、矯正施設出所者への支援の概要についてみてきたが、刑事司法手続の早い段階での支援の必要性が認識され、被疑者・被告人段階での支援、すなわち、入口支援も進められている。入口支援は、検察庁、保護観察所、地域生活定着支援センター、弁護士（会）、社会福祉士（会）、民間団体等の様々な実施主体により、各組織や地域の実情に合わせた方式、内容によって実施されている。ここでは、このうち、検察庁、保護観察所、地域生活定着支援センター、弁護士（会）、社会福祉士（会）が関わる入口支援の取組みについてみていくこととする。なお、出口支援が全国一律の制度によって運営されているのに対し、入口支援の実施主体、方式、内容は多様である。ここでは、その中の主なものを取り上げる。

⑴　検察庁における社会復帰支援（2章1節参照）

　検察庁においては、被疑者・被告人に対する再犯防止や社会復帰のための様々な取組みが進められている。近年、検察庁における社会復帰支援に社会福祉士等が社会福祉アドバイザーとして関わるようになった。平成25（2013）年1月に東京地方検察庁が社会復帰準備室を立ち上げ、社会福祉士を社会福祉アドバイザーとして採用したことに続き、横浜、千葉、水戸、静岡、大阪、名古屋、広島等の地方検察庁でも社会福祉アドバイザーが非常勤で採用されている。

　検察官が捜査・公判を行う中で、当該被疑者等に福祉的支援の必要性が考えられる場合、社会福祉アドバイザーに相談したり、面談の依頼を行う。依頼を受けた社会福祉アドバイザーは被疑者等との面談等を通して、ニーズを把握し、福祉、医療、就労をはじめとする制度やサービス活用の提案、相談支援機関の紹介、関係機関への問合せや同行支援による繋ぎ等を行う。なお、社会福祉アドバイザーの配置は、各検察庁の実情に応じて行われており、特定の社会福祉士や地域の社会福祉士会と連携し、必要に応じ、社会福祉士から助言を得られるような体制を整備した庁もある。ここでは、社会福祉アドバイザーが担当す

る相談支援について、事例を挙げてみていくこととする。

◆ 事例2：飼い犬の連れ去りを繰り返す知的障害者B

　B（20歳代・女性）は地域の民家の飼い犬の連れ去りを続けていた。ある時、飼い主が、Bが犬を連れ去ろうとするのを見つけ、警察に通報した。Bは逮捕され、窃盗の罪により検察庁に送致された。検察官より面談の依頼を受けた社会福祉アドバイザーは、検察官から、Bは知的障害があるようだとの情報を得た。また、同居している両親はBの行動にあまり問題意識を持っておらず、対応する様子もみられないとのことであった。

　社会福祉アドバイザーが、Bと母親と面談を行ったところ、過去の生活状況や面談時の受け答えから、Bには知的障害がある可能性が感じられた。朝起きて夜寝るという基本的な生活習慣が身についておらず、昼間も家で寝て、気の向いたときに食事をして出かけるという生活を続けている。Bに対して、犬の連れ去りをやめる方法を考えるよう助言するとともに、今後は自分自身で犬を飼うことができるよう、アルバイトをしてお金を稼ぐことを提案した。

　そのために、まずは専門の人に相談し、その後、例えば、昼間はセンターに出かけて、人と交流したり、作業を行う等して過ごすことを提案したところ、それらのことをBが希望したため、基幹相談支援センターにつないだ。

　その後、Bは、基幹相談支援センターの支援により、療育手帳を取得し、社会参加の機会として地域活動支援センターへの通所を開始した。Bは、はじめは躊躇していたが、徐々にセンターへの通所や活動に積極的になり、将来的には就労も視野に入れて取り組むようになった。基幹相談支援センターと地域活動支援センターの担当職員が、犬の連れ去りをしないように指導しつつ、さらに、近所の複数の知人の犬の散歩を手伝うことができるように調整した結果、知人も感謝し、犬もBに懐き、以後、Bは犬の連れ去りをせずに暮らしている。

◆ 事例3：障害のある息子に暴行を加えた父親C

　C（50歳代・男性）は自宅における20歳代の息子への暴行の罪で警察に逮捕され、検察庁に送致された。息子は精神障害と発達障害があり、精神保健福祉手帳を所持していた。部屋一面に物を並べ、Cが片付けを指示しても、いっこうに片付けなかったため、そのことに腹を立てたCが息子に暴行を加えた。検察庁から居

住地の市役所に障害者虐待事案として通報を行った。担当部署では、過去にＣの妻から、Ｃと息子との関係が悪化しており、時には暴力に至る場合があるとの相談を受けたことがあったが、家庭内のもめごとであるとの認識のみで、その後、特に対応していなかった。今回の通報により、市役所では、障害者虐待防止法に基づく対応を進めるとのことであり、障害福祉課、保健センター、基幹相談支援センターを中心に関係者が連携し、この家庭の相談にのるとともに、Ｃに息子の障害の特性を説明して理解を得たり、将来的には息子が自立できるようグループホームで生活する可能性もあることが示された。

【解　説】

　事例２と３は、検察庁を中心とした入口支援の事例である。検察庁に送致されるケースの中には、そもそも福祉等の支援があればそのような行為には至らなかったと考えられる事案が含まれている。社会福祉アドバイザーとしての実践を行っている筆者は、検察庁に送致され、そこで初めて福祉の支援を受けられることを知る人たちが多くいることを目の当たりにしてきた。

　検察官が支援を必要としている人たちを発見し、社会福祉アドバイザーがその人の抱える問題やニーズを的確に把握し、本人の意思を尊重した上で支援機関に確実に繋ぐことの重要性を強く感じている。

(2)　保護観察所における取組み

　保護観察所においても更生緊急保護の重点実施等の入口支援が行われ、対象者への支援の充実が図られている。

　捜査段階で起訴猶予等により釈放される被疑者に対しては、従来から必要に応じて更生緊急保護が実施されてきたが、平成27（2015）年度からは、全国の保護観察所において、検察庁と連携の上、特に支援の必要性が高い者に対して、継続的かつ重点的に生活指導等を行い福祉サービスの調整や就労支援等をする「起訴猶予者に係る更生緊急保護の重点実施等の試行」が実施されてきた。具体的には、保護観察所は、検察官からの依頼に基づき、起訴猶予による更生緊急保護が見込まれる勾留中の被疑者に対して、釈放後の福祉サービスの受給や住居の確保に向けた調整等（事前調整）を実施し、その後、被疑者が起訴猶予処分となった場合に、保護観察所は本人からの更生緊急保護の申出を受け、事前調整を踏まえ、関係団体と連携して住居の確保や福祉サービスの受給等を

支援するとともに、本人の同意のもと、更生緊急保護の期間中に相談支援を継続するものである。

また、平成30（2018）年度から、保護観察所に入口支援等に特化した業務を行う特別支援ユニットを設置し（令和2（2020）年4月現在23庁）、「保護観察所が行う入口支援」を開始した。この支援には、①福祉サービスの調整、②更生保護施設等の宿泊場所の提供、③継続的な生活指導等がある。

平成27（2015）年度から、検察庁と保護観察所との連携により、更生緊急保護の重点実施が行われてきたが、令和3（2021）年度から、従来対象とされていた起訴猶予に加え、単純猶予、罰金、科料もその対象となった。また、都道府県が設置する地域生活定着支援センターにおいて、高齢又は障害のある被疑者・被告人に対する支援が開始されることを踏まえ、更生緊急保護の重点実施の枠組みについて、地域生活定着支援センターと連携して行う支援の手続を追加するなどの見直しが行われ、「検察庁と保護観察所との連携による起訴猶予者等に係る更生緊急保護の重点実施等」が定められた。これにより、地域の実情に応じた効果的な取組みが早期から開始できるようになった。

また、更生緊急保護の申出をした者に対して、その再犯防止及び改善更生に必要と認められる場合には、本人の意思に反しない限りにおいて、保護観察所が継続的に関与し、その特性に応じた支援が受けられるよう関係機関等と調整するなど、更生緊急保護の各種措置を積極的に実施することとし、更生緊急保護における継続的支援の手続等が定められた。

◆**事例4：保護観察所における更生緊急保護の事前調整を活用した支援**

Case4

D（80歳代・男性）は数年前から空き缶収集を行いながらホームレス生活をしていたところ、ある時コンビニエンスストアで万引きをして逮捕され、検察庁に送致された。検察官より更生緊急保護の事前調整の依頼を受けた保護観察官は、Dと面談し、空き缶収集では収入が不安定であったため本件に至ったこと、住居があれば入居したいとのニーズを確認した。

そのため、あらかじめ、市役所の生活保護担当課及びホームレス支援団体と調整し、釈放当日に生活保護申請を行い、認定までの間、ホームレス支援団体が運営する施設に居住し、その後契約可能なアパートを探すこととなった。

釈放当日、Dが保護観察所に出向き、更生緊急保護の申出を行った。その後、保護観察官、ホームレス支援団体がDの生活保護申請に同伴し、事前調整の内容を踏まえた手続を行い、施設に入居した。数か月後、Dはアパートに転居し、地域に溶け込んで生活できるようになった。

⑶　地域生活定着支援センターにおける取組み

　平成21（2009）年度開始の地域生活定着支援事業において、入口支援は、当初地域生活定着支援センターの正式な業務として位置付けられていなかった。このことから、センターの事業として規定されている相談支援の枠組みの中で、検察庁、保護観察所、弁護士、警察等からの依頼に基づき、被疑者等に対する支援が行われていた。このような中、各地の地域生活定着支援センターの入口支援の実績を踏まえ、令和3（2021）年度より、「高齢・障害被疑者等支援業務」という名称で、被疑者・被告人等で高齢又は障害により自立した生活を営むことが困難な者に対して、地域生活定着支援センターが、釈放後直ちに福祉サービス等を利用できるように支援を行うことが定められた。

◆事例5：高齢・障害被疑者等支援業務を行った事例

Case5

　地域で一人暮らしをしていたE（70歳代・男性）は、他人が店に置き忘れたかばんや衣類を持ち去る占有離脱物横領を繰り返し、警察に逮捕され、検察庁に送致された。

　検察官は、Eの言動から知的障害を疑い、釈放後直ちに福祉的な支援が必要であると考え、Eの同意を得て保護観察所に調査・調整の協力依頼を行った。保護観察所は、地域生活定着支援センターに釈放前の被疑者との面談への同席を求め、事前調整の面談を実施した。そして、更生緊急保護の重点実施の対象者に選定するとともに、釈放後の住居やEに対する支援可能な福祉機関、福祉サービス等の支援計画を立てた。その後、Eは起訴猶予となり、釈放後に保護観察所に更生緊急保護の申出を行った。Eから支援の同意を得たため、保護観察所は地域生活定着支援センターに支援の協力依頼を行い、地域生活定着支援センターの同行支援により、Eは地域の相談支援機関に相談に行き、その後、当該福祉機関の支援を受け、地域生活を継続している。

⑷　弁護士会・社会福祉士会による支援

　弁護士会と社会福祉士会の連携を中心とした入口支援も行われている。東京、大阪、千葉、神奈川などでは、弁護士会と社会福祉士会等の組織的な連携体制を構築した中での入口支援が実施されている。例えば、弁護士会を通して社会福祉士会や精神保健福祉士協会に支援依頼を行う地域、個々の弁護士が地域生活定着支援センターや社会福祉士会等に支援依頼を行う地域、弁護士会と社会福祉士会が協定を締結して支援実践を行う地域など、入口支援に繋ぐ様々なルートや支援方法が模索されている。

◆事例6：弁護士と社会福祉士の連携による支援

――――――― **Case6**

　F（30歳代・男性）は万引き（窃盗）により、警察に逮捕された。Fの担当弁護士は、Fが療育手帳を所持していることを把握し、社会福祉士会に社会福祉士による福祉的な観点からの関わりを依頼し、社会福祉士Gを紹介された。

　Fは過去にも万引きをしたことがあり、1か月前に罰金30万円の略式命令を受けていた。起訴後、社会福祉士Gは同行接見し、家族にも聞き取りを行い、Fが昼間することがなく、地元のスーパーや商店に行ってはほしいものを万引きしてしまうことを把握した。社会福祉士Gは、基幹相談支援センターに釈放後のFに対する支援について相談し、日中活動を中心とした福祉サービス等の調整を行い、今後の支援方針と意見を示した意見書（更生支援計画等）を作成するとともに、情状証人として出廷した。裁判では執行猶予付きの判決が下され、Fは、釈放後に、社会福祉士Gによる調整をもとに、基幹相談支援センターを中心とした支援機関による支援を受け始めた。

　入口支援は、各地域や機関の実情に合わせて様々に行われている。対象者にとっての最適な支援の実現に向けて、検察庁、保護観察所、地域生活定着支援センター、弁護士（会）、社会福祉士（会）、地域の市町村、保健・医療・福祉機関等、関係機関の連携・協力を深めることによる支援の充実が求められる。事例1において、犯罪を繰り返し、長期間に及ぶ受刑生活を送っていた高齢者Aについて取り上げた。Aが早期に入口支援を受けることができていれば、犯罪を繰り返すことなく、また別の人生を送っていたのではないだろうか。

3　社会復帰支援の課題と展望

　刑事司法の対象となった福祉の支援が必要な高齢者・障害者の社会復帰支援は、従来からある更生保護制度に加え、2000年以降は、新たに入口支援、出口支援によって行われている。筆者は、今後さらに、刑事司法の中の最も早い段階である警察の段階で、福祉の支援が必要な人たちを地域の相談支援機関等に繋ぐ仕組みを作ることが必要であると考える。警察の段階で行われる微罪処分は、軽微な犯罪を対象としているが、法的には微罪であると考えられる事象であっても、それを引き起こすに至った当事者の抱える問題を解決しなければ、繰り返しかねない。この微罪処分の段階で対象者をどう支援に繋げるかが、その後を左右する。犯罪行為を引き起こすに至った問題の実体的な解決を図るためにも、警察と地域の関係機関との連携が重要である。地域や警察署によっては、犯罪行為をした人を、警察から地域の相談支援機関に繋いでいるという実態はあるものの、このことは個別に取り組まれていることである。制度化による、確実かつ安定的な実施が望まれる。また、その人が犯罪行為をしなくても暮らせる環境を作ることも重要である。地域事情を把握している交番や警察署で気付いた個々の問題や地域の問題を、行政機関、地域包括支援センターや基幹相談支援センター等の相談支援機関と共有し、さらに、行政機関や相談支援機関を中心に、その他の福祉関係機関、民生委員等とも必要な範囲で情報共有し、問題を抱えている人たちを見守り、支援する仕組みや体制を整備することも必要であろう。

　それから、福祉関係者の中には、司法関係機関より刑事司法の対象となった人への釈放後の支援の依頼がなされる際に、「再犯防止」を目的に支援しなければならないと考え、そのことに強い違和感を覚えている場合があるとのことを耳にする。この点、司法関係者は「再犯防止」を依頼しているわけではない。先にも述べたが、犯罪をする人たちの中には、そもそも福祉などの支援があれば、犯罪行為を行わなかったであろうと考えられる人たちが多く含まれている。司法関係機関では、困難を抱える対象者に支援が行われることで、本人の生活が安定し、そのことが、犯罪行為に至る要因の解消にも繋がり、結果、再犯防止に繋がるのではないかと考えられている。すなわち、福祉関係者がクライエ

ントのウェルビーイングを目指す結果として再犯防止があるのである。福祉関係者には、この点を理解し、司法関係機関とも積極的に連携し、支援していただきたい。

　日本の福祉は、近年、地域に暮らす人たち全てを対象とした「地域共生社会の実現」を目指しており、地域で支援する対象者の中には、当然、犯罪をした人や非行少年も含まれる。先の事例で示したように、犯罪を犯す人の中には、支援があれば当該行為には至らなかったと考えられる人が相当数含まれている。これまで、「刑事司法と福祉の連携」による社会復帰支援の重要性を示してきたが、対象者がもともと住んでいる地域において、犯罪を犯さなくても生活できるよう支援すること、そして、犯罪を犯した場合にも、抱える問題を解決し、再び犯罪行為を犯さず暮らせるよう、見守り、支援する、「地域を基盤とした協働」による取組みが必要であろう。

〈引用・参考文献〉

・法務省作成資料（通達、通知、事務連絡、研修資料、説明資料、HP等）
・厚生労働省作成資料（通達、通知、事務連絡、研修資料、説明資料、HP等）
・法務総合研究所『（各年）犯罪白書』
・内閣府『（各年）再犯防止推進白書』
・千葉県社会福祉士会・千葉県弁護士会（2018）『刑事司法ソーシャルワークの実務』日本加除出版
・山本譲司（2009）『獄窓記』ポプラ社
・鷲野明美（2020）「罪に問われた高齢者への福祉的支援─刑事司法と福祉の連携に関する日独比較から」『法律時報（2020年2月号)』日本評論社
・鷲野明美（2020）『刑事政策におけるソーシャルワークの有効性─高齢者犯罪への対応に関する日独比較研究』中央経済社

第2節

被害者支援における多機関連携の現状と展望

中村　葉子

1　犯罪被害者の権利の法制化に向けた歩みと残された課題

　筆者が検事任官した1990年代は、刑事裁判で、加害者の弁護人が被害者の供述録取書（被害事実について被害者が捜査官に話した内容を捜査官が録取した書面）を裁判の証拠とすることに反対した場合、被害者は、被告人からも、報道陣のいる傍聴席からも丸見えの状態で、実名で長時間尋問されることとなったため、その心身への負担は凄まじいものであった。また、当時は、被害者が心情の意見陳述をする制度も、裁判に参加する制度もなく、刑事記録の被害者への閲覧も限定的で、事件当事者であるはずの被害者が、刑事裁判では当事者として扱われず、真実を知ることも容易でなかった。

　このような中、被害者や遺族自らが声を上げて、被害者の権利の確立を求め、平成11（1999）年、日本弁護士連合会も「犯罪被害者に対する総合的支援に関する提言」を公表し、都道府県弁護士会も被害者支援活動を開始した。その結果、平成12（2000）年、いわゆる「犯罪被害者保護二法」が成立し、付添い、遮へい、ビデオリンク方式、心情の意見陳述制度、公判記録の閲覧謄写、刑事和解が導入された。

　さらに、平成16（2004）年、「犯罪被害者等基本法」が成立し、全て犯罪被害者等は、個人の尊厳が重んじられ、その尊厳にふさわしい処遇を保障される権利を有することが確認され、同法を受けて、平成17（2005）年、第一次の「犯罪被害者等基本計画」が閣議決定された。平成19（2007）年には、被害者参加制度が創設され、性犯罪被害者等の被害者特定事項の公判廷における秘匿制度も導入され、平成25（2013）年には、被害者参加旅費等の支給、国選被害者参加制度を利用するための資力要件の緩和がなされた。そして、平成29（2017）年、刑法の性犯罪規定が改正され、この改正に当たって、被害者の権利利益への十分な配慮と二次被害の防止等が附帯決議された。

　ところで、韓国では、聴覚障がい児学校での長期間にわたる性的虐待が支援者たちによって告発されるという事案が起きた[1]。その事案が、映画『トガニ 幼き瞳の告発』として上映されるや、世論を動かし、障害のある人や子どもを性犯罪から守るためのいわゆる「トガニ法」が2011年に国会を通過した。

　日本では、自ら声を上げることのできない被害児童や障害のある被害者など供述弱者の事案は、刑事立件が困難であり、被害者の死亡によって初めて明らかになる場合も多い。今も密閉された逃げ場のない空間で、絶望的な日々を送っている被害者を助け出すには、教育、福祉、医療の現場の支援者によるアウトリーチや、司法手続における二次被害を防ぐための法制度整備に向けたソーシャルアクションが不可欠である。

　以下、地域における被害者支援の取組みについて、筆者が検事として赴任した先で連携した機関を紹介しながら、展望についても述べていきたい。

2　京都における子どもシェルターと性暴力被害者のワンストップセンター

　筆者が、京都地検総務部長に赴任した平成26（2014）年、知人の弁護士が営む子どもシェルター「はるの家」に、子どもの権利及び児童福祉の研修を受けてからボランティアに行くようになった。

　「はるの家」は、NPO法人子どもセンター「ののさん」[2]が営む子どもシェルターで、児童虐待などで行き場がない子どもたちのために、一人の子どもに一人の弁護士が付き、必要な法的手続を支援している。「はるの家」では、児童相談所（以下「児相」）の一時保護所の集団による混合処遇に合わない子どもの一時保護委託を受け、18歳を超え20歳までの子どもには自立援助ホームとしての決定を受けて引き受け、また、虐待家庭で育ち、問題行動のため家庭裁判所（以下「家裁」）の審判で試験観察になっても、受入れ先がない子どもの補導委託も受けている。法制度の狭間にある子どもたちを、誰一人とりこぼすことなく支援するため、このような子どもシェルターが全国で次々に開設されている。

　また、京都では、平成27（2015）年、京都性暴力被害者ワンストップ相談支援センター「京都SARA（さら）」が開設された[3]。「京都SARA」は、相談センターを中心とした連携型のワンストップセンターであるが、産婦人科医会と連携し、

設立に当たっては、京都地検に、性犯罪被害者から医師が採取した証拠の保管方法について協議をしたい旨の依頼があった。「京都SARA」では、弁護士会と連携して被害者への法律相談に同行し、カウンセリング等も実施している。

3　愛知県における医療者による被害者支援の取組み

　筆者が名古屋地検総務部長に赴任した平成28（2016）年1月、名古屋第二赤十字病院（現、日本赤十字社愛知医療センター名古屋第二病院）に「性暴力救援センター日赤なごやなごみ」（以下「なごみ」）が開設された[4]。「なごみ」は、病院拠点型の性暴力救援センター（ワンストップセンター）として、被害直後から中長期、回復期まで、総合的な支援（産婦人科医療、救急医療、相談、カウンセリング、捜査関連の支援、法的支援等）を、各科の医師、性暴力被害者支援看護師（Sexual Assault Nurse Examiner、以下「SANE」）、医療ソーシャルワーカー、被害者支援専門研修を受けた支援員が中心となって、24時間体制で展開している。

　「なごみ」開設後、令和元（2019）年12月までの4年間に、電話相談はのべ5290件、来所相談はのべ1397件、診察はのべ489名に上る。「なごみ」の連携推進会議には、弁護士、県警本部捜査一課、名古屋地検も参加し、名古屋地検主催の司法面接研修には、児相・警察とともに「なごみ」の医療スタッフも参加した。また「なごみ」では、関係機関と連携したSANE養成も行われている。

　当時、愛知県では、各大学の法医学教室、拠点病院の救急科、脳神経外科、小児科などの医師と警察・検察とで、子どもの死亡事例の勉強会を実施した。子どもの死亡例の大半は0歳児であり、家庭内で発生するため、事故か事件か、事件の場合、結果として誰がどのように関与したのかなどの解明が困難である。しかし、兄弟姉妹が相次いで死亡した事案もあり、次の死亡事案を防ぐため、司法と医療の連携が不可欠であることを相互に確認し、協力関係を構築していった。

4　神奈川県弁護士会の被害者支援スキームと　子ども支援センターの取組み

　筆者が横浜地検総務部長に赴任する直前の平成30（2018）年3月、神奈川県弁護士会と横浜地検は協定を結び、弁護士による支援を希望した被害者を検

察官が「法律相談希望申出通知書」によって神奈川県弁護士会犯罪被害者支援センターに取り次ぎ、同センター所属弁護士が初回無料で法律相談を受けるスキームを始めた（以下「被害者支援スキーム」）。これによって、加害者弁護人との対応に戸惑う被害者が、早期に弁護士の支援を受けられるようになった。

同スキームは、その後、他府県にも広がっている。また、センターでは、県条例で設置された「かながわ犯罪被害者サポートステーション」（県・県警・NPOかながわ被害者支援センター）[5]とも協定を結び、法律相談依頼を受けており、被害者多数の殺傷事案が発生しても、弁護士が被害者や遺族をすぐに支援できる体制を作っている。

平成31（2019）年4月、「諸外国で制度化されているチャイルドアドボカシーセンター（Child Advocacy Center、以下「CAC」）を日本にも」と考えた神奈川県立こども医療センター医師と同県弁護士会弁護士が、多職種での虐待勉強会を重ねながら、多くの支援者仲間とともに、日本版CAC「神奈川子ども支援センターつなっぐ」（以下「つなっぐ」）を設立した。「つなっぐ」では、被害児が、中立的な医療機関で負担の少ない司法面接や系統的全身診察を受けることで、信用性が高い証拠や証言の収集がされ、権利擁護のための手続やサポート、身体的、精神的なケアもワンストップで受けられる[6]。捜査や公判で子どもに寄り添い、その負担を減らすための付添犬による支援も導入されている。さらに、司法面接の面接官の育成研修（年数回・土日2日間）を行い、また証拠の信用性や収集方法について、実務と研究に裏打ちされた検討も行われている。

また、「つなっぐ」では、設立翌月に市民講座「子どものSOSを支援につなげる」を開催し、その後も、オレゴン州CACの医師を呼んでの勉強会、精神科医によるトラウマインフォームドケア（トピック「なぜトラウマインフォームドケアが必要か？」参照）の講演会、被害当事者[7]による「性暴力と刑法改正」の講演会などを行っている。

5　再び京都にて—被害者特化条例、司法面接研修、再被害防止へ

令和2（2020）年筆者は、検事を退官して京都に戻り、弁護士登録し、被害者支援や子どもの権利の委員会等で活動を始めた。

令和3（2021）年5月1日現在、既に32都道府県が被害者等の支援を目的とした条例（以下「被害者特化条例」）を制定している。国の被害者支援施策が、基本法の制定・個別法の整備・基本計画によって進んできたように、地方における被害者支援施策の充実のためには、地方の立法である条例の整備が不可欠である（5章3節参照）。

　最近制定された都道府県の先進的な被害者特化条例では、被害者多数の事案が起こった際の緊急対応や広域対応を定めたり、医療費や法律相談料の助成、中長期的な支援などを盛り込んでいる。京都弁護士会では会長声明を出し、関係機関と連携して、京都府に被害者特化条例を制定すべく活動している。

　京都では、検察、警察、児相が連携して司法面接研修を行うなど、三機関連携の取組みが進められている。しかし、三機関の代表者による司法面接手法による聴取前に、最初に被害者の声を聴く可能性が高い教育・福祉・医療の現場の専門職や、被害者支援を担当する弁護士が子どもから誘導的な聴取をしてしまうと、供述の証拠としての信用性が損なわれてしまう。そこで、弁護士会やワンストップセンターでは、弁護士やボランティアに対する講義・研修に司法面接を盛り込む取組みが始まっている。

　また、京都では、ストーカー総合的対策ネットワーク会議が数年前から開催されている。この会議では、ストーカー行為が残虐な殺傷事案に進展することを防止するためには、被害者保護だけでなく加害者の再犯防止支援も必要であるとの共通認識が形成されている。そして、刑罰だけでない加害者アプローチのための多機関連携が進められている。

〈注〉

⑴　コン・ジョン著（蓮池薫訳）（2012）『トガニ 幼き瞳の告発』新潮社
⑵　子どもセンター「ののさん」ウェブサイト（http://nonosan.org/、2021年8月11日アクセス）。
⑶　京都SARAウェブサイト（http://www.pref.kyoto.jp/kateishien/news/kyotosara.html、2021年8月11日アクセス）。
⑷　「なごみ」ウェブサイト（https://nagomi.nissekinagoya.jp/、2021年8月11日アクセス）。なお、性暴力被害者ワンストップセンターの全国共通短縮番号は「＃8891」。

⑸ 「かながわ犯罪被害者サポートステーション」ウェブサイト（https://www.pref.
kanagawa.jp/docs/f5g/cnt/f4181/p12669.html、2021年8月11日アクセス）。

⑹ 「神奈川子ども支援センターつなっぐの取り組み」厚生労働省ウェブサイト
（https://www.mhlw.go.jp/content/11907000/000687108.pdf、2021年8月11日アク
セス）。

⑺ 山本潤（2017）『13歳「私」をなくした私』朝日新聞出版

TOPIC

「修復的司法」は誰のためのものか？

平山 真理（白鷗大学法学部教授）

●そもそも「修復的司法」とは

修復的司法は「Restorative Justice」の訳語であり、修復的正義と訳されることもある。その著名な研究者、実践家でもあり、また「修復的司法の祖父」とも呼ばれるハワード・ゼア博士（イースタン・メノナイト大学「修復的司法・平和構築センター」初代所長）は、修復的司法とは「伝統的な刑事司法制度のレンズ」とは異なる「修復的レンズ」を通して、被害者や加害者、そして犯罪を見ることであると説明している。つまり、従来の刑事司法制度のもとでは「どの法律に違反して、何罪にあたるのか」「非難されるべきは誰か」「加害者はどのような報いを受けるべきか」と問うのに対し、修復的司法では「誰が傷つけられたのか」「被害者のニーズ、加害者のニーズは何か」「そのニーズに応える義務は誰にあるのか」と問う。従来の刑事司法が「過去の問題への非難」であるのに対し、修復的司法は「犯罪の事後問題をどう解決するか」に焦点を当てる、未来志向型アプローチであるといえよう。

修復的司法の起源はニュージーランドのマオリ族やオーストラリアのアボリジニ族による家族集団会議（後述）や、カナダのアボリジニ族によるサークル等、先住民族による問題解決手法に見出すことができる。

●修復的司法のモデル論

「純粋モデル」では、「当該犯罪に関係する全ての当事者が一堂に会し、犯罪後の問題とその将来への関わりにいかに対処するかという問題を解決するプロセス」が修復的司法だと定義する。このモデルのもとでは、事件に利害関係を持つ全ての人の参加が期待されるため、会合の成立が困難になることが予想される。一方、「最大化モデル」は、修復的司法とは「犯罪によって生じた害悪を修復することによって正義をなそうとする一切の活動」であるとする。このモデルのもとでは、刑事司法における従来からの取組みも含め、多くの取組みが修復的司法と位置付けられ、逆に独自性が分かりにくいという批判もある。

●様々な修復的司法の実践プログラム

修復的司法の実践形態は様々である。まずは被害者と加害者間の対話を軸にした、被害者加害者対話（Victim Offender Dialogue：VOD）があり、北米を中心に導入されている。また、家族集団会議（Family Group Conference：FGC）はニュージーランドやオーストラリアにおいて少年事件への対応として採用され、被害者と加害者、それぞれの家族、地域社会の人々

など、犯罪の事後問題解決に利害関係を持つ人々が参加する。ニュージーランドは「児童、青少年及びその家族法」(1989)により、修復的司法を法制化している数少ない国の一つで、死亡事件と警察の警告にとどまる軽微事件を除く全事件がFGCの対象となる。また、ドイツの行為者・被害者和解(Tator-Opfer-Ausgleich：TOA)も損害回復に焦点を当てた修復的司法の一形態である。

●日本における修復的司法の取組み

　我が国での修復的司法の最初の実践団体は、平成13(2001)年6月千葉に設立されたNPO法人「被害者加害者対話の会」(現在は「対話の会」)である。少年事件を対象とし、被害者、加害者、関係者などで相手方との対話を希望する者が申込みを行う。対話進行役(同会主催の研修を終えた市民ボランティア)が相手方に対話への参加の希望を確認し、綿密な準備を行って対話を実施する。対話のプロセス自体を重視するが、被害者への謝罪や「賠償」を行うなど双方が納得した「合意書」が作成されれば、その履行のためのフォローアップまで行う。

　また兵庫県弁護士会は平成21(2009)年4月に「犯罪被害者・加害者対話支援センター」を開設した。被害者、加害者双方が納得して対話に至る場合、弁護士が対話進行役となる。さらに同センターでは「謝罪文銀行」の取組みも行っており、加害者からの謝罪の手紙を被害者側が目を通す気持ちになるまで預かるという活動を行っている。

●修復的司法は犯罪対応としてメジャーになり得るか

　被害者の中には加害者とコミュニケーションをとること自体に、抵抗を感じる人も多いだろう。加害者を「赦す」ことを期待されると誤解したり、自分たちが加害者の更生に利用されるのではないかという懸念も持つかもしれない。しかし、修復的司法は対話のプロセスそのものを重視し、被害者のニーズを重視する。加害者を赦すかどうかは被害者が決めることであり、被害者側が大きなイニシアティブを持つ。

　また、修復的司法は「甘い」と捉えられるかもしれない。しかし、修復的司法では、加害者は自分の行為が被害者に与えた影響から顔を背けることは許されない。その害悪を少しでも修復するために、何をすべきか考えることを強く求められる。そして、被害者、加害者の関係者、地域社会の人々も含め、こうした行為が再び起きないように、被害者の回復や加害者の更生のために何ができるかを考えることが求められる。つまり、修復的司法は犯罪によって影響を受けた全ての人々の方を向いているといえる。重要なのは、修復的司法への参加は「任意」である点だ。修復的司法は犯罪対応としてメジャーとはなり得ないであろう。しかし、人々の関係を断絶せず、対話によって犯罪の事後問題の解決を探ろうとする人々にとっては「第三の道」の選択肢として存在意義を持つであろう。

TOPIC

修復的対話トーキングサークルの経験から
──被害者を癒し、その権利を保護するために

梅崎 薫（RJ対話の会・埼玉県立大学教授）

「日本では、犯罪被害者の方々が、修復的司法を受け入れがたいと感じている。どうすれば、修復的司法を受け入れてもらえるだろうか？」

これは、2019年にEU諸国で始まった、修復的司法を学ぶために集まった司法関係者らによる国際シンポジウムで、日本側の研究者が招聘したドイツのシンポジストにした質問である。EUでは2012年、被害者の権利及び保護を目的として、子ども等配慮を要する被害者には修復的司法を選択できるよう求められることになり、批准するEU各国が修復的司法の取組みを開始した。

質問されたドイツの講師は、首をかしげながら通訳者に質問を2、3回聞き返したのち、「修復的司法は、被害者の権利を保護するためのものです。被害者の方々が、修復的司法を受け入れがたいということは考えられない。修復的司法を間違って理解されているのではないか」と答えたのだった。日本と他国との隔たりを感じた。

私は家族間の高齢者虐待を未然に防ぎたいと思い、2013年にカナダのオンタリオ州キッチナーで、警察と保健福祉・NGOが連携する修復的対話を学んだ。この未然防止の対話は、日本で知られるファシリテーションやメディエーションとは異なるモデルで、サークルという。サークルプロセス、ピースメイキングサークルと呼ばれることもある。

意見の対立や葛藤がない時から行うトーキングサークルは、お互いを知り、繋がるための対話で、国際紛争や内戦後の報復抑止、学校でのいじめ予防として国際的に広く実践されている。

私が主催するRJ対話の会でトーキングサークルを定期的に開催するようになって、私自身が学んだ。それは、ひととして相手に敬意を持ち、そのひとの想いを聴くことの重要性だ。当たり前のことだが実は難しい。ひととして傍らに座り、そのひとの想いをひたすら聴く。解釈せず、知ったようなことを言わず、ともに居る、そのシンプルなことこそが、ひとを癒す。

アジア各国でも修復的対話は広がっており、2018年、香港の国際被害者学会で、台湾の医療ソーシャルワーカーが「精神科治療では回復しない患者さんたちが、被害体験として聴き続けると回復していく。私たちも何をすればよいのかが分かり、そばに居続けることが苦痛でなくなった」と報告していた。

アフリカや中東、アメリカ、カナダ、あらゆる国から集まった犯罪被害に遭っ

たひとたちからも、「私たちがほしいのは治療ではない、被害体験に耳を傾けてほしいのだ。延々と続くかもしれない私の話を聴いてほしい。何度でも何度でも語る私の話を聴いてほしい。そうすることで私たちは自分自身で回復していくことができる。先を急がせず、心をこめて聴いてほしい。ひととして、そこに居てほしいだけなのだ」と発言が続いた。

修復的司法の祖父と呼ばれるハワード・ゼアは、修復的司法の基本原則・司法手続は被害者中心でなければならないと言い、「被害者の声に耳を傾けなければならない」「被害者のニーズ—被害者が規定するニーズ—に本気で取り組まなければならない」「被害者は、彼らが言う必要があることを言う権利と、いるべき場所を有しなければならない」と述べている。

『被害者—加害者調停ハンドブック：修復的司法実践のために』の著者マーク・アンブライトも、修復的対話はどのようなトラウマセラピーより被害者の心の傷を癒すが、大切なことはメソッドや手順ではなく、専門家・権威という衣を脱いで、ひととして居続けることなのだと教えてくれた。

地域で対話の会に参加して、私自身がひとに対して怒りを抑えることが容易になり、前よりも幸せな気分で過ごす時間が長くなった。未来に希望を持てるようになり、根気強くなった気がする。参加者たちも元気になっていき、眉間にしわをよせていた認知症の高齢者たちも笑顔になった。あまりにも不思議で、精神科医や精神看護・理学療法の研究者たちと共同研究した。トーキングサークルに参加すると参加者の不安が低下し、定期的に継続して参加すると無気力感が低下して活気が上昇していた。海外でヒーリングサークルと呼ばれる理由が分かった。

癒しは、犯罪被害などによる苦しく辛い心の傷からの回復に重要な役割を担う。今、日本に必要なのは、被害者を癒し、その権利を保護できる修復的対話の取組みではないか。誰もが被害者になる可能性がある。その体験や影響を蓋することなく語り・聴き、私たちが地域で共有すべき「正義」とは、どのようにあるべきなのかを、ともに考えることなのではないか。

2020年、私たちはコロナ禍によりオンラインでの修復的対話トーキングサークルを開始した。北海道から沖縄までの参加者がある。犯罪に限らない、人生での様々な被害や加害の体験や影響を語り、お互いを尊重する「正義」を考え、ともに癒されている。

いつか被害者の権利を保護する修復的司法も、日本で実現されてほしい。

終章

伊藤　冨士江

　日頃の生活の中で、司法を身近に感じている人はどのくらいいるだろうか。平成21（2009）年には、司法制度の大改革といわれる裁判員制度が始まった。10年以上経て一定の評価があるものの、一般市民の関心は当初の予想ほど高まっていないのが現状のようだ。裁判員候補者の辞退率は、平成21（2009）年は53.1％だったが、令和2（2020）年は66.3％と上昇傾向にあり、出席率（選任手続期日への出席率）は平成21（2009）年は83.9％だったのに対し、令和2（2020）年では69.7％と低下傾向を示している（最高裁判所事務総局）。

　しかし、実際に裁判員を経験した人の声を聞くと、裁判員制度がもたらす好影響の一端を知ることができる。最高裁判所のウェブサイト「裁判員経験者の声」では裁判員を経験した、様々な年齢層の男女による意見・感想を収録した映像を配信している。判決宣告について「刑期の長さを、リアリティをもって感じた一瞬だった」と述べる人や、「裁判のことだけでなく社会の背景自体、もっと世の中をよくしたいと考えるようになった」、また「この裁判の結果が、関与している人だけのこの場だけでなく、犯罪を阻止するために役立つようにという観点から考えるようになった」と語る人々——公判の審理と判決に真摯に取り組んだからこその実感であろう。刑期の重さや実刑判決後の更生に関心を寄せる市民が増えることは、裁判員制度の成果といえる。

　終章では、加害者の更生・社会復帰、被害者に対する支援の現状を踏まえ、司法福祉の視点から今後の社会の在り方について考えてみたい。

1　加害者の更生支援と被害者支援

　我が国の犯罪を取り巻く現況を概観すると、刑法犯の認知件数は平成14（2002）年をピークに減少を続け、刑事施設の入所受刑者人員も戦後最小を更新している。その認知件数の7割以上が窃盗で、詐欺や粗暴犯は近年減少傾向がみられる。その一方で、児童虐待やストーカー犯罪は増加している。薬物事犯については覚醒剤取締法違反の検挙人員は減少しているが、大麻による検挙人員が若年層を中心に急増をみせている。

　再犯状況をみると、刑法犯検挙者の中で再び犯罪をして検挙された者の割合は、平成20（2008）年に4割を超えてから増え続け、令和元（2019）年には48.8%と5割近くになっている。中でも満期釈放者（帰住先がないまま刑期満期で刑務所を出所する者）が再犯して再入所する割合が、仮釈放者のそれと比べ2倍以上の高さであり、満期釈放者の再犯傾向の高さが明らかとなっている。

　こうした中で現在、1章から4章、6章1節で詳説されているように、犯罪や非行をした人の更生について社会復帰に向けて様々なメニューが用意されるようになった。例えば、少年院での行き届いた社会復帰支援、刑事施設におけるPFI刑務所による新たな試み、保護観察においてはターゲットを絞った形の処遇として、専門的処遇プログラム、地域生活定着促進事業、導入されたばかりのCFP（Case Formulation in Probation/Parole）によるアセスメント等々。また再犯防止推進計画のもとでは民間力を活用した多様な就労・就学支援プログラムも動き出している。

　このような動向を見渡すと、キーワードとして、「早期介入」「地域に開かれた施設」「地域援助」「強みを生かした支援」「息の長い支援」「重層的な支援体制」「多機関連携」といった言葉が挙げられる。

　では、犯罪のもう一方の当事者である被害者に対する支援はどうだろうか。上記のキーワードは、そのまま被害者支援においても見出すことができ、その符合に驚く。現在、被害者支援は「第4次犯罪被害者等基本計画」のもと、多機関連携を推進し、被害者の中長期にわたる生活支援に重点を置くようになり、自治体の一層の態勢整備を促している（5章、6章2節で詳説）。被害者が本来持っている力（強み）を引き出すことは、支援の現場では以前から重視している点である。

　しかしながら、被害者の支援体制は加害者の更生支援の手厚さと比べると、まだまだ課題が多い。加害者には社会復帰のための多数の方策が次々と「提供」されるのに対し、被害者は自ら探さなくてはならない、求めないと支援に辿り着けないことすらあるのが現状である。ほとんどの被害者側には何の落ち度もないのに、である。

　加害者の更生・社会復帰に対する支援が機能し「安全・安心な社会」が築かれていくのは望ましいが、同時に被害に遭った人々に対しても等しく必要な支

援が届くようにしていかなければならない。被害者支援のさらなる充実は、いくら強調してもし過ぎることはないだろう。

2 司法福祉とこれからの社会

ある障がい者福祉事業所の責任者から、最近聞いた話である。

「地域生活定着支援センターからの紹介や警察・行政からの介入依頼で、軽微な犯罪をした障がい者に関わることが多くなった。10年ほど関わっている知的障がいの人は、窃盗を繰り返していたが、ソーシャルワークの視点から本人主体のきめ細かい支援を続けたところ、ここ数年間インシデントがない。親身に関わり続けることの大切さを感じる。しかし、これが例えば、精神障がいによる傷害事件を起こした人となると、地域の受入れが厳しくなり、治療効果を強調してもなかなか偏見が払拭されない。福祉の役割として人生のやり直しができる地域づくりは意識しているが、人々の意識を変えるのは大変……」。

この話は、大方の福祉現場の思いを反映しているのではないだろうか。

ソーシャルインクルージョン（社会的包摂）や共生社会など耳に心地よい言葉が広がるものの、その実現は容易なことではない。犯罪・非行、被害は私たちの地域社会で生まれ、どう対処するかを考えることは私たちの責務であるはずである。私たちの意識を変えていくには何から始めればよいのだろうか。

例えば、トピックで紹介した修復的司法（Restorative Justice、以下「RJ」）は一つの示唆を与えてくれる。RJは、そもそも被害者のニーズを中心に置き、加害者、地域社会の人々が地域で起きた犯罪・非行などの問題解決に当たろうとする考え方である。加害をした行為者に罰を与え、地域から排除して一件落着ではなく、その行為を償うためには何をすべきか、被害を受けた人のニーズを満たすには何ができるか、その行為によって影響を受けた人々が関わって対応するのがRJである。RJには当事者同士による「対話」から、地域社会のメンバーが広く関与する「サークル」まで様々な実践の形があるが、RJ的な考え方が広がることによって、問題を我が事として捉える土壌が作られる。我が国では世界的潮流と異なりRJの実践は低調だが、その理念が正しく理解され、身近な実践を積み重ねることで地域社会が対応力をつけていくことが望める。

　被害者の声を聴き取り加害者の更生に繋げようとする公的な取組みとしては、更生保護における心情等伝達制度があり、刑事施設においても今後、被害者の心情等の聴取・伝達制度が導入される予定である。被害者のニーズを適切に満たし、加害者の真の更生を促す形で運用が進めば、RJ的要素を見出すことができる。制度上の制約はあろうが、利用した当事者からのフィードバックを得て実効性あるものにしていくとともに、こうした取組みが広く社会的認知を得ることも大切である。

　上記のような取組みも含め、加害者の更生支援、被害者支援において社会の中に、様々な選択肢、ニーズに対応するための社会資源があることは大きな意味を持つ。今後の課題の一つは、社会資源を有機的に繋ぐ、つまり多機関連携をさらに整備していくことである。そのためには、職員の個人的力量に頼ることのない協働体制のシステム化を促し、連携におけるコーディネート機関の設置などを検討すべきであろう。

　犯罪・非行をした者が「やり直し」ができると実感できる社会、被害に遭った人が「回復」への道を歩み出そうと思える社会を、目指していきたい。そのためには、私たち一人ひとりが多角的に物を見て想像できる力と行動に移す力を持たなくてはならない。

　最後に、本書執筆者の一人と話していて得心したことがある——よい制度・施策ができてもそれを動かすよい人材がなくてはならない。本書を通して、司法福祉分野に関心を持ち、担いたいという人が増えることを願っている。

〈引用・参考文献〉

・法務省（2021）『令和2年版犯罪白書』
・法務省（2021）『令和2年版再犯防止推進白書』
・最高裁判所、「裁判員制度の実施状況について」（https://www.saibanin.courts.go.jp/topics/detail/09_12_05-10jissi_jyoukyou.html、2021年7月10日アクセス）
・最高裁判所、動画配信「裁判員裁判を経験して」（https://www.saibanin.courts.go.jp/shiryo/movie/detail/flash10.html、2021年7月10日アクセス）
・Zehr H. & Toews, B. eds.（2004）Critical Issues in Restorative Justice, Lynne Rienner

執筆者一覧

（2021年10月時点）

【序　章】　伊藤冨士江（いとう・ふじえ）
上智大学総合人間科学部社会福祉学科客員研究員

【第1章】

第1節　**坂野　剛崇**（さかの・よしたか）
大阪経済大学人間科学部教授
特定非営利活動法人スキマサポートセンター理事　公認心理師　臨床心理士

第2節　Ⅰ　**山口　雅敏**（やまぐち・まさとし）
矯正研修所効果検証センター長　公認心理師

　　　　Ⅱ　**鶴旨　紀彦**（つるむね・のりひこ）
久里浜少年院統括専門官　公認心理師

第3節　**大原　天青**（おおはら・たかはる）
国立武蔵野学院厚生労働技官　社会福祉士　精神保健福祉士　公認心理師

【第2章】

第1節　**中村　葉子**（なかむら・ようこ）
弁護士　元検事　社会福祉士　精神保健福祉士

第2節　**手塚　文哉**（てづか・ふみや）
元大阪矯正管区長

【第3章】

第1節　**大塲　玲子**（おおば・れいこ）
東北地方更生保護委員会委員長　社会福祉士

第2節　**中村　秀郷**（なかむら・ひでさと）
西南学院大学人間科学部社会福祉学科講師　元保護観察官
社会福祉士　精神保健福祉士　公認心理師

【第4章】

第1節　**中村　秀郷**

第2節　**関谷　紀裕**（せきや・のりひろ）
名古屋保護観察所保護観察官　社会福祉士　精神保健福祉士　公認心理師

—————‖　執筆者一覧

【第5章】

第1・2節　**石井　涼子**（いしい・りょうこ）

　　　　　木村　夏海（きむら・なつみ）

　　　　　森　　響子（もり・きょうこ）

　　　　　公益社団法人被害者支援都民センター犯罪被害相談員　社会福祉士

第3節　　**尾﨑万帆子**（おざき・まほこ）

　　　　　白梅学園大学子ども学部子ども学科講師　被害者が創る条例研究会

【第6章】

第1節　　**鷲野　明美**（わしの・あけみ）

　　　　　日本福祉大学福祉経営学部准教授　社会福祉士

第2節　　**中村　葉子**

【終　章】　**伊藤冨士江**

図表Ⅰ・Ⅱ　**中村　秀郷**

トピック執筆者一覧

【第1章】

・変遷する少年法を通して考える「少年保護」とは？　坂野　剛崇（さかの・よしたか）

・少年法はどう変わったの？　坂野　剛崇

・家庭裁判所調査官の仕事の魅力とは？　松尾　有希（まつお・ゆき）

・少年法改正で少年院の処遇も変わる？　後藤　弘子（ごとう・ひろこ）

【第2章】

・「教誨師」とは？　光延　一郎（みつのぶ・いちろう）

・女性における摂食障害と万引きの関係は？　宮本　悦子（みやもと・えつこ）

・なぜトラウマインフォームドケアが必要か？　白川美也子（しらかわ・みよこ）

【第3章】

・恩赦って必要ですか？　O.D.（匿名）

・薬物依存は病気？　それとも刑罰の対象？　相良　翔（さがら・しょう）

・刑務所や少年院から出た人などにはどのような就労支援が必要だろうか？

　井坂　巧（いさか・たくみ）

【第4章】

・医療観察制度の「功罪」は？　大塚　淳子（おおつか・あつこ）

【第5章】

・「性暴力被害」の実際とは？　齋藤　梓（さいとう・あずさ）

・被害者支援を訴え続けて30年余、今思うこと　大久保惠美子（おおくぼ・えみこ）

【第6章】

・「修復的司法」は誰のためのものか？　平山　真理（ひらやま・まり）

・修復的対話トーキングサークルの経験から　梅崎　薫（うめざき・かおる）

索 引

アルファベット

BBS会 ・・・・・・・・・・・・・・・・・・・・ 71, 139

CFP ・・・・・・・・・・・・・・・・・・・・・ 155, 167

NA ・・・・・・・・・・・・・・・・・・・・・ 170, 175

PFI刑務所 ・・・・・・・・・・・・・・・・・・・109

PTSD ・・・・・・・・・・・・・・・・・・・ 133, 243

SANE ・・・・・・・・・・・・・・・・・・・・ 276

SST ・・・・・・・・・・・・・・・・・・・・ 121, 139

あ

アウトリーチ ・・・・・・・・・・・・・・・・・ 275

アドボケイト ・・・・・・・・・・・・・・・・・ 230

アミティ ・・・・・・・・・・・・・・・・・・・ 117

意見等聴取制度 ・・・・・・・ 149, 171, 223, 232

意見陳述制度 ・・・・・・・・・・・・・・・・・223

一時保護 ・・・・・・・・・・・・・・・・・・・ 275

一時保護所 ・・・・・・・・・・・・・・・ 76, 80, 275

入口支援 ・・・・・ 103, 104, 105, 106, 152, 266

医療観察 ・・・・・・・・・・・・・・・・・・・ 91

医療観察制度 ・・・・・・・・・・・・・ 180, 200, 202

医療観察法 ・・・・・・・・・・・・・・・ 91, 180

飲酒運転防止プログラム ・・・・・・・・・・・ 154

引致 ・・・・・・・・・・・・・・・・・・・・ 168, 173

応急の救護 ・・・・・・・・・・・・・・・・・・148

恩赦 ・・・・・・・・・・・・・・・・・・・・・160

恩赦法 ・・・・・・・・・・・・・・・・・・・・160

か

改善指導 ・・・・・・・・・・・・・・・・ 110, 117

回避 ・・・・・・・・・・・・・・・・・・・・・218

回復共同体 ・・・・・・・・・・・・・・・・・・126

回復共同体プログラム ・・・・・・・・・・・ 116, 120

解離 ・・・・・・・・・・・・・・・・・・・・・218

過覚醒症状 ・・・・・・・・・・・・・・・・・・・133

家事事件 ・・・・・・・・・・・・・・・・・・・ 9

可塑性 ・・・・・・・・・・・・・・・・・・・・ 9

家庭裁判所 ・・・・・・・・・・・・・・・ 8, 10, 11

家庭裁判所調査官 ・・・ 2, 11, 14, 16, 19, 32, 39

家庭裁判所調査官補 ・・・・・・・・・・・・・・14

仮釈放 ・・・・・・・・・・・・・ 140, 161, 169

仮釈放者 ・・・・・・・・・・・・・・・・・ 143

仮釈放審理 ・・・・・・・・・・・・・・・・・・232

仮退院 ・・・・・・・・・・・・・・・・ 141, 166

監護者わいせつ・監護者性交等罪 ・・・・・102

観護処遇 ・・・・・・・・・・・・・・・・ 34, 42

観護措置 ・・・・・・・・・・・・ 25, 34, 36, 166

鑑別 ・・・・・・・・・・・・・・・・・・・・・34

鑑別結果通知書 ・・・・・・・・・・・・・・・・39

基幹相談支援センター ・・・・・・・・・・・・・267

起訴 ・・・・・・・・・・・・ 90, 91, 92, 93, 103

起訴猶予 ・・・・・・・・・・・・・・ 91, 103, 105

起訴猶予者に係る更生緊急保護の重点実

施等の試行 ・・・・・・・・・・・・・・・・・268

喜連川社会復帰促進センター ・・・・・・・・・114

逆境（的）体験 ・・・・・・・・・・・・ 79, 132

教育主義 ・・・・・・・・・・・・・・・・・・・13

教育的機能 ・・・・・・・・・・・・・・・・・・19

教育的措置 ・・・・・・・・・・・・・・・・ 24

教育的な働きかけ ・・・・・・・・・・・・・・・22

教誨 ・・・・・・・・・・・・・・・・・・・・ 129

教誨師 ・・・・・・・・・・・・・・・・・・・・128

教科教育 ・・・・・・・・・・・・・・・・・・・21

教科指導 ・・・・・・・・・・・・・・ 63, 64, 65

矯正可能性 ・・・・・・・・・・・・・・・・・ 12

矯正教育 ・・・・・・・・・・ 20, 53, 56, 60, 63, 66

矯正教育課程 ・・・・・・・・・・・ 58, 60, 62, 69

強制性交等罪・・・・・・・・・・・・・・・・・・ 98, 251
強制的措置・・・・・・・・・・・・・・・・・・・・・・79
強制わいせつ罪・・・・・・・・・・・・・・・・・・251
協力雇用主・・・・・・・・・・・・・・・・・ 140, 167
記録の閲覧謄写の制限・・・・・・・・・・・・・ 100
ぐ犯・・・・・・・・・・・・・・・・・・・・・・・・・・30
ぐ犯行為・・・・・・・・・・・・・・・・・・・・・・・72
ぐ犯事由・・・・・・・・・・・・・・・・・・・・・・ 12
ぐ犯少年・・・・・・・・・・・・・・・・ 11, 12, 75
クライシスプラン・・・・・・・・・・・・・ 193, 202
訓戒・・・・・・・・・・・・・・・・・・・・・・・・・・22
ケア会議・・・・・・・・・・・・・・・・・・・・・・192
警察・・・・・・・・・・・・・・・・・・・・・・・・・・11
刑事確定訴訟記録法・・・・・・・・・・・・・・・・94
刑事施設・・・・・・・・・・・・・・・・・・・・・・108
刑事手続・・・・・・・・・・・・・・・・・・・・・・229
刑事和解・・・・・・・・・・・・・・・・・・ 95, 274
系統的全身診察・・・・・・・・・・・・・・・・・ 277
刑の一部執行猶予・・・・・・・・・・・・・ 144, 169
刑の執行の免除・・・・・・・・・・・ 160, 161, 162
刑務官・・・・・・・・・・・・・・・・・・・・・・・113
刑務所・・・・・・・・・・・・・・・・・・・・・・・108
ケースワーク・・・・・・・・・・・・・・・・・・・ 5
嫌疑不十分・・・・・・・・・・・・・・・・・・・ 91
減刑・・・・・・・・・・・・・・・・・・・・・・・・・160
検察官・・・・・・・・・・・・・・・・・ 11, 14, 20
検察官送致・・・・・・・・・・・・・・・・・・ 21, 30
検察事務官・・・・・・・・・・・・・・ 89, 94, 106
検察審査会制度・・・・・・・・・・・・・・・・・・92
検察審査会への申立て・・・・・・・・・・・・・ 223
検察庁・・・・・・・・・・・・・・・・・・・・・ 266
検察庁と保護観察所との連携による起訴
　猶予者等に係る更生緊急保護の重点実施
　等・・・・・・・・・・・・・・・・・・・・・・・・・269
検察の理念・・・・・・・・・・・・・・・・ 88, 89
健全な育成のための支援・・・・・・・・・ 44, 50

原則検察官送致・・・・・・・・・・・・・・・・・・21
現に監護する者・・・・・・・・・・・・・・・・・102
更生緊急保護・・・・・・・・・ 148, 166, 170, 171
更生緊急保護の重点実施・・・・・・・・・・・・269
更生緊急保護の事前調整・・・・・・・・・・・・269
更生支援・・・・・・・・・・・・・・・・・・・・・・286
更生保護・・・・・・・・・・・・・・・・・ 136, 164
更生保護施設・・・・・・・・・・・・・・ 23, 139, 171
更生保護就労支援事業・・・・・・・・・・ 171, 176
更生保護女性会・・・・・・・・・・・・・・・・・139
更生保護制度・・・・・・・・・・・・・・・・・・164
更生保護法・・・・・・・・・・・・・・・・・・・157
行動観察・・・・・・・・・・・・・・・・・・・・ 38
強盗罪・・・・・・・・・・・・・・・・・・・・・・・251
公認心理師・・・・・・・・・・・・・ 210, 228, 251
公判記録・・・・・・・・・・・・・・・・・・・・ 223
公判請求・・・・・・・・・・・・・・・・・・ 91, 92
公判前整理手続・・・・・・・・・・・・・・・・ 93
勾留・・・・・・・・・・・・・・・・・・・・・・・ 91
高齢者虐待・・・・・・・・・・・・・・・・・・・282
高齢・障害被疑者等支援業務・・・・・・・・ 270
コーディネート業務・・・・・・・・・・・・・・263
国外犯罪被害弔慰金等支給制度・・・・・・・224
国選被疑者弁護・・・・・・・・・・・・・・・・106
国選弁護・・・・・・・・・・・・・・・・・・・・・104
個人別矯正教育・・・・・・・・・・・・・・・・ 60
個人別矯正教育計画・・・・・・・・・ 60, 62, 63
子どもシェルター・・・・・・・・・・・・・・ 275
個別恩赦・・・・・・・・・・・・ 160, 161, 162, 163
個別処遇・・・・・・・・・・・・・・・・・・・・・13
困難事例・・・・・・・・・・・・・・・・ 247, 253

さ

再体験症状・・・・・・・・・・・・・・・・・・・133
在宅事件・・・・・・・・・・・・・・・・・・ 25, 106
在宅試験観察・・・・・・・・・・・・・・・・・・ 23

裁定合議制・・・・・・・・・・・・・・・・・・・・・　20
裁判員裁判・・・・・・・・・・・・・・　21, 88, 93, 96
裁判員制度・・・・・・・・・・・・・・・・・・・・286
裁判官・・・・・・・・・・・・・・・・・・・・・　11, 19
再犯の防止等の推進に関する法律・・・・・　260
再犯防止・・・・・・・・・・・・・・・・・・・・・・　278
再犯防止計画立案・・・・・・・・・・・・・・・・　104
再犯防止推進加速化プラン・・・・・・・・・・・　261
再犯防止推進計画・・・・　67, 104, 123, 260, 261
再犯防止推進法・・・・・・・・　104, 123, 260, 261
再犯防止に向けた総合対策・・・・・・・・・・・　261
再犯リスク・・・・・・・・・・・・・・・・・・・・・・173
殺人未遂罪・・・・・・・・・・・・・・・・・・・・・251
試験観察・・・・・・・・・・・・・・・　22, 33, 275
事実確認面接・・・・・・・・・・・・・・・・・・・　101
自助グループ・・・・・・・・・・　174, 225, 227, 257
自責感・・・・・・・・・・・・・・・・・・・・・・・・243
施設内処遇・・・・・・・・・・・・・・・・・・・・126
児相常勤弁護士・・・・・・・・・・・・・・・・・・99
執行猶予・・・・・・・・・・・・・・・・・・　92, 103
疾病性・・・・・・・・・・・・・・・・・・・・・・　187
指定鑑別・・・・・・・・・・・・・・・・・・・　35, 40
指定更生保護施設・・・・・・・・・・・・・　265, 266
指定通院医療機関・・・　180, 184, 192, 196, 201
指定入院医療機関・・・・・・・　180, 184, 190, 201
指導・・・・・・・・・・・・・・・・・・・・・・・・・・22
指導監督・・・・・・・・・・・・・・・・・・・・・・147
児童虐待・・・・・・・・・・・・・・・・・　71, 72, 275
児童虐待防止法・・・・・・・・・・・・・・・・・　71
児童三機関連携・・・・・・・・・・・　88, 90, 98, 99
児童自立支援施設・・・・・・・・・・・・・・・・　71
児童自立支援施設等送致・・・・・・・・・・・・　21
児童相談所・・・・・・・・・　16, 21, 71, 275
児童福祉司・・・・・・・・・・・・・・・・・・・・・21
児童福祉施設・・・・・・・・・・・・・・・・・・・・23
児童窓口検事・・・・・・・・・・・・・・・・・・・　99

児童養護施設・・・・・・・・・・・・・・・・・・・・　79
司法的機能・・・・・・・・・・・・・・・・・・　11, 19
司法と福祉の連携・・・・・・・・・・・・・・・・・　260
司法福祉・・・・・・・・・・・・・・・　2, 4, 26, 29
司法面接・・・　98, 99, 100, 101, 102, 276, 277,
　278
島根あさひ社会復帰促進センター・・・・　114,
　122, 124
社会貢献活動（プログラム）・・・・・　111, 151
社会福祉アドバイザー・・・・・・・・・・・・・　266
社会福祉協議会・・・・・・・・・・・・・・・・・246
社会福祉士・・・・・・・　4, 66, 221, 228, 251, 263
社会福祉士会・・・・・・・・・・・・・・・・・・　271
社会復帰・・・・・・・・・・・・・・・・・・・・・　163
社会復帰支援・・・・・・・・・・・・・・・・・・　53, 66
社会復帰調整官・・・・・・・・　189, 191, 197, 202
社会復帰要因・・・・・・・・・・・・・・・・・・・187
釈放前指導・・・・・・・・・・・・・・・・・・・・　265
遮へい・・・・・・・・・・・・・・・・・・・　96, 274
住居確保・・・・・・・・・・・・・・・・・・・・・・151
住宅確保要配慮者居住支援法人・・・・・・・264
修復の司法・・・・　116, 117, 280, 281, 282, 283,
　288
修復的対話・・・・・・・・・・・・・・・・・・・・282
自由報告・・・・・・・・・・・・・・・・・・・・・　101
就労支援・・・・・・・・・・・・・・・・・　151, 176
遵守事項・・・・・・・・・・・・・・・・・・・・・　146
障害者虐待防止法・・・・・・・・・・・・・・・・268
障害者総合支援法・・・・・・・・・・・・・・・　184
証拠調手続・・・・・・・・・・・・・・・・・　93, 95
常時恩赦・・・・・・・・・・・・・・・　160, 161
証人・・・・・・・・・・・・・・・・・・・・・・・・　223
証人テスト・・・・・・・・・・・・・・・・・・・・230
証人の遮へい・・・・・・・・・・・・・・・・・・・95
証人への付添い・・・・・・・・・・・・・・・・・　95
少年院・・・・・・・・・・・・・・・・・・・・・　19, 69

少年院仮退院者・・・・・・・・・・・・・・・・・・・・ 143

少年院矯正教育課程・・・・・・・・・・・・・・ 60, 63

少年院送致・・・・・・・・・・・・・・・・・・・・・・・・ 20

少年院の種類・・・・・・・・・・・・・・・・・・・ 58

少年鑑別所・・・・・・・・・・・・・・・ 16, 34, 80

少年事件・・・・・・・・・・・・・・・・・・・・・ 9, 32

少年審判・・・・・・・・・・ 10, 11, 13, 19, 91

少年調査票・・・・・・・・・・・・・・・・・・・・ 19

少年法・・・・・・・・・・・・・・・・ 9, 11, 26, 28

少年法改正・・・・・・・・・・・ 28, 30, 69, 156

少年保護・・・・・・・・・・・・・・・・・・・・・・・28

少年保護事件・・・・・・・・・・・・・・・・・・・・ 26

処遇意見・・・・・・・・・・・・・・・・・・・・ 17

処遇鑑別・・・・・・・・・・・・・・・・・ 35, 49

処遇実施計画・・・・・・・・・・・・・・ 180, 193, 198

処遇実施計画書・・・・・・・・・・・・・・・・・・・ 207

処遇の個別化・・・・・・・・・・・・・・・・・・13

処遇の段階・・・・・・・・・・・・・・・・・・・ 62

職業訓練・・・・・・・・・・・・・・・・ 110, 111, 115

職業指導・・・・・・・・・・・・・ 21, 63, 64, 65

しょく罪指導プログラム・・・・・・・・・・・・ 154

触法行為・・・・・・・・・・・・・・・・・・・・・・ 72

触法少年・・・・・・・・・・・・・・・・・ 11, 12, 75

触法精神障害者・・・・・・・・・・・・・・・・・ 181

職権主義・・・・・・・・・・・・・・・・・・・・・14

自立援助ホーム・・・・・・・・・・・・・・・・・・ 275

自立準備ホーム・・・・・・・・・・・・・・・・・ 171

新自由刑・・・・・・・・・・・・・・・・・・・・・・ 125

心情等伝達制度・・・・・・・ 149, 172, 223, 289

心情（等）の意見陳述（制度）・・ 95, 97, 274

心神喪失・・・・・・・・・・・・・・・・・・ 91, 92

心神喪失者等医療観察制度・・・・・・・・・・ 202

審判・・・・・・・・・・・・・・・・・・・・・・・ 20

審判鑑別・・・・・・・・・・・・・・・・・ 35, 36

審判不開始・・・・・・・・・・・・・・・・・・・・21

ストーカー・・・・・・・・・・・・・・・・・・・・ 278

生活環境の調査・・・・・・・・・・・・ 189, 202, 204

生活環境の調整・・・・ 141, 164, 169, 170, 180,
189, 203, 205

生活行動指針・・・・・・・・・・・・・・・・ 146, 170

生活指導・・・・・・・・・・・・・・・ 56, 63, 65

成人矯正・・・・・・・・・・・・・・・・・・・・・ 108

精神障害者・・・・・・・・・・・・・・・・・・・・ 200

精神保健観察・・・・・・・・・・・・ 180, 193, 203

精神保健参与員・・・・・・・・・・・・・・・・・ 186

精神保健審判員・・・・・・・・・・・・・・・・・186

精神保健福祉士・・・・・・ 4, 200, 221, 251, 263

精神保健福祉法・・・・・・・・・・・・・ 180, 183

性犯罪者処遇プログラム・・・・・・・・・・・・ 153

性犯罪・性暴力被害者のためのワンストッ
プ支援センター・・・・・・・・・・・・・・・・・ 221

性犯罪に関する刑事法検討会・・・・・・・・ 221

性犯罪に関する刑法・・・・・・・・・・・・・・・ 221

性犯罪被害・・・・・・・・・・・・・・・・・・・・235

性被害・・・・・・・・・・・・・・・・・・・・・ 231

性暴力・・・・・・・・・・・・・・・・・・・・・ 242

性暴力被害・・・・・・・・・・・・・・・・・・・ 242

政令恩赦・・・・・・・・・・・・・・・・・・・・ 160

摂食障害・・・・・・・・・・・・・・・・・・・・ 130

窃盗防止プログラム・・・・・・・・・・・・・・・ 131

前科・・・・・・・・・・・・・・・・・・・・・・・ 162

宣言：犯罪に戻らない・戻さない～立ち直
りをみんなで支える明るい社会へ～・・261

全国被害者支援ネットワーク・・・・・・・・・220

専門的処遇プログラム・・・・・・・・・・・ 138, 153

送検・・・・・・・・・・・・・・・・・・・・・・・・90

総合的対応窓口・・・・・・・・・・・・・・・・・ 248

相談・支援・・・・・・・・・・・・ 150, 172, 223

相談支援業務・・・・・・・・・・・・・・・・・ 263

ソーシャルアクション・・・・・・・・・・・・・・275

ソーシャルワーク・・・・ 5, 173, 215, 228, 239,
254, 288

即時連絡・・・・・・・・・・・・・・・・・・・・・・ 168, 173

促進要因・・・・・・・・・・・・・・・・・・・・・・・・ 17

損害賠償命令制度・・・・・・・・・・・ 96, 221, 223

た

体育指導・・・・・・・・・・・・・・・・・・・ 63, 64, 65

退院・・・・・・・・・・・・・・・・・・・・・・・・・・・・ 166

大赦・・・・・・・・・・・・・・・・・・・・・・・・・・・ 160

代表者聴取・・・・・・・・・・・・・・・ 99, 100, 101

逮捕・・・・・・・・・・・・・・・・・・・・・・・・・・・・ 91

ダルク・・・・・・・・・・・・・・・・ 116, 170, 175

断酒会・・・・・・・・・・・・・・・・・・・・・・・・・ 116

単独制・・・・・・・・・・・・・・・・・・・・・・・・・ 20

地域援助・・・・・・・・・・・・・・・・・・・・・ 35, 45

地域活動支援センター・・・・・・・・・・・・・・267

地域共生社会の実現・・・・・・・・・・・・・・ 273

地域生活定着支援事業・・・・・・・・・・・・ 262

地域生活定着支援センター・・・・・・ 263, 270

地域生活定着促進事業・・・・・・・・・・ 262, 263

地域非行防止調整官・・・・・・・・・・・・・・・ 48

地域連携・・・・・・・・・・・・・・・・・・・・・・238

知事又は児童相談所長送致・・・・・・・・・ 21

地方公共団体（自治体）・・・・・・・・・・ 244, 257

地方更生保護委員会・・・・・・・・・・・・・・ 137

チャイルドアドボカシーセンター・・・・・ 277

中央更生保護審査会・・・・・・・・・・・・・・ 161

調査・・・・・・・・・・・・・・・・ 13, 15, 16, 19

調査仮説・・・・・・・・・・・・・・・・・・・・・ 15, 16

調査計画・・・・・・・・・・・・・・・・・・・・・・・ 15

直接的支援・・・・・・・・・・・・・・・・・・ 225, 227

治療共同体・・・・・・・・・・・・ 116, 117, 118, 134

治療反応性・・・・・・・・・・・・・・・・・・・・・ 187

通院決定・・・・・・・ 180, 186, 191, 203, 208

付添い・・・・・・・・・・・・・・・・・・・・・・・・ 274

付添犬・・・・・・・・・・・・・・・・・・・・・・・・ 277

出口支援・・・・・・・・・・・・・・・・・ 103, 152, 262

伝聞法則・・・・・・・・・・・・・・・・・・・・・ 93, 98

同意年齢・・・・・・・・・・・・・・・・・・・・・・・ 103

動物介在活動・・・・・・・・・・・・・・・・・・・・・116

トーキングサークル・・・・・・・・・・・・・・・ 282

特赦・・・・・・・・・・・・・・・・・・・・・・・・・・・ 160

特定少年・・・・・・・・・・・・ 11, 30, 70, 156

特定生活指導・・・・・・・・・・・・・・・・・・ 63, 65

特別活動指導・・・・・・・・・・・・・・ 63, 64, 65

特別基準恩赦・・・・・・・・・・・・・・・・・・・ 160

特別更新・・・・・・・・・・・・・・・・・・・・・・・ 25

特別支援ユニット・・・・・・・・・・・・・・・・ 269

特別遵守事項・・・・・・・・・・・・ 153, 166, 170

特別調整・・・・・・・・・・・・・・・・・・ 66, 263

トラウマ・・・・・・・・・・・・・・ 132, 218, 236

トラウマインフォームドケア・・・・ 132, 277

トラウマ焦点化認知行動療法・・・・ 232, 237

な

内省プログラム・・・・・・・・・・・・・・ 121, 131

二次被害・・・・・・・・・・・・ 219, 235, 256, 257

日記指導・・・・・・・・・・・・・・・・・・・・・・・ 112

入院医療・・・・・・・・・・・・・・・・・・・・・・・ 203

入院決定・・・・・・・・・・・・・・ 180, 186, 189

認知行動療法・・・・・・・・・・・・ 112, 116, 153

は

バックスタッフルーム・・・・・・・・・・・・・・101

播磨社会復帰促進センター・・・・・・・・・・ 114

犯罪少年・・・・・・・・・・・・・・・・ 11, 12, 75

犯罪対策閣僚会議・・・・・・・・・・・・・・・・・123

犯罪に強い社会の実現のための行動計画―
「世界一安全な国、日本」の復活を目指
して―・・・・・・・・・・・・・・・・・・・・ 260, 261

犯罪被害給付制度・・・・・・・ 221, 224, 245, 252

犯罪被害者・・・・・・・・・・・・・・・・・・・・・218

犯罪被害者等基本計画・・・・ 29, 220, 244, 274

犯罪被害者等基本法‥‥149, 220, 244, 256, 274
犯罪被害者等給付金・・・・・・・・・・・・・ 219
犯罪被害者等給付金支給法・・・・・・・・・・ 220
犯罪被害者等施策・・・・・・・・・・・・・・ 171
犯罪被害者等早期援助団体・・・・・・ 225, 257
犯罪被害者保護二法・・・・・・・・・・・・・ 274
犯罪被害相談員・・・・・・・・・・・・・・・ 228
反犯罪性思考プログラム・・・・・・・・・・・112
被害回復給付金支給制度・・・・・・・・・・・ 224
被害児童の保護立法・・・・・・・・・・・・・ 98
被害者・・・・・・・・・・・・・・・・・・ 20, 27
被害者参加・・・・・・・・・・・・・・・・・ 95
被害者参加制度・・・・・ 94, 221, 223, 234, 274
被害者参加対象事件・・・・・・・・・・・・・ 92
被害者参加人・・・・・・・・・・・・・・・・・223
被害者支援・・・・・・・・・・・・・・ 256, 286
被害者支援員・・・・・・・・・・・・・・・・ 94
被害者支援条例・・・・・・・・・・・・・ 249, 250
被害者支援スキーム・・・・・・・・・・・・・ 277
被害者支援都民センター・・・・・・・・ 227, 256
被害者等通知制度・・・・・・・ 94, 150, 172, 223
被害者特定事項の公判廷における秘匿制度
・・・・・・・・・・・・・・・・・・・・・・・ 274
被害者特定事項の秘匿制度・・・・・・・・・・・95
被害者特化条例・・・・・・・・・・・・・・・・278
被害者の視点を取り入れた教育・・・ 116, 120
被害者の心情等の意見陳述制度・・・・・・・・95
被害者傍聴制度・・・・・・・・・・・・・・・ 94
被害者ホットライン・・・・・・・・・・・・・ 94
被害者理解プログラム・・・・・・・・・・・・・ 116
被害者連絡制度・・・・・・・・・・・・・・・ 223
非行・・・・・・・・・・・・・・・・ 8, 13, 17, 27
非行事実・・・・・・・・・・・・・・・・ 12, 19
非行少年・・・・・・・・・・・・・・・・・・ 11
非行性・・・・・・・・・・・・・・・・・・・ 9
ビデオリンク方式・・・・・・・・・・・・ 95, 274

フィジカルエクササイズ・・・・・・・・・・・ 112
フォローアップ業務・・・・・・・・・・・・・ 263
不起訴・・・・・・・・・・・・・・ 90, 91, 92, 103
福祉専門官・・・・・・・・・・・・・・・・・ 263
福祉的機能・・・・・・・・・・・・・・・・・・11
不処遇決定・・・・・・・・・・・・・・・・・ 186
不処分・・・・・・・・・・・・・・・・・・・ 21
復権・・・・・・・・・・・・・・・・・ 160, 162
フラッシュバック・・・・・・・・・・・・・・ 218
プロトコル・・・・・・・・・・・・・・・・・ 101
文通プログラム・・・・・・・・・・・ 118, 119, 120
弁護士会・・・・・・・・・・・・・・・・・・ 271
弁論手続・・・・・・・・・・・・・・・・・・ 93
法テラス・・・・・・・・・・・・・・・・・・ 97
冒頭陳述・・・・・・・・・・・・・・・・・・・93
冒頭手続・・・・・・・・・・・・・・・・・・ 92
法務技官（心理）・・・・・・・・・・・・・・・ 35
法務教官・・・・・・・ 35, 53, 54, 63, 65, 66
法務省式ケースアセスメントツール・・・・ 40
法務省式心理検査・・・・・・・・・・・・・・ 37
法務省性犯罪に関する刑事法検討会・・・ 100
法務少年支援センター・・・・・・・・・・・ 45, 84
暴力防止プログラム・・・・・・・・・・・・・ 154
保健師・・・・・・・・・・・・・・・・・ 251, 256
保護観察・・・・・・・・・・・・・ 20, 161, 164
保護観察官・・・・・・・・・・・・・・・・・ 138
保護観察所・・・・・・・・・ 16, 19, 137, 268
保護観察所が行う入口支援・・・・・・・・・・ 269
保護観察処分少年・・・・・・・・・・・・・・ 142
保護観察付執行猶予者・・・・・・・・・・・ 144
保護観察の停止・・・・・・・・・・・ 168, 173
保護司・・・・・・・・・・・・・・・・ 138, 162
保護処分・・・・・・・・・・・・・・・・・・ 20
保護相当性・・・・・・・・・・・・・・・・・・13
保護的措置・・・・・・・・・・・・・・・・・ 24
補導委託・・・・・・・・・・・・・・・・ 23, 275

補導援護・・・・・・・・・・・・・・・・・・・・・・・・・・ 147

ま

満期釈放・・・・・・・・・・・・・・・・・・・・・・・・・・・170

万引き・・・・・・・・・・・・・・・・・・・・・・・・・・・ 130

身柄拘束事件・・・・・・・・・・・・・・・・・・・ 104

身柄事件・・・・・・・・・・・・・・・・・・・・・・・・・ 25

美祢社会復帰促進センター・・・ 109, 110, 124

民間支援団体・・・・・・ 220, 225, 238, 245, 254

や

薬物依存・・・・・・・・・・・・・・・・・・・ 169, 174, 175

薬物依存離脱指導・・・・・・・・・・ 116, 169, 174

薬物再乱用防止プログラム・・・ 153, 169, 174

薬物非行防止指導・・・・・・・・・・・・・・・・・ 174

薬物乱用・・・・・・・・・・・・・・・・・・・・・・・・・ 174

要保護性・・・・・・・・・・・・・・・・・・・・・・・・・ 12

抑止要因・・・・・・・・・・・・・・・・・・・・・・・・・ 17

ら

ラポール形成・・・・・・・・・・・・・・・・・・・・・ 101

略式命令請求・・・・・・・・・・・・・・・・・・ 91, 103

臨床心理士・・・・・・・・・・・・・・・・・・・ 221, 251

類型別処遇・・・・・・・・・・・・・・・・・・・ 156, 167

累非行性・・・・・・・・・・・・・・・・・・・・・・・・・ 12

労役場留置・・・・・・・・・・・・・・・・・・・・・・・ 94

わ

ワンストップセンター・・・・・・・・・・・ 275, 276

編著者略歴

伊藤冨士江（いとう・ふじえ）

早稲田大学第一文学部（心理学専攻）卒業

アメリカ・ウィスコンシン州立大学マディソン校ソーシャルワーク大学院修士課程修了

東洋大学大学院社会学研究科博士後期課程修了　社会福祉学博士

警視庁（心理職）、警察庁科学警察研究所（心理技官）、聖カタリナ女子大学等の勤務を経て、上智大学総合人間科学部社会福祉学科 教授、2020 年 3 月定年退職

現在　上智大学客員研究員、法務省中央更生保護審査会委員（非常勤）、警察庁犯罪被害者等施策推進会議専門委員、公益社団法人被害者支援都民センター理事等

著書　『ソーシャルワーク実践と課題中心モデル』川島書店、2001 年
　　　『わが国におけるソーシャルワーク実践の展開』（編著）川島書店、2008 年
　　　『司法福祉入門―非行・犯罪への対応と被害者支援』（編著）上智大学出版、2010 年　など

司法福祉・実践と展望
―少年司法、刑事司法、医療観察、被害者支援―

令和 3 年 10 月 30 日　初版第 1 刷発行
令和 6 年 4 月 20 日　初版第 2 刷発行

編　著　伊藤冨士江

発　行　株式会社**ぎょうせい**

〒136-8575　東京都江東区新木場1-18-11
URL：https://gyosei.jp

フリーコール　0120-953-431

ぎょうせい　お問い合わせ　検索　https://gyosei.jp/inquiry/

〈検印省略〉

印刷　ぎょうせいデジタル株式会社　　　　　　　　©2021　Printed in Japan
※乱丁・落丁本はお取り替えいたします。

ISBN978-4-324-11066-9
(5108761-00-000)
〔略号：司法福祉〕